近代日本の国際認識

長谷川 雄一

芦書房

近代日本の国際認識

目次

序論　近代日本の国際環境と国際認識

1　二つの国際秩序の狭間で

日本は現在、アジア太平洋地域の国際関係においてしばしばオーストラリアと共に「境界国家」とされている。境界国家とはある国家グループから排除されていないが、その中核のメンバーとは見なされず周辺的な位置に置かれていると同時に、別の国家グループにおいてもやはり周辺的位置に置かれたメンバーでもあるという国家である。具体的には日本は戦後世界において西側先進諸国の一員でありながらその周辺的な位置に置かれる一方、アジアにおいてもその歴史的経緯や経済力などから完全な仲間とは見なされて来なかった。[1]従ってそのアイデンティティ（identity）についてみるなら、上記のようにどの国家グループの中核にも位置できず国際社会における地位が確立されていない場合、それは当然のことながら不安定なものになりがちであった。

しかしこの日本の戦後国際社会における地位とアイデンティティの不安定さは振り返ってみれば、江戸末期の開国時以来常に構造的に抱えていた問題でもあったといえる。それはそもそも開国時の日本が二つの全く異なる国際秩序（国際システム）の「狭間」に位置していたからであった。言うまでもなくその一つが東アジアにまで進出し、日本を砲艦外交（gunboat diplomacy）によりついに開国に至らしめた西欧国際秩序（西欧国際システム）である。ウエストファリア体系とも呼ばれるこの国際秩序は、一七世紀半ばの三十年戦争の和議であるウエストファリア講和会議以降に成立したヨーロッパの国際秩序であるが、そこにおいては国家主権の概念の成立に伴う主権国家間の対等な関係の認識、国際法の原則、勢力均衡（バランス・オブ・パワー）政策と外交慣行の成立などを特徴的内容としていた。(2)

この西欧国際秩序を形成する諸国家の中でもとりわけ英国は東アジア世界に対する攻勢的な進出を計ったが、それが顕著になったのは一八三〇年代からであった。ちなみにいわゆる砲艦政策・外交が最も表面化したのが、この一八三〇年代から五〇年代にかけてである。(3)その背景には西欧の市民革命とブルジョア民主主義の抱える矛盾があった。すなわち中国を含めアジアが接触した西欧は、すでに市民革命を経てブルジョア民主主義の理念を保持した人道的で合理的な文明国であったはずであるにも拘わらず、実際には市民革命によって自動的に政治権力の民主化を貫徹させることはなく、非西欧世界には極めて侵略的でブルジョア民主主義の理念の片鱗さえ窺えない対外行動をとっていたからである。殊にナポレオン戦争以降は英国を始めとする諸国は西欧における互いの激突を回避して、その飽くなき利益追求の矛先を自分達の「文明国標準」からはずれるアジア、アフリカに向けたのであるが、その攻撃的意図は「喜望峰より東には、神は照覧し給わず」という言葉が示しているようにきわめて露骨であった。(4)

中国においてはアヘン（阿片）戦争（一八四〇〜一八四二年）とアロー戦争（一八五六年）の屈辱的な敗北によって、南京条約（一八四二年）から五港通商章程（一八四三年）、虎門寨追加条約（一八四三年）、上海土地章程（一八四五年）、天津条約（一八五八年）を経て北京条約（一八六〇年）に至る不平等条約の山が築かれ、香港が割譲されたのは正に前述の砲艦外交の最盛期においてであった。他方海外への拡張に積極的であった英国がそのエネルギーを主に中国にとられている間に日本開国を果たしたのは、当時国内の新領土の開拓に追われ海外に領土拡張の意欲のなかった米国であった。但しペリー（Matthew Calbraith Perry，一七九四～一八五八）提督率いる東インド艦隊の砲艦外交に屈した開国によって日本も治外法権や関税自主権の不利を伴う欧米諸国との不平等条約の締結を余儀なくされ、結局これらの改正に明治期のほぼ全てを費やすことになったのである。

さて幕末の日本が相対していた二つの国際秩序の内の一つが開国を強制し自らのシステムに呑み込んでいった西欧国際秩序であるとするなら、もう一つが元来伝統的に東アジア世界に存在し、緩やかな階層的秩序を形成していた華夷秩序（中華システム）であった。華夷秩序とは、天命を受けた有徳者である皇帝の威徳が普遍的であるとした上で、それが中心から同心円的に無限に広がっていくという理念（徳治主義）に基づいたものである。従って中国の周辺の諸国、地域は皇帝の威徳に感化され、教化を受け入れてその統治の恩恵に浴することによって彼らの領土が安堵されるという形になる。よって圧倒的な文明力を誇る「中華」としての中国と野蛮・非文明とされる「夷狄」である周辺諸国との関係は上下関係である君臣関係に擬せられたのであった。そしてこの君臣関係を制度化したものが、朝貢・冊封制度である。これは中国皇帝に臣従し朝貢してくる周辺諸国の首長に対して皇帝は回賜を与えると共に、その首長を冊封して臣下としての位階を与え、首長の統治に対する支配の正統性を認証するものであった[5]。

基本的にこの朝貢・冊封制度は緩やかなものであり、儀礼を履行しさえすれば「中華」たる中国は原則として周辺諸国の内政と外交には干渉しないものとされた[6]。またさらにこの秩序の別の特徴としては、「中華」観（華夷意識）の共有やその奪取の契機なども存在したことである。「中華」の奪取とは、換言すれば「中華」をめぐる競争がこのシステム内で行われていたということに外ならない。すなわち「中華」は中国の独占物ではなく、朝貢国における華夷秩序の形成（小中華）や、元や清などの異民族による現実的に中国中原を制覇しての「中華」の奪取などがその例であったといえる。ちなみに日本では奴国王や邪馬台国の卑弥呼など古代において冊封を受けていたが、その後遣隋使、遣唐使の時代は冊封を受けていないものの中国とは一定の関係を保っていた。しかし室町幕府期における勘合貿易による交流を経た後、江戸期に入ると日本は、鎖国政策の影響もあり中国との関係は疎遠になっていた。だが武士社会の秩序維持の目的もあり、朱子学を幕府の正学とするなど儒教文明の影響は依然として続いており、また「中華」観についても共有していたのであった。それは蝦夷や琉球を朝貢国に見立てた独自の「日本型華夷秩序」を形成していたことなどに見ることが出来る。

開国以降の近代日本は、国際社会への参入にあたり西欧国際秩序の秩序原理が「宇内の公法」である万国公法（国際法）によっているものとして、その受容に朝野を挙げて努めたのであった。(7) 万国公法的世界への習熟と西欧社会の示す文明国標準に達することこそが、幕末に締結された西欧との不平等条約改正への道であると認識し、時には鹿鳴館を舞台とした外交にみられるように極端な欧化政策まで遂行したのである。そして対外態度においては、維新後早々欧米の砲艦外交に倣うように一八七五（明治八）年の江華島での軍艦雲揚号による挑発に続く武力的攻勢と翌年の朝鮮の開国を内容とする日朝修好条規の締結を行っている。その際江華島事件後の対応において、外務卿寺島宗則（一八三二～一八九三）は米国公使ジョン・ビンガム（John Armor Bingham, 一八一五～一九〇〇）の「公法に據れは他国の境内に無沙汰に軍艦を乗入るは不條理なり。今般派出のコムミショネルは軍艦にて御渡航の事に候哉」との問いに対して、「左様に候。仮令は貴国コモドールペルリが下田〔浦賀カ〕に来る如きの処置なり。右は平和の主意にて条約を結ぶが為なり」(8)と答えているが、これは正にかつてのペリーの武力外交の故知に学んだものであった。

だがその一方で興味深いことに「欧化」の道程を歩み、西欧国際秩序の原理の習得を求めていたはずの明治期日本において華夷秩序の残滓が見られたことも事実である。それは例えばこれまで清国と日本に「両属」していた琉球王朝に対する一八七四（明治七）年の冊封と、一九一〇（明治四三）年の日韓併合の際の韓国に対する冊封の事例などに典型的にみることが出来る。韓国併合時、日本は西欧国際秩序の秩序原理に従い万国公法的には併合条約を結んでいるにも関わらず、すでに離脱したはずの華夷秩序の朝貢・冊封制度に倣い、明治天皇（一八五二～一九一二）が冊封詔書を韓国皇帝純宗（一八七四～一九二六）に与えていたのである。(9) これは従来の華夷秩序の原理に従うなら清朝に代わり日本が韓国の宗主国の地位に立つということを意味していることに外ならなかった。[10]

こうした近代日本による西欧国際秩序と華夷秩序原理との一種の使い分け、あるいは華夷意識の利用ともいうべき対外態度ついては、日本がそもそも西欧国際秩序と東アジアの華夷秩序の双方の「地理的縁辺」に位置していたが故に可能であったという考察や、社会とは緊張（＝矛盾、対立）処理の体系であるとした上で欧米や中国と異なって、「利害関係の対立する集団に対しても、対立しあう原則、価値、イデオロギーに対しても、対立そのものを認めない」という特性を持つ日本は特異な多重構造社会であるとの社会学的分析から、その多重構造社会の特質としての「使い分け」の機能が影響しているのではとする考察がすでになされている。[11]

またそもそも華夷秩序の縁辺に位置していた日本が西欧国際秩序への編入を強制された時、何故容易にその秩序への転化が可能であったのかという点について、三谷博（一九五〇〜）は次のような要因を指摘している。①近世日本が領域国家として海賊禁止令などにより異国との境界の支配・管理を確立したことと、刀狩りにみられる兵農分離により国内的にも中央の権力が境界領域の実効支配することをより強化したこと、[12]②鎖国下の国内において社会的統合が進み、支配身分のみならず被支配身分もそれぞれの役割を果たしながら国家の統治を成り立たせているという認識を生みだしたこと。すなわち被支配身分である庶民に「国恩」意識が浸透し、国家の運命の担い手であるとの自覚を持たせたという点で近代の「国民」に近い存在とみなされるようになっていたことである。[13]つまり近世日本においてすでに西欧国際秩序を構成する主権国家の要素をかなり充足させていたと考えられるのである。この日本における主権国家の成立の問題は、後述する「中国非国論」との関連で対照的であるといえる。

2　アジア連帯論から大アジア主義へ

近代日本は基本的に日清戦争・日露戦争あたりまでは西欧国際秩序の規範にきわめて忠実な模範生としての対外行動を取っていた。それは先に触れたように何よりも幕末に締結した西欧との不平等条約の改正という大きな国家的命題を抱えていたことと、日本自身の国家としての独立・存立の保全という目的が存在していたからであった。それが列強の蚕食に曝されて抗う術もなく、その結果アジアを顧みないという「脱亜」的な政策を採らしめた所以であったということが出来る。しかしその一方明治政府の進める政策とは異なって、西欧列強に圧迫されている中国を始めとするアジア諸地域への共感と連帯の立場から在野を中心に「興亜」思想が勃興していたことも事実である。いわゆる後にアジア（亜細亜）主義と称される主張である。初期のアジア主義はよく知られるようにアジアとの平等主義的な連帯を強調し、西欧列強の脅威に共通して直面にしているアジアの一員としてそれに対抗していくというものであった。朝鮮における甲申事変の翌年の一八八五（明治一八）年に最初の草稿が完成したとされる樽井藤吉（一八五〇～一九二二）の「大東合邦論」は、日本と韓国が対等の立場で大東国という連邦国家を建設するというものであったが、(14) そうしたアジアとの提携による欧米列強への対抗という主張を展開した平等主義的アジア連帯論型ともいうべきアジア主義の代表的著作であった。

だが日露戦争後、特に韓国併合以降は日本が大陸において獲得した権益を拡大しながら西欧列強に伍していくという方向性の中で、アジア主義は従来のような主としてアジアとの連帯・提携を骨子とする内容から次第に日本を盟主としてアジアを指導するという膨張主義的な傾向を保持した日本盟主論的アジア主義（大アジア主義）へと変貌していくことになる。例えば第一次世界大戦のさなかに長い欧米留学の経験を持つ政治家小寺謙吉（一八七七～一九四九）は、人種闘争論と絡めながらアジア主義を初めて体系的に論じた著書『大亜細亜主義論』において、「我日本は（中略）白色人種の圧迫より之を救済せざる可らざるの最高使命を有せり、勢ひ黄色人種の盟主と為り、指導者と為りて支那の領土保全を芙護し、其の国民を富強なる文化の民たらしめ、同文同種唇歯輔車の関係に依って相信頼し、相提携して倶に與に世界の大勢に対抗し、偉大なる亜細亜的新文明を建設し、且之を漸次に押し広めて亜細亜の天地に棲息せる全黄色人種を此の主義の下に復活せしめて政治上の自由と独立とを全くせしめ、更に世界に於ける全黄色人種を統一するの究極理想なかる可からず」(15)と述べているが、この内容から分かるように、そこでは日本の大陸における実質的な侵略・膨張は列強による圧迫から中国の領土を保全するためのものであるとしてアジア主義を正当化すると共に、黄色人種である全アジア人に拡張すべきイデオロギーとしての役割を担うことが示されていたのであった。そこにはもはや平等主義的な方向にアジア主義が向かう要素はなくなっていたということが出来る。(16)またアジア主義の対象とする地域に関しても、老壮会及び猶存社を基盤に「革新派」として活動した大川周明（一八八六〜一九五七）や満川亀太郎（一八八八〜一九三六）らによって従来の中国大陸に加えて、中東などイスラム圏や英国よりの独立を目指すインド、東南アジアなども含む広範なアジア地域が徐々に視野の中に組み込まれて行くことになっていったのであった。

ところで日本盟主論的アジア主義について改めてその建前的主意を簡潔にまとめるならば、アジアにおいて先んじて近代国家の建設を達成した日本が「盟主」として遅れた他のアジアの諸国を指導しつつ、欧米諸国の桎梏から脱却せしめ、政治的独立と発展を促すというものであったが、こうした大アジア主義の展開を前述した華夷意識との文脈でみるなら、江戸期における日本型華夷秩序観の延長線上にあると理解することも可能であった。(17)すなわち先に触れたような華夷秩序観の中に本来的に存在する「中華」の奪取という機能や原理に注目するなら、蝦夷や琉球を朝貢国に見立てた日本型華夷秩序における日本「中華」は、江戸期には本家である中国「中華」と日本人の意識の上で並び立っていたということになるが、維新以降の隣接する地域との対外関係の過程で行われた明治天皇による琉球や韓国に対する冊封の儀礼の事例から分かるように、今後は日本が東アジア世界において中国「中華」から「中華」を完全に奪いとって頂点に立つことを主張したのが、大アジア主義の意味するところではなかったのかということである。つまり大アジア主義は江戸期に見立てた日本型華夷秩序の拡大版であると見做すことも一面において可能であるということであった。

しかしこのような大アジア主義については五・四運動勃発以前、李大釗（一八八八〜一九二七）によって「弱小民族併呑主義」「大日本主義」の変名であるとしてその虚妄性を批判されていたし[18]、また死の前年の一九二四（大正一三）年に来日した孫文（一八六六〜一九二五）による神戸高等女学校での「大亜細亜問題」と題された講演の中で「西洋覇道の走狗となるのか、東洋覇道の守護者となるのか」と厳しく問いかけられたことはよく知られたところである[19]。孫文の来日した頃は丁度米国において実質的に日本人移民を主な対象とする帰化不能移民禁止条項を含む新移民法（いわゆる排日移民法）が成立した時期で、第一次世界大戦後の「五大強国」の仲間入りをしたと自負していた国民のプライドが大きく傷つけられ、反米気運の昂揚と共に多くの論者によって展開された「アジアへの回帰」論やアジア主義的主張への大いなる共感という国内的状況[20]にあったことにより、孫文の日本国民に対する問いかけの真意は理解されなかった。

さて明治後半から意識されるようになって来た黄禍論、白禍論などの人種闘争論の高まりは、すでにアジア主義思想の中にも取り込まれてアジア・モンロー主義[21]として唱導されていた。日本盟主論的アジア主義者の代表的論者である徳富蘇峰（一八六三〜一九五七）は一九一六（大正五）年刊行の著書『大正の青年と帝国の前途』において、「亜細亜モンロー主義とは、亜細亜の事は、亜細亜人によりて、之を処理するの主義也。亜細亜人と云ふも、日本国民以外には、差寄り此の任務に膺るへき資格なしとせは、亜細亜モンロー主義は、即ち日本人によりて、亜細亜を処理するの主義也。誤解する勿れ、吾人は亜細亜より白人を駆逐する如き、偏狭なる意見を有するものにあらす。但た白人の厄介にならぬ迄の事也、白閥の跋扈を掃蕩する迄の事也[22]」と述べており、米国のモンロー主義に倣ってアジアに関する欧米（白閥）の干渉・介入の拒否と、アジアに対する主導権は日本が保有することを宣言していた。こうした主張は、現実に米国西海岸における日本人移民の排斥運動から始まってついに連邦レベルで法的に全面的な移民禁止が実施されるという事態に直面して、一層高まることになる。

3　過剰人口問題と移民問題への認識

近代日本の大陸への進出・膨張の気運は日露戦争後南満洲の権益を獲得して以降徐々に顕著になっていくが、その背景に明治期後半以降の国内における人口膨張と食糧及び資源確保という深刻化していた問題が大きな要因の一つとしてあったことは言うまでもないであろう。一九二〇（大正九）年に第一回の国勢調査が行われるが、この時の植民地を除いた日本本国の人口総数は約五六〇〇万人で世界第五位、第一次世界大戦後の「五大強国」の中では米国に次いで第二位であった。また五年後に行われた第二回の調査では約五九七〇万人に伸び、当時予想された通り年平均七〇万人強の割合で人口増加を続けていた。社会変動の殆どない江戸期においては人口の増加はなくほぼ二、五〇〇万人前後で一定であったが、明治以降の近代国家の建設に伴い急速に人口増加数を伸ばすことになったのである。米国での排日移民法が議会で審議されていた当時、長崎高商教授の地位にあり経済学者で中国研究者でもあった田崎仁義（一八八〇〜?）は、日本の人口が一八七二（明治五）年で約三、三〇〇万人、一九〇八（明治四一）年で約四、九〇〇万人と推定されることを踏まえると、第一回の国勢調査で判明した人口数は四八年前の一八七二年の七割増になるとして、この増加の割合のまま進展するならば、五〇年後には一億人、一〇〇年後には二億人に達するとして強い危惧の念を示していたが、[23]こうした見解は当時の一般的な過剰人口問題に対する認識であったといえる。

この過剰人口問題の解決策として田崎は、①本国以外に属領地（植民地）を獲得し過剰人口を送出する、②他国の領土へ過剰人口を移住せしめる[24]、③生産物を輸出し、其の儲けにて自国の人口を養う（産業立国策）、④人口の繁殖の制限（産児制限策）[25]の四策を挙げているが、これも当時人口問題に関心を持つ識者によって言及されていた主要な対応策であった。この内先ず④の産児制限による人口増殖抑制策についてだが、この方策は米国における産児調節普及の運動家であったマーガレット・サンガー（Margaret Higgins Sanger, 一八七九～一九六六）女史の来日に際しての日本側の冷淡な対応からも理解できるように、国内では全般的に否定的な評価であった。この背景には政府関係者を含め多くが一方では人口増加による失業問題、食糧問題への危機感を持ちながらも、他方では矛盾することに人口こそ「国力」であり唯一の「資源」であるとの認識を有していたという事情がある。すなわち人口が国家や民族の発展を期す上で不可欠の要素であるという重商主義的発想を脱却しきれなかったところに同方策に対する日本国内の消極性の原因があった[26]。

次に③の産業（工業）立国策、貿易（通商）立国策についてである。ただ産業立国策を展開する論者の多くは、「小日本主義」の立場から産業（工業）及び通商による立国と自由貿易主義に基づく平和的・経済的発展を提唱し、帝国主義的膨張の否定と対外移民の不要を主張した東洋経済新報社の三浦銕太郎（一八七四～一九七二）と石橋湛山（一八八四～一九七三）らごく少数の論者[27]を除いて、同方策のみで過剰人口を解決できるとしていた訳ではなく、どちらに比重を掛けるかは別として海外への移住策との併用を主張する傾向にあった。それは言うまでもなく国民の科学技術の水準のみならず、天然資源の有無、安定した市場の確保、外国の輸入制限等が問題になるからで、軍事評論家の水野広徳（一八七五～一九四五）が指摘しているように正にこれらの点で欧米諸国に比べ劣位にある日本が産業立国策を急速に発達させることは困難であったことによる[28]。水野の場合、当時の代表的な移民観であった後藤新平（一八五七～一九二九）、小村寿太郎（一八五五～一九一一）以来の国家・民族の膨張のための移民という観念には批判的であったことに加え、これまで実施された移民の実績からして基本的に海外への移民には消極的であった[29]。しかし現状において他に国内に抱える過剰人口の緩和をはかる決定的な解決策がない以上、当面海外移住を可能な限り奨励し人口調節に資すると共に、他方において産業立国政策を推進して国内における人口包容力の増大に努めるべきであるとしたのであった[30]。

　また明治大正期の財政家で経済学者でもあった添田寿一（一八六四～一九二九）や外交史家・国際問題研究家の米田実（一八七八～一九四八）の場合も工業立国策、貿易立国策を主軸として、副次的ではあるものの対外移民策との併用を説いていたが、さらに大陸特に中国やシベリアへの資本投下・開発などの経済的関係をも非常に重視していた。殊に添田は工業立国のための原料・販路の点から中国大陸との経済関係は「殆ど死活存亡的のもの」であると共に、「日本国防の主力」をこの地域に置くという観点からも重視していた[31]。従って移民を実施するにしても移住先は「死活存亡的」関係にあるとする大陸に求めるのが得策とされたのである。この見解は米田の場合もほぼ同様で、当時行われていた南米移民策の発展を是認すると共に大陸への日本人扶植を示唆していたのであった[32]。こうした産業（工業）立国論と中国大陸との経済的関係重視の視点は、一九二〇年代に政友会の高橋是清（一八五四～一九三六）や山本条太郎（一八六七～一九三六）らによって展開された経済政策の構想と非常に近いものと考えられる。特に後に満鉄社長に就任する山本は、工業化による過剰人口問題の解決には満洲やシベリアを資源供給地としなければならないと力説するに至っている[33]。

　さて最後に過剰人口問題の解決策としての対外移民策についてであるが、先ず日本がこれまで獲得した植民地及び勢力圏に対する移植民はこれまでの実績からして絶望的であった。それは端的にいうなら生産費の低廉な現地住民との経済的な競争が成り立たないという現実が最大の原因であったからである。従って明治期以来日本よりも経済の水準が高い地域である米国やカナダなど北米が主な移民の渡航先として選択されたのである。しかしすでに述べたように北米大陸における排日移民運動の昂揚と排日法の制定により同地域に対する移民は完全に停止されるに至った。こうした一九二〇年代中盤における対外移民状況の危機の中、内務省社会局の補助によって奨励されたブラジルを主とする南米移民が替って急速に増大されることになる。具体的にブラジル在住日本人の数の推移についてみるなら、一九一三（大正二）年に一万一、八九三人であったのが、日本人移民制限を意図したブラジル新憲法の「二分制限法」が成立した翌年の一九三五（昭和一〇）年には一九万二、八二三人まで増大したのであった。[34]

だがブラジルにおいても排日の動きは昂揚するに至り、一九二三年には最初の日本移民排斥法案であるレイス法案（「黒人移民禁止及び黄色人種入国制限」法案）が連邦議会に提出されたのを契機に、翌一九二四年四月にはリオデジャネイロ医科大学からも排日法案が提案される始末であった。[35] 排斥の理由としては北米の場合と同様の現地への「同化不能」という評価の外に、農業関係者からは独立農業者になることを急ぎ耕地に定着しないため好ましからざる移民という評価も出ていた。そしてこのような日本移民に対する負の評価に一層の根拠を与え全般的な排日気運を助長したのが米国における排日移民法の実施であった。[36]

一九二四（大正一三）年の四月から五月にかけて開催された官民合同の帝国経済会議及び同年九月から一〇月にかけての関係各省代表による移民委員会では、改めて移民政策の基本理念が検討されたが、従来実施してきた移民の実績を踏まえるならブラジルへの移民も単なる労働移民ではなく資本を伴う移民を奨励すべきであるとの方針が打ち出されるに至った。[37] これは北米やブラジルなど南米への移民にみられる無産労働者の送出が現地での排斥を生むという状況への対応であったといえる。このような方針を受けて一九二七（昭和二）年には移住組合法が制定され、産業組合に倣った海外移住組合が各県に設立され企業移民の移住が開始されたが、結果は期待された程伸びず、年々増大するブラジル移民はほとんど労働移民によって占められたのであった。[38]

4 「満蒙」への視角と国際的土地再分配論

前節までにおいて述べたように米国でのいわゆる排日移民法成立を大きな境として国内におけるアジア主義的傾向は高

まることになった。そしてロシア革命、中国及び朝鮮における民族主義或いは独立運動の昂揚、国際協調を謳う反面、日本封じ込め的側面を持つワシントン体制の成立等の激しい国際環境の変動が一層それを助長することになったのである。こうした状況の中、過剰人口問題、移民問題に関して言うなら国際社会における「土地再分配」論と結びついたアジア・モンロー主義の主張が展開されることになる。

大東文化大学教授の北昤吉（一八八五～一九六一）は排日移民法が成立した直後、アジア・モンロー主義の立場から満蒙、シベリアへの移民論を展開したが、そこでは先ず英米を広大な領土、豊富な財源を背景に国際間の現状維持を肯定する国際的ブルジョア階級とし、それに対する日本を国際的プロレタリア階級と位置づけていた。北はその上で国際的ブルジョアの米国が「モンロー主義の名を借りて南亜米利加に於て家主の権利を主張する」現状に対して、日本は同様に「日本本国は元より朝鮮、満蒙、西比利亜、支那全土に於て家主の権利を主張しなければならぬ。換言すれば、亜細亜の亜細亜をモットーとする亜細亜モンロー主義を掲げなければならぬ」[39]（傍点北）と強調したのであった。さらに米国に対抗するために大陸における日本の実力の培養は不可欠であるとして、北は日本内地の陸軍を朝鮮・満洲に屯田兵制を布いて配置し、またその除隊兵を満蒙・シベリアに永住せしめることによって過剰人口問題の解決に資すると同時に、米国等との紛争時には移民を中心として中国進出を計り中国の物資をもってこれに対峙するということを提言していた。[40]従って移民は本国の勢力圏にのみ送出すべきであるとしたのである。

このような北昤吉の見解において注目すべきは、アジア・モンロー主義の明白な主張と並んで日本を「国際的無産者」と位置づけた認識であった。こうした認識はすでに一九一八（大正七）年、ヴェルサイユ会議の日本全権団の一員として出発しようとしていた公爵近衛文麿（一八九一～一九四五）が発表した論文「英米本位の平和主義を排す」において表現されており、[41]「持てる国」英米の是認する国際秩序を打破しなければ「持たざる国」日本の活路がないことを示唆していたのである。近衛のこの見解は、京都帝国大学時代に河上肇（一八七九～一九四六）の下で学んだマルクス主義的階級闘争理論を国民国家間の関係に当てはめた国際認識であったといえるが、[42]このような認識は当然の流れとして「国際的分配の正義」を訴える主張につながって行くことになる。殊にこの主張を過剰人口問題の解決策という局面に関連づけるなら、米国における排日移民運動の進展に伴い「国際的土地再分配」論として登場して来ることになった。

同じくアジア主義者として北昤吉やその実兄である北一輝（一八八三～一九三七）と親密な交友関係を持つ満川亀太郎は排日移民法が成立する以前より過剰人口問題の対応策として隣接する満蒙、シベリアへの移植民を提唱していたが、その際移住地であるシベリアの開放については「労農露西亜に対して国際的分配の主義を主張するまでである」[43]と述べると共に、同じ主張を掲げて国際的ブルジョアの諸国に対さなければならないと説いたのであった。言うまでもなく満川も国際的ブルジョアの英米と国際的プロレタリアの日本という前提で土地再分配論を展開していたのである。ちなみに満川は後に後藤新平に起用されて日露提携の意見書を作成するが、[44]民族の発展策として日本本土、朝鮮、満洲、蒙古、シベリアという環日本海圏に経済的大領域の確立を図るという構想からこれらの地域に対する大量の移植民送出を重視していたのであった。[45]

また「国際的土地再分配」の思想から出発して後に満洲農業移民の国策化において大きな役割を果し、実際に移民送出事業に深く関与した人物に加藤完治（一八八四～一九六七）がいる。加藤はキリスト教（或いはキリスト教的社会主義思想）、筧克彦（一八七二～一九六一）流の古神道という思想遍歴の中で培ってきた社会正義に基づいた「土地再分配」論を欧米農業視察の中で醸成させていったのである。彼が欧米の一戸当たりの耕地面積の広さに驚愕したのは、山形県立自治講習所長時代の一九二二（大正一一）年と日本国民高等学校設立直後の一九二六（大正一五）年の二度に亘るデンマーク、英国、米国の農業視察を通じてであった。日本における一戸当たりの平均耕地面積が北海道を加算しても一町歩に過ぎない[46]のに対し、農業が当時世界一と言われたデンマークで一五町歩、英国で八〇町歩、米国では二〇〇町歩が合理的な農業経営上の目標と考えられていたからである。

欧米農業の視察後加藤は、「英吉利及亜米利加を見て私はつくづく是は地球上に於ける土地の分配が悪い。土地は神が人類に与へられたものである。其土地を独占して居る国があるから、一方に於ては飢えこごえて居る所の人がある。是はどうしても世界に向って土地解放の大運動をやらなければならぬ[47]」と主張するに至る。また二度目の渡欧の帰途、欧州の一倍半という面積を抱えながら人口一、〇〇〇万人足らずのシベリアが未開発の状態に置かれているのを目撃し、同地域を原始状態のまま放擲しているスラブ民族にその天然資源を任せておけないとの見解をも洩らしたのである[48]。ここで示された加藤なりの「社会正義」観あるいは「国際正義」観というべき見地から、彼は土地を独占している英国、米国、ロシア、中国に対して土地解放を要求するに至る。そして「この国際正義のためには、たとえ日本が亡びてもよい[49]」とまで主張したのである。かくして加藤は「土地再配分」論的観点から満蒙移民を構想し、手始めに朝鮮開発協会を設立し内地人の朝鮮、満鉄沿線付属地への移植をはかるなど満蒙移民不可能論が支配的であった当時の国内状況の中、満蒙移民実現のための運動の先頭に立ったのであった。

さらに先述の添田寿一や北海道帝国大学教授で農政学者の高岡熊雄（一八七一～一九六一）の主張の中にも素朴な「土地再分配」論的「正義」観を認めることが出来る。添田は排日移民法成立直後、同法のもたらした問題が単なる移民の拒否といった部分的問題に止まらず、世界平和、人類の幸福に影響する最大問題であると指摘していたが、それは彼自身白色人種の広大な領土、植民地の占有、天然資源等の壟断を背景において大きく捉えていたからに外ならなかった[50]。他方高岡も、「今日食糧の供給に関して各国が何れも皆頭を悩ましつつある際独り徒らに広漠なる未開地を包容しながら他よりの移民を拒絶して充分に土地の利用を許らざるが如きは果して人道上の上より見て之を是認すべきものなりや[51]」と述べて、素朴な「国際道義」観に基づいた土地解放（開放）論を訴えていたのであった。

こうしたアジア・モンロー主義的見解と「国際的土地再分配」論という主張の展開により次第に移民を含めた満蒙進出論は高まっていくことになるが、さらにこの進出の論理を側面から補強・助長したのが「中国非国論」的見解であった。

その濃淡の程度こそあれ「中国非国論」的見地に立脚した、或いは中国の国家統治能力に懐疑的な見方をする論者は先に触れた田崎仁義を始めとして外交評論家の半沢玉城（一八八七～一九五三）、石原莞爾（一八八九～一九四九）、中里介山（一八八五～一九四四）など学者や評論家、作家などの識者から軍人に至るまで大正期以降比較的多く見られるが、中国史の観点から論じた代表的論者は何と言っても東洋史学者で当時京都帝国大学教授であった矢野仁一（一八七二～一九七〇）であろう[52]。矢野も「土地再分配」論だけではなく、新たに「中国非国論」の視点から満洲を日本に開放すべきことを唱えていた。まず「土地再分配」論的主張についてだが、矢野は現在の世界の「土地・物資」の不均等な分配の原因に関して「西洋諸国が今日の公正とか平等とか言う観念より批評すれば、偶然と言うよりは、寧ろ『過去の』不公正、『過去の』不平等と言うことの外、言ひ様のない方法に依って、非基督教、非欧州人の住地、或は領土を侵略搾取した結果に基づくもの[53]」と断じる。しかも西欧諸国が、その「土地・物資」を現在の人口の働きを以てしては経済的に使用し開発することが不可能であるにも拘わらず自国の子孫のために未開発未使用の状態のまま遺留し、土地が狭く人口過剰に窮している国に開放・提供することを拒絶している点を取り上げ、これこそ「公正・平等」の観念に反する「世界平和の永久の脅威」であると糾弾していた[54]。

このように西欧諸国に対する土地再分配の一般的な主張を述べた後、彼は中国に焦点を合わせ西欧に対するのと同様の論拠を以て「地域広濶、物資豊富にして人口の希少なる」未開発地域の満洲の開放を唱えたのであった。その背景には、中国は元来国境概念のない、しかも西欧や日本のような国家組織という体をなしていない国、つまり中国＝非国家との認識があった。この認識は華夷秩序という東アジアの伝統的国際システムが西欧国際秩序の原理と比較した際に際立ってみられる特質に基づくものである。すなわち元来華夷秩序においては徳治主義による皇帝の威徳が及ぶ範囲を中国の版図とするという観念があるが、実際の中国の国境は実質的な力（軍事力等）によって支配が及ぶ土地の限界を指しているという訳では必ずしもなく、いわゆる「辺境」の境界は不分明であり曖昧模糊としていたものであったからである。

そもそも矢野がこうした論を展開し始めたのは、ワシントン会議が始まったばかりの一九二一（大正一〇）年一二月の『大阪朝日新聞』紙上の「支那無国境論」の発表からであった。そこにおいて矢野は、「支那には独り国境がないのみならず、国境のない結果として、国家も亦無いと言って差支へが無い」と論じた上で、「一体国境と云ふものは、国家組織完成の必要条件であって、国家あって然る後国境があるのではなく、国境あって然る後国家があるのである。即ち国境が前で、国家が後であるから、若し国境が無い前の国家があったならば、それは真の国家でない、少くとも完成した国家でないと云ひ得るのである」と述べ、さらに「国境と云ふ観念には、二つの国の力が其処で相平均して、どちらか一方の力が増して、他の力に優ると云ふ時期までは、之を動かすことが出来ないと云ふ恒久的の性質を持つこと、随って其の結果としてそれを国家組織完成の必要条件となる様なものでなければならぬ」[55]と国家成立には明確な国境の存在が条件とされているることを論じたのである。この認識からすると、当時の中国の辺境に位置づけられる満洲は蒙古やチベットと共に中央からの支配の実態のない地域であり、中国本来の領土に含まれない土地であるとされたのである。[56]かくして矢野は、中国の満洲に対する領土的主権を否定すると同時に、過剰人口問題を抱える国家が国際的に未開発状態のまま放置、遺留されている地域を利用することは公正・平等であるという論理を根拠に、日本の満洲における特殊権益と日本の満洲進出を正当化したのであった。矢野仁一によって論理化された「中国非国論」的見解は、先に触れたように満蒙進出論を刺激することになったが、さらに進んで中国本部より満蒙を切り離すという満蒙分離論にも大きな影響を与えることになったといえる。

高山公通（一八六七～一九四〇）予備役陸軍中将と多賀宗之（一八七七～一九三五）予備役陸軍少将による満蒙・シベリアへの移植民策を含めた「対大陸策所見」の提言は、「中国非国論」的前提に立った満蒙分離論の提示であったといってよい。これは一九二七（昭和二）年八月初旬に元帥上原勇作（一八五六～一九三三）に提出したものであるが、日本の経済的活路を求めるには大陸への発展は必須であるとの認識から、経済問題、人口問題、国防、社会思想問題、対支問題、対露問題、対列強関係、赤化問題、民族問題の九つの考慮すべき要項から対大陸策を検討したものであった。先ず同案における中国認識であるが、「支那ハ近キ将来ニ於テハ決シテ真ノ統一ヲ実現スル能ハサル」「自力ヲ以テ統一ヲ遂クル能ハサル支那ニ於テハ、各雄妥協ノ時代ハ来ルヘキ統一ハ期スヘカラス」(57)という記述からも分かるように、中国を統一国家としての実体を有するものとして見なしていなかった。従ってこのような中国認識は「列国了解ノ下ニ、若シクハ之ヲ伴フテ大干渉ニ入ルヲ有利ナリトス」との見解につながり、さらに「大陸ニ利源ヲ領有スルト否トハ我ニ於テ国家ノ死活問題ナリ」との見地から「可能性アル満蒙西比利亜ニ於テ、我存立上必要ナル特種関係ヲ確保セサルヘカラス」(58)としたのである。

そして高山や多賀が期待するのは「満蒙ハ支那本土ヨリ切リ離レテ独立スルコト、及ヒ西比利亜ニ於ケル反共産派カ全西比利亜ニ政変ヲ起シテ白系自治国ヲ建設スルコト」(59)であったが、そうした情況を実際に日本が作りだすべきことを示唆していたのであった。そこには満蒙を日本の勢力下に置くと共に、シベリアには反共的国家を建設せしめて緩衝地帯として機能させたいとする明らかな意図が窺える。また同案では過剰人口問題の解決のためには日本人の「民族的大移住」が必要であるとの認識を示しているが、ブラジルを始めとする南米などより満蒙・シベリアのみがその大移住地として最好適地であるとしていたのであった。その際シベリアについては日本が樹立を期待する白系の「西比利亜政府トノ協定下ニ大移民ヲ実行」(60)するとし、さらにシベリアの豊富な資源を日本が大いに利用すべきことを説いていたのである。

このような満蒙を実力で分離すると共に国内の過剰人口を大量に扶植し、シベリアを含めた富源を国内産業のために活用しようとする「対大陸策所見」の提言は、一九二六(大正一五)年七月の中国国民党の北伐開始によってもたらされた日本の満蒙権益の危機と翌二七(昭和二)年三月からの金融恐慌による国内の経済不況の深化、さらに同年七月の東方会議において決定された「対支政策綱領」の満蒙分離方針を承けたものであると考えられる。

その後当時の移民の主流であったブラジル移民が次第に圧迫をされて排斥法である「二分制限法」成立(一九三四年)

の方向に向かっていたことと、一九二八（昭和三）年の張学良（一九〇一〜二〇〇一）の易幟による満洲の中央化並びに中国国民党による北伐の完了に伴う日本の満蒙権益のさらなる危機は、移民を含めて日本の進出する方向性を明確に大陸へと見定めることになったといえる。「中国非国論」的発想を当初有していた石原莞爾が構想した「満蒙領有計画」に基づき関東軍によって武力発動された満洲事変と「満洲国」の建国は、大正中期以降徐々に顕在化していった満蒙進出論、満蒙分離論の帰結であった。ちなみに満洲への「武装移民」として対ソ防衛と関東軍の補助的役割を担った拓務省試験移民が送出されたのは一九三二（昭和七）年のことであった。

注

（1）大庭三枝『アジア太平洋地域形成への道程――境界国家日豪のアイデンティティ模索と地域主義』ミネルヴァ書房、二〇〇四年、一五〜一六頁。小原雅博『「境界国家」論』時事通信社、二〇一二年、ⅳ頁。
（2）斉藤孝「西欧国際体系の形成」有賀貞・宇野重昭・木戸蓊・山本吉宣・渡辺昭夫編『国際政治の理論』（講座国際政治1）東京大学出版会、一九八九年、一三〜四六頁参照。
（3）宇野重昭「西欧近代国家のアジア進出」三輪公忠編『総合講座日本の社会文化史』第七巻、講談社、一九七四年、七六頁。
（4）同、三七〜三九頁。
（5）茂木敏夫『変容する近代東アジアの国際秩序』山川出版社、一九九七年、四〜五頁。
（6）浜下武志『朝貢システムと近代アジア』東京大学出版会、一九九七年、五頁、及び浜下武志「近代東アジア国際体系」平野健一郎編『地域システムと国際関係』（講座現代アジア4）東京大学出版会、一九九四年、二九四頁参照。
（7）山室信一『日露戦争の世紀』岩波書店、二〇〇五年、三〜四頁。
（8）「黒田弁理大臣ノ朝鮮国派遣ニ関スル各国公使トノ対話書送付ノ件」（朝鮮江華島事件ニ関スル件）『大日本外交文書』第八巻、日本国際協会、一九三六年、一五三頁、石井孝『明治初期の日本と東アジア』有隣堂、一九八二年、三二三頁。
（9）琉球への冊封に際しては明治天皇が維新慶賀使を派遣し琉球国王尚泰へ「陞して琉球藩王と為し、叙して華族に列す」との冊封詔書を与える儀式を行っている（宮内庁編『明治天皇紀』第二、吉川弘文館、一九六九年、七五六頁）。また韓国純宗への冊封詔書では「朕天壌無窮の丕基を弘くし国家非常の礼数を備へむと欲し、前韓国皇帝を冊して王と為し」と述べられていた（『朝鮮総督府官報』第一号、一九一〇年、一頁）。

(10) 山室前掲書、三〇頁、西嶋定生『日本歴史の国際環境』東京大学出版会、一九八五年、二二九～二三〇頁参照。

(11) 三輪公忠『日米関係の意識と構造』南窓社、一九七四年、二四～二六頁、同「総説」三輪編前掲書、一九～二二頁、及び鶴見和子『好奇心と日本人―多重構造社会の理論』講談社現代新書、一九七二年、一一四～一三二頁参照。

(12) 三谷博「「西洋国際体系」を準備した「鎖国」」濱下武志編『東アジア世界の地域ネットワーク』山川出版社、一九九一年、四四～四五頁。

(13) 同、五〇～五一頁。

(14) 樽井藤吉「大東合邦論」竹内好編『アジア主義』（現代日本思想大系9）筑摩書房、一九六三年、一〇六～一二九頁。

(15) 小寺謙吉『大亜細亜主義論』東京寶文館、一九一六年、一二一～一三三頁。

(16) スヴェン・サーラ「アジア認識の形成と「アジア主義」――第一次世界大戦前後の「アジア連帯」「アジア連盟」論を中心に」長谷川雄一編『アジア主義思想と現代』慶應義塾大学出版会、二〇一四年、五四頁。

(17) 黒沢文貴「西洋国際秩序と華夷秩序のあいだ」『二つの「開国」と日本』東京大学出版会、二〇一三年、二〇頁。

(18) 李大釗「大アジア主義と新アジア主義」小島晋治他編『中国人の日本人観一〇〇年史』自由国民社、一九七五年、一三七～一三九頁。

(19) 陳徳仁・安井三吉編『孫文・講演「大アジア主義」資料集―一九二四年一一月 日本と中国の岐路』法律文化社、一九八九年、一～三九頁参照。

(20) 長谷川雄一「一九二〇年代・日本の移民論（二）」『外交時報』一九九〇年一〇月号、七二～八五頁参照。

(21) アジア（亜細亜）モンロー主義の表現は、一八九八年近衛篤麿（一八六三～一九〇四）が戊戌の政変に敗れ日本に逃れて来た康有為（一八五八～一九二七）と会談した際用いたことで知られているが、明治後期においては当時のアジア主義（興亜思想）の別称として使用されていた（長谷川雄一「満川亀太郎における初期アジア主義の空間――明治末を中心に」前掲『アジア主義思想と現代』、一三一頁。
(22) 徳富猪一郎『大正の青年と帝国の前途』東京民友社、一九一六年、四〇二～四〇三頁。
(23) 田崎仁義「行き詰まれる我国の人口問題」『東洋』一九二四年二月号、四二頁。
(24) いわゆる「移・植民」について、植民政策学者である泉哲（一八七三～一九四三）は自国の主権下、勢力下にある土地に永住する行為を「植民」、他国の主権下にある土地に一定期間居住する行為を「移民」と定義した（泉哲『植民地統治論』有斐閣、一九二一年、二四～六一頁参照）。また移民と植民を区別する泉の概念規定の考察については、浅田喬二「泉哲の植民論」『日本植民地研究史論』未来社、一九九〇年、一八九～一九二頁参照。
(25) 田崎前掲稿、四四頁。
(26) 水野広徳「人口問題管見」『植民』一九二四年二月号、九頁、日置益「日本人口処分問題と外交政策」『外交時報』第四七四号（一九二四年九月一日号）、二三頁。
(27) 増田弘「石橋湛山の対米移民不要論」『琉大法学』第二八号、第二九号参照。
(28) 水野同稿、一〇頁、また田崎前掲稿、四四～四五頁。
(29) 水野広徳「新移民政策の根本方針如何」『植民』一九二四年一〇月号、一七～一九頁。
(30) 前掲「人口問題管見」、一二頁。
(31) 添田寿一「日本の人口と日米問題」『太陽』第三〇巻九号（一九二四年七月一日号）、九頁。
(32) 米田実「今後の移民問題」『外交時報』第四七一号（一九二四年七月一五日号）、一〇～一三頁。
(33) 小林道彦「大陸政策と人口問題――一九一八～一九三二」伊藤之雄・川田稔編『環太平洋の国際秩序の模索――第一次世界大戦後から五五年体制成立』山川出版社、一九九九年、二〇八～二一五頁参照。
(34) 小野一一郎「日本の移民問題」『ブラジル移民実態調査報告』有斐閣、一九五五年、五三頁。
(35) 川村憲二「ブラジルの排日に就て」『東洋』一九二四年一二月号、二四頁。
(36) 同、二六～二七頁。
(37) 原口邦紘「第一次大戦後の移民政策――移植民保護奨励施策の立案過程」『外交史料館報』第二号（一九八九年三月）、六五頁。

(38) 同、六六頁。
(39) 北昤吉「對米根本策私案」『外交時報』第四六九号(一九二四年六月一五日)、七二頁。
(40) 同、七四～七五頁。
(41) 近衛文麿「英米本位の平和主義を排す」『日本及び日本人』第七四六号(一九一八年一二月一五日)、二三～二六頁。
(42) 近衛の「英米本位の平和主義を排す」に関しては、三輪公忠「アジア主義の歴史的考察」平野健一郎編『総合講座日本の社会文化史』第四巻、講談社、一九七三年、庄司潤一郎「近衛文麿の対米観」長谷川雄一編『大正期日本のアメリカ認識』慶應義塾大学出版会、二〇〇一年、四～三九頁参照。
(43) 満川亀太郎「我人口問題と国際的分配の正義」『国本』一九二一年一二月号、八四頁。
(44) 満川亀太郎「故伯の日露提携意見書」拓殖大学創立百年史編纂室編『満川亀太郎――地域・地球事情の啓蒙者(下巻)』拓殖大学、二〇〇一年、一～四頁。
(45) 今後三〇年間に南米に五〇〇万人を送ると共に、満蒙及びシベリアには二五〇〇万人を移植するという遠大な計画案であった(満川亀太郎『世界現勢と大日本』行地社出版部、一九二六年、一四二頁)。
(46) 遠藤三郎「農村経済更生と分村計画」永雄策郎他編『満洲農業移民十講』地人社、一九三八年、一一一頁。
(47) 加藤完治「日本農村教育」『加藤完治全集』第一巻、加藤完治全集刊行会、一九六七年、八四頁。
(48) 加藤完治「滞欧所感」『加藤完治全集』第二巻、加藤完治全集刊行会、一九六七年、三〇〇頁。
(49) 加藤完治「農」『加藤完治全集』第四巻、加藤完治全集刊行会、一九六七年、二四三頁。なお加藤のいう「国際正義」について農学史研究者の筑波常治(一九三〇～二〇一二)は、一面において侵略の片棒をかついだとはいえ、「地球上の土地は全人類で公平にわけあい、満遍なく耕作すべき」という点にあるとして、そこに原始共産主義的思想をみることが出来ると分析している(筑波常治「加藤完治と満蒙開拓」『中央公論』一九六五年六月号、三八八頁)。
(50) 前掲「日本の人口と日米問題」、八頁。
(51) 高岡熊雄「ブラジル移民論」『中央公論』一九二五年一月号、六四～六五頁。
(52) 日本外交思想史の中で矢野仁一の「中国非国論」をさきがけて分析研究した業績としては、三輪公忠「中国「非国論」の構造――矢野仁一とH・A・ギボンズを中心として」、「中国「非国論」の系譜」『共同体意識の土着性』三一書房、一九七八年、二二〜四七頁、三輪公忠『日本・一九四五年の視点』東京大学出版会、一九八六年がある。また日本陸軍の中国認識における「中国非国論」からの転換過程については、波多野澄雄「日本陸軍の中国認識――一九二〇年代から三〇年代へ」井上清・衛藤瀋吉編『日中戦争と日中関係』原書房、一九八八年、二二五〜二三八頁参照。
(53) 矢野仁一「満蒙蔵は支那本来の領土に非る論」『外交時報』第四一二号（一九二二年一月一日）、六九頁。
(54) 同、七〇頁。
(55) 矢野仁一「支那無国境論」『近代支那論』弘文堂書房、一九二三年、一〜三頁。
(56) 前掲「満蒙蔵は支那本来の領土に非る論」、五六〜六〇頁。
(57) 高山公通・多賀宗之「秘　対大陸策所見」上原勇作関係文書研究会編『上原勇作関係文書』東京大学出版会、一九七六年、二八九頁。
(58) 同、二八八頁。
(59) 同、二九〇頁。
(60) 同、二九一頁。

第一章　日米関係における「ペリー」の記憶

1　近代日本の対外的トラウマ

山田洋次（一九三一〜）原作・監督による国民的映画ともいうべき「男はつらいよ」シリーズの第二四作「寅次郎春の夢」（昭和五四年一二月二八日封切）の中に、主人公車寅次郎の米国観をめぐって叔父夫婦（竜造・つね）、隣家の印刷工場のタコ社長こと桂梅太郎とやりとりする次のような場面がある。

竜造「お前、アメリカ、好きか?」
寅　「え、アメリカ?　妙なことを聞くな、おいちゃん」
竜造「好きだろう」
寅　「大嫌い。何が嫌いってアメリカぐらい嫌いなものはないね、俺は」
　ゾッとして顔を見合わせる一同。

つね「でもさ、日本とアメリカは仲良くしなくちゃいけないんだろう」
寅　「誰がそんなこと決めたんだ」
つね「さあ、よく知らないけど」
　寅、手にしたトランクを傍に置き、坐り直す。
寅　「どうして日本とアメリカが仲良くしなくちゃいけねえんだ。いいか、あの黒船が浦賀の沖に来て、徳川三百年天下太平の夢が破られて以来、日本人はずっと不幸せなんだぞ」
社長「へーえ、そうだったのかい」
寅　「お前は歴史なんぞ学んだことがないんだろうな、経営ばっかり頭をとられて。こっちが頼みこんだんじゃない、向うからいきなり来たんだ、勝手に。大きな大砲でズドンとおどかしてむりやり仲良くしろって言うんだ。そんな馬鹿な話があるか」
社長「つまり、その寅さんは尊王攘夷の方か」
寅　「あたりまえよ」
竜造「あのな、たとえそういうことがあったとしても、不幸な過去は水に流してさ」
寅　「流せない！　流せませんよ、今まであいつらに日本人がどれだけひどい目にあったか――唐人お吉、ジャガタラお春、蝶々夫人、ほら枚挙にいとまがない、なあ」
　溜息をつく竜造達[1]。

いささか長い引用となったが、右の車寅次郎の米国観すなわち日本が黒船による強制的な開国によって「不幸せ」になったという感慨は、ある点で日本国民の潜在意識下における複雑でアンビバレントな対米認識の半面の真実を如実に物語っているものといえる。その「不幸せ感」は言うまでもなく近現代日本の対外関係を含めたトータルな意味での国家・国民のアイデンティティ（identity）に関わるものであった。

　日本研究家ジョン・ダワー（John W. Dower, 一九三八〜）はその著『敗北を抱きしめて』の中で、「ふりかえれば、近代日本の登場はアメリカの軍艦とともに始まり、アメリカの軍艦とともに終わった九三年間の夢のようであった。一八五三（嘉永《かえい》六）年、石炭を燃やして航行する『黒船』を二隻含んだ、わずか四隻の小さな艦隊が日本を開国させるためにやってきた。そして一九四五年、今度は鋼鉄を輝かせた大艦隊が再びこの国にもどってきて、九三年間の夢を閉じたのである」[2]と述べているが、このダワーの言を俟つまでもなく日本近代史における「米国」の「存在」はきわめて大きい。しかも近代日本の「幕開け」と「幕引き」が共に米国の軍事力を背景とする正に屈辱的なものであったことは、日本人の対米観に鬱屈した心理を内在させることになったといってよい。

　さらに右に述べた近代日本の幕開けと幕引き、すなわちペリー（Matthew Calbraith Perry, 一七九四〜一八五八）のいわゆる「砲艦外交」による開国と不平等条約の締結、原爆投下による惨禍で終幕を迎えた敗戦と占領統治の外に、近代の日本人にとっての対外関係上のトラウマ（精神的傷痕）ともいうべき出来事を挙げるとするなら、日清戦争終結直後の三国干渉と人種的偏見を背景とする米国におけるいわゆる排日移民法（一九二四年移民法）の成立の二つを付加することができるが、これら四つのうち三つまでも対米関係であったことは、如何に日米の関係が近代日本の外交史上において基軸的かつ特異なものであったのか、そしてまた同時に精神史的に日本人に屈折した対米心理を沈殿させてきたのかを改めて教示してくれる。

　とりわけ日米の最初の出会いであった「ペリー来航」は、日本人からすれば正に「不幸な出会い」であったといえる。それは開国後の長い対米関係史において、両国の緊張、摩擦が高まるたびに識者によってペリーによる開国が取り上げられ、しばしば「国辱」や「強姦」などと位置づけられる傾向にあったことからも理解できよう。[3]

さらにまたこのような日米関係の「原点」に根を置く対米意識は第二次世界大戦後の日本社会に根強く存在する米国の「属国・子分」観とも結びついて一層複雑な心理を形成することになった。[4] 最初に触れた車寅次郎の対米観もこうした近現代日本に通底する国民心理を反映したものといえよう。

そこで本章では対米関係が大きな比重を占める日本外交のアイデンティティの問題を考える場合に、鍵になると思われる「ペリー来航」に対する日本人の意識すなわちペリーの威嚇外交に屈しての開国という事実に日本人がいかにこだわり、そしてまたその記憶をいかに引きずってきたのかを概観してみたい。

2 強制的開国の記憶

ペリーによる強制的開国を「堪え難い屈辱」と捉えたのは、武士層をはじめとして当時の日本の知識階級の共通の受けとめ方であった。[5] それは例えば朱子学者で後に熱烈な攘夷運動を展開した大橋訥庵[6]（一八一六〜一八六二）から、緒方洪庵（一八一〇〜一八六三）の蘭学塾に学び、幕府遣外使節の随行員として欧米を視察し、欧米近代文明の摂取を説いた啓蒙思想家の福澤諭吉（一八三五〜一九〇一）や開国交渉及び日米和親条約締結の当事者である老中阿部正弘（一八一九〜一八五七）に至るまでその受けとめ方は一様であったことからも明らかであろう。

大橋納庵はペリーの外交について「他処より参り候者、玄関にて案内も致さず、ずかずか座敷迄も罷通り、夫より庭前へ下り立候て庭の樹木を折り庭石を動し、又は戸障子へ楽書など致候と同様の事[7]」と指摘すると共に、幕府がこうした無礼なやり方を受けながらも米国側に屈して開国することに憤りを示したが、同じように福澤諭吉は、「他人の家に病人歟火事の騒ぎある其混雑に付け込て、無理を言ひ掛るものに異ならず[8]」と反発し、また阿部正弘は自ら手を染めた和親条約の締結を「元来今般の御措置は正論にて申し候へば、誰かは快心に取扱ひ申す可し、泣血漣々止む事を得ざる次第にて、実に憤悶に堪へず」[9]との感慨を洩らしていたのである。そしてこのような屈辱感は佐藤誠三郎論文が指摘しているように、正に日本側の「雪辱への意欲」[10]を呼び起こしたのであり、さらにそれは究極的には日本近代化の主要な動力ともなっていったのであった。

ただし右に述べてきたようにペリーによる開国は確かに一方において屈辱感をもたらしたが、同時に、他方においてペリー提督や米国を「日本開国の恩人」あるいは日本近代化の「先導者」として親近感を寄せる見方をもたらしたことも事実である。そうしたペリーや米国に対する日本側の恩顧の意を表した象徴的なこととして、例えば一九〇一（明治三四）年に彼が上陸した久里浜の地に金子堅太郎（一八五三～一九四二）を発起人として伊藤博文（一八四一～一九〇九）の書により顕彰碑が建立されたことなどが挙げられよう。[11]

また顕彰碑建立の前年の一一月、かつてペリー艦隊の帆走スループ艦「プリマス」の少尉候補生として浦賀に来航した経験をもつビヤヅリー（Lester A. Beardslee, 一八三六～一九〇三）海軍少将の歓迎会が上野精養軒で開かれた時、来賓として招かれていた福澤諭吉は、次のような言葉を寄せてペリー及び米国の恩に感謝の意を表していた。

すなわち福澤は万延元（一八六〇）年の幕府遣米使節に随従し米国を目の当たりにした時、「米国が日本に使節を送りしは全く通商貿易を求むるの意にして毫も他意なきのみならず却て日本の鎖国を気の毒に思ひ扶掖誘導の心なきに非ず而して其使命の局に当りたるコムモドルペルリは温良恭謙の君子にして而も智慮に富み夙に日本の事に注目し百方苦心して我国の地理史人情風俗等を探究し深思熟慮談判の方略を定め自から乞うて大任を引受けしものなりと云ふこと」を学ぶに及んで、「宿昔の疑団頓に氷解し一種言ふ可らざる喜悦を心に感ずると共に窃に日本の為めに幸運を祝したることあり」[12]と述べて、米国が日本に対して領土的野心がなかったことと併せてペリーが「君子」であったことが条約を穏便に締結させた大きな要因であると指摘した。そしてさらに開国交渉の過程については、「其有様を形容すれば心事高潔なる隠士が

も驚きしは一時に一時訪の来不意の云ふものなりと云ふ不意の来訪に一時は驚きしも

人品卑しからざる都人士に其門を叩かれ出で、之に接すれば突然交際を望むものなりと云ふ不意の来訪に一時は驚きしも熟ら其都人士を見れば容貌風采堂々たる紳士にして而も其我に交を求むるや甚だ慇懃なり即ち意を決して手を握り相往来することを約したがるが如きものにして双方の仕合せ此上なく天成の機会円熟して茲に至りたるものと云ふも可なり[13]」とまで述べていた。

それに加えてまたさらに開国以来米国が「常に日本の側に立ちて親友の態度を取り維新以前国事紛難の際陰に陽に我国を扶掖したるは我々の親しく目撃せし処にして其厚意謝する所を知らずなれば我国の官民共に米国の高義を思ひ相親しむの情切にしてペルリ渡来より今に至るまで五十年に垂んとする長日月の間曾て一度も不快の意を顕はしたることなく今日の如き和気洋々の会合を見たることは屡ばなり此上もなく目出度き次第」であるとして、当時の日米関係をして「世界開闢以来他に類例あるを聞かず実に千古の美談にして両国人民の大に誇る可き所ならん[14]」と最大級の讃辞を与えていたのであった。

福澤の先に挙げた米国側の威嚇外交に対する反発や批判的言辞とこうしたペリーや米国に対する讃辞は確かに時間的差はあるとはいえ矛盾するかのようである。しかし福澤の内部に併存するこの愛と憎の相反する対米感情こそ正に近代日本人の深層に共通する複雑で屈折した米国への想いを表しているといってよい。したがってこのようなアンビバレンス（愛憎併存）で特徴づけられる日本人の対米意識（イメージ・感情）により、ペリーから現代に至る日米二国間関係の中で「協調期」と「対立期」のそれぞれの時期における対米観はきわめて極端なものとなる傾向にあった。

ところでペリー以降の日米関係は日露戦争終結くらいまでは基本的に良好であった。それはこの期間米国が、東アジアにおける限定された国家利益から、一貫した積極的な政策を採らず[15]、時には国内問題に目を奪われてほとんど無関心であったこと、また依然として両国間に厳然とした国力の差があったこと、さらに文化的面でも米国が近代文明の先輩国として日本を教導する余裕をみせていたこと、そしてまたすでに触れたように日本側がペリーによる「屈辱」を負の遺産としてではなく、むしろそれをバネとして国力増強や近代国家建設に向けてエネルギーを注いでいた時期にあったことなどのためである。

だが日露戦争後日本の大陸進出など東アジアにおける台頭が明らかになり、他方米国もハワイ併合や米西戦争後のフィリピン獲得により太平洋及び中国大陸への関心が積極化した頃から日米両国の緊張や摩擦が起こることになる。特に米国西海岸における日本人移民排斥問題は、「人種」的偏見が絡んでいただけに深刻な様相を示すことになった。

そうした明治後半から大正にかけての対外関係の転換期において、ペリーによる「屈辱」を原点として対米認識を養い、新たな日米関係に対応しようとする動きが出てくることになる。そのような動きの代表的イデオローグとして長谷川芳之助（一八五五～一九一二）や徳富蘇峰（一八六三～一九五七）などを挙げることができる。

このうち工学博士の長谷川芳之助は、米国における排日問題が深刻化していく中で一九一一（明治四四）年三月太平洋会を組織した国家主義的知識人である。もともと彼は「日本はペルリに強姦されたのだ。それを開国の恩人など、呼ぶは何事か」[16]という見解の持主で、「ペリーの強迫条約以来米国の我に対する専横に対して常に不満の念を抱き（中略）近来満鉄中立の提議を始め支那に対する彼が傍若無人の行動に対して甚だ不快の感」[17]を示していた。

その長谷川によれば、そもそもペリーが日本に派遣されたのは、恩人論を唱える論者のいうような日本を啓発するとか教導するといった目的のためではなく「適者生存」や「優勝劣敗」の理に基づいた対外政策に導かれたものであった。その上でペリー来航の理由や背景について次の三点を指摘する。

まず最大の要因・背景として、「世界の勢力争いの舞台」が大西洋から太平洋地域に移動しつつあるという認識の下でニコライ・N・ムラヴィヨフ（Nikolai Nikolaevich Muraviyov-Amurskii, 一八〇九～一八八一）の極東経営に代表される着実な太平洋地域への進出を果たしたロシアとクリミア戦争にみられる欧州での対峙に伴ってカムチャッカのペドロパブロフスク攻撃のように極東においてまでロシアを追撃せんとする英仏、そしてカリフォルニアを米墨戦争の結果獲得した新興米国というこの三国鼎立の力学的展開を挙げる。ことにベーリング海峡を越えてアラスカを開発し更にカリフォルニアを視野に入れているロシアの掌中に「太平洋の支配権」が帰すのではないかという危惧が強まった時、米国はペリー派遣を決断したという。[18] つまり太平洋の主権をめぐる競争という要因である。

次に第二の理由は、米国の捕鯨船に対する燃料・食糧あるいは難破した場合の保護の問題であった。

また第三の理由としては、日本に対中国貿易の際のサンフランシスコからの航路の中継地としての役割を果させるというものであった。[19]

いずれにしても長谷川によれば米国側が国際政治における優勝劣敗の原理に基づいた必然性から日本を開国させなければならないという意図を有していたことは明らかであるというもので、それ故にペリーは脅迫的行動に出たとする。そしてその上で彼の主張の眼目は、開国当時の日米関係をめぐる歴史が明治末年の今まさに再び「大きな仕掛け」をもって繰り返そうとしているというところにあった。それは言うまでもなく排日移民問題に揺れる当時の日米関係を指していた。つまり長谷川は米国の移民制限問題に対して、自主規制を内容とする日米紳士協約（一九〇八年）にみられる如く「闇行的手段を基礎」とする「姑息的解決」をもってする日本政府の対米関係の在り様を「陰に膝を屈むるの屈辱を受け陽に漸く体面を飾り居るもの」[20]と批判すると共に、ペリー来航時とのアナロジーを強調していたのである。

他方明治、大正、昭和の時代を通じて言論人、評論家として活躍しつづけた徳富蘇峰の場合にもその主張するナショナリズムの原点にはペリーによる「強制的開国」があった。

蘇峰は日清戦争中の論稿ですでに、「開国は正理也、然れども我の外国の強迫によりて、開国せしめられたるは、屈辱也。容易に拭ふ可らざる、我が国史の汚点也。而して今日に到る迄、世界諸強国と対立して、我が膝の直からざるは、此の汚点の為め也。例せば合意の結婚は、人の大倫也。然れども不合意の結婚は強姦に近しと謂はざるを得ず」[21]と記して開国を米国による「強姦」に擬していた。また大正期に入ってから著した『大正の青年と帝国の前途』においても、「凡そ日本の開国程、不自然にして、且つ無理往生なるはなかりし也。結婚は人生の恒なれは、男女室に居るは、毫も不思議にあらされとも。不承知の家に押婿入りを倣すは、強姦と殆んと擇ふ所なし。我より進んで開国す。是れ天地自然の通義を行ふもの也。されと我は之を好ます、彼より強要せらる。此の如くして開国するは、決して名誉の開国にあらす[22]」と繰り返し「強姦」による開国の事実を指摘している。

蘇峰にとって「恫喝」に屈服した「開国」は正にトラウマであり[23]、彼は「日本開国史」は「実に日本国辱史也[24]」と断言しているほどである。

もっとも蘇峰は一方的にペリーや米国のみを咎めだてしているわけではない。むしろペリーについては、「彼理は北米合衆国の水師提督也。彼か自国の為めに謀りて忠なるは、軍人たる彼か職責也。而して其の結果か、日本に有利なると、有害なるとは、彼の関知する所にあらす[25]」と述べたり、また「吾人は彼理に対して、何等の意趣、遺恨を含むにあらす。彼は当然其の職責を行へり、而して彼は極めて必要とする以外には、何等其の威力を濫用せさりし也。此点に於ては、彼は寧ろ理想的使節に庶幾《ちか》し。然も日本か彼の威力に屈服して、開国すれは其迄也。若し万一已むを得さるに於ては、砲火に訴へても、其の目的を果す可き決心と、準備とを有したりしことは、吾人か揣摩する迄もなく、彼か華盛頓政府に敦したる報告に徴しても、之を察するに難からず。是れ彼としては当然の事也[26]」とも指摘して、逆説的な言い回しではあるが、彼の職責に発する行動に対しては一定の理解を示していた。

蘇峰は米国がペリーを日本に派遣した目的に関して、太平洋及び中国近海において海洋の覇権をめぐって英国と対抗するためという点と、当時太平洋沿岸で行われていた捕鯨業に従事する米国民の保護、さらに通商貿易の拡大の三点を挙げていた[27]。そしてこうした目的達成のためにペリーの使命としては、「彼は日本と事を構ふるを欲せさりしも。日本か彼の威嚇に叩頭すると、否とに拘らす、彼は日本領土の或る一部を占領するを以て、必須の要件と認めたりしか如し[28]」と記している。それはペリーが航海途中に米国政府に提出した文書の中で、英国の香港に対抗すべく日本より港湾の割譲あるいは琉球占有の下心を示していたことからも明らかであるというものであった。

一方蘇峰がペリーの武断的姿勢以上に問題視したのは日本側の不準備であった。それは砲艦外交を背景に開国要求を突きつける米国側に対して、当時の徳川幕府がすでにオランダからペリー派遣に関する情報を提供されていたにもかかわらず、何らこれに対処する態勢を整えていなかったことを指している。この幕府当局の失態の本質について蘇峰は、鎖国という祖宗以来の定法に固執し「唯た臭物為蓋主義を以て、国勢の危殆なるを、国民より隠蔽し、事勿れ主義を以て、当面の苟安《こうあん》を偸《とう》取し(29)」たためとの見解を示していた。

しかしこうした日本側の不準備の責任を幕府当局にだけ向けていたのかというと必ずしもそうではなく、「是れ豈に独り徳川政府のみを咎む可ん哉。実に日本国民の油断に是れ因る也。而して其の国辱をして、一再ならす、拡大せしむるに到りたるは、実に国論の統一を欠きたるに、是れ因る也(30)」と述べていることからも判かるように当時の日本人全体に関わるものとの認識であった。この点に関し蘇峰は、「日本には何等の準備なかりし也、日本国民には物質的の準備なかりしのみならす、精神的の準備さへもなかりし也(31)」と指摘すると共に、ペリー来航当時の日本の内状に対して「此れか我か現在敬愛する日本国の前身なりしとは、夢にも思はれぬ程にて、殆んと愛想も盡き果てん許りの態たらくにてありし也(32)」との感慨を洩らしていたのである。

したがって彼は当時展開された攘夷論、開国論双方の立場に対しても、「攘夷論も虚偽也、而して開国も亦た真面目ならす。何となれは、何れも自ら恃む可き其の力を有せすして、唯た他に藉りて、其の目的を達せんと欲したれは也。攘夷論者の駄法螺は、固より相手にす可き半文の価値なし。さりとて開国論の如きも、名を天下の公道に藉りて、其の実は我か無準備を瞞過せんとするに過きす(33)」という具合に厳しい評価を下していた。ただ通商条約に調印した井伊直弼(一八一五〜一八六〇)については、目の当たりの「強姦の羞辱」を回避して、不本意ではあるが「結婚の体裁」を装って急場を繕おうとした苦衷から出た方策であるとして多少同情的な姿勢を見せている(34)。

このように蘇峰は当時の日本側の内状や体制の在り方などをも開国要求に屈せざるをえなかった一大要因として批判していたのであるが、だからと言って「強姦」に喩えていたペリーの行為を決して容認していたわけではない。これ以降も対米認識として事あるごとにペリーの行為を引き合いに出していたのである。例えば後述するように大正末に米国において排日移民法が成立した時も「元来七十年前、軍艦と大砲とを齎して、我に開国を強ひたる米国が、今更ら我が日本移民に向て、殆んど絶対的鎖国を励行せんとするが如きは正義公道の観念に反する」として、米国の排日政策をペリー来航に対照させて激しく批判していた。(35)

こうした蘇峰からすれば、久里浜に銅像までも建立しようとするペリー恩人論の如きは愚の骨頂以外の何物でもなく「無邪気も此に到りて、寧ろ滑稽至極」(36)であったのである。また仮に銅像を建てることに意義があるとしても、それはドイツ皇帝の三国干渉発起やパークスの暴慢無礼に感謝するのと同様の意味以外には考えられないと皮肉を込めて述べていた。(37)唯一不準備の失態にもかかわらず、日本が「兎も角も、独立国の体面に致命傷を被らせさりし」結果を迎えることができた点だけがペリーの寛大さによるものであるとして、その意味においては恩人という範疇に入るものとの見解であった。(38)

かくして蘇峰にとって自ら「国辱史」と形容した日本開国史の立役者ペリーは、ナショナリズムの出発点となった。そしてこうした大きなトラウマであったペリーへの記憶やスペンサー流の社会的進化論によって醸成されたナショナリズムは、その後の日本の対外的膨張を正当化すると共に「白閥打破」や「亜細亜モンロー主義」の主張へと発展していくことになったのである。(39)

ところで第二次世界大戦後になって日米関係を分析する中で「ペリー強姦論」を展開している精神分析学者の岸田秀（一九三三〜）は、フロイト理論が個人だけではなく集団の心理分析にも適用できるとした上で、日本近代がペリー・ショックを原因として「外的自己」（他者との関係、外界への適応を担う）と「内的自己」（内的な感情、欲求、判断を担う）に分裂する精神分裂病（最近の呼称としては統合失調症）的素質となり、遂には一九四一（昭和一六）年の対米英戦争突入という形で発病したと述べると共に、敗戦後の日本社会においてもその病的傾向は依然として潜伏していると指摘している。(40) そしてさらに一歩進めて「強姦」で始まった関係は歪んだ形でしか今後も進行しないとした上で、日米の真の相互理解や関係の正常化を目ざすためには、日本側だけでなく米国側も日米のそもそもの出会いが「不幸な出発点」であったことを認識する必要があるとの見解も示していた。(41)

こうした精神分析学的見解の中で岸田は内的自己を代表するものとして幕末期の攘夷派、その後は右翼や軍部（特に陸軍）などを位置づけているが、(42) 長谷川芳之助や徳富蘇峰の主張はこの岸田の視点に従えば正に内的自己の立場を表現するものであったということができよう。確かにペリーによる「強姦」という彼らの云い回しは、とりわけそのトラウマ性を語る上で非常に極端な表現であるかも知れない。しかし表現の差異はあるにしてもペリーによる開国が蘇峰らと同質の屈辱感を幕末期以降の日本人識者たちに与えたことはすでに見てきた通りである。そこで次節ではペリーの強制的開国を語る際によく引き合いに出されることになるペリーの幕府側に提出したという「白旗」のエピソードに焦点を当てながら明治期以降の黒船来航に対する受け止め方についてさらに考察してみたい。

3　ペリーの「白旗」

ペリーの「白旗」とは、一九一〇（明治四三）年三月に東京帝国大学史料編纂所から刊行された『大日本古文書・幕末外国関係文書之二』に収録されている「六月九日（？）米国使節ペリー書翰　我政府へ　白旗差出の件」という文書中にある米国側が日本側に差出したという白旗二旒とペリーの書簡とされるもののことである。具体的にその書簡の内容とは

「先年以来各国より通商之願有之候所、国法を以違背に及ふ、元より天理にそむくの至罪莫大なり、然は蘭船より申達候通り、諸方の通商是非に希ふ非す、不承知に候は丶、干戈を以天理に背くの罪を糺し候に付、其方も国法を立て防戦いたすへし、左候は丶防戦の時に臨み、必勝は我等に有之、其方敵対成兼可申、若其節に至り和睦を乞度は、此度贈り置候所之白旗を押立へし、然ハ此方の炮を止め艦を退て和睦いたすへし[43]」というものであった。

この文書が公刊された一九一〇年以降、ペリーの砲艦外交的手法を傍証するものとして同文書の内容はしばしば多くの日本人識者に引用されていくことになる[44]。もちろん一般的にいってこの「白旗書簡」の内容だけがペリーの砲艦外交を示す材料であるというわけではないのだが、「白旗書簡」はきわめて象徴的なエピソードとして使われたのだといえる。

一九一〇（明治四三）年といえば、日露戦争後の日米間の摩擦や軋轢が徐々に表面化し始めた頃に当たり、とりわけカリフォルニア州を中心として米国西海岸における排日移民問題はすでに触れたように先鋭化し始めていた。「白旗」の文書が公刊される二年前には、日本側による対米移民の自主規制を内容とする日米紳士協約が締結されたし、また三年後の一九一三年にはカリフォルニア州で日本人の土地所有を制限する最初の排日土地法が成立することになる。したがって、「白旗書簡」は、全体として日米関係が従来の良好な関係から緊張・対立の方向へ転じていく中、多くの場合論者によって米国に対して批判的な文脈の中で引き合いに出される傾向にあった。特に大正後期から昭和前期にかけてはその傾向は強かったといえる。

ここではとりあえず日本にとって対米関係における二番目の大きな「屈辱」体験をもたらすことになった大正末の米国排日移民法成立までの期間に絞って、ペリーの「白旗」エピソードがどのように受けとめられていたのかをいくつかの事例を取り上げて見ていくことにする。

まず『大日本古文書・幕末外国関係文書之一』が刊行されて「白旗書簡」が多くの日本人の目にとまることになる[45]以前の明治期において、同書簡に直接言及していたわけではないがペリー艦隊の「白旗」について触れていた津田出（号は芝山、一八三二〜一九〇五）を取り上げたい。津田は一九〇一（明治三四）年に開国の顛末記である『雨夜物語』を出版しているが、管見する限り同書は恐らく「白旗」に触れた明治期における最初の文献であると思われる。

津田は紀州藩士の家に生まれたが、幼時から坪井信道（一七九五〜一八四八）の高弟石垣蘭斎について蘭学を修め、同藩士に対し蘭学の教授方をつとめていた。また世界各国の歴史や国際法、軍事などにも精通していたが、特に独仏の兵制の比較研究を通して、独の徴兵制が日本の国情や国民性により適合するとの見解を持していたという。こうした津田の才能は幕府当局に高く評価され、ペリーの二度目の来航時には老中阿部正弘の内意をうけ、交渉状況視察のため下田に派遣され、[46]その結果開国に至る経緯をつぶさに見聞することになった。したがって『雨夜物語』も基本的にこのような下田での見聞を元にしながら書き表したものであるといえよう。

津田は同書を著すに至った動機に関しておよそ次の二点を挙げている。一つは、ペリー来航から四八年も経過した当時において次第に日米交渉に携わった関係者の内で生存者が減少していく中、交渉の模様を詳しく伝える書籍がほとんど存在しないどころか事実さえ間違えた説が流布されているということで、自ら当時の真相を伝えなければならないとする義務感からである。[47]二つ目は、たまたま同書を著そうとしていた同年、久里浜にペリー上陸の記念碑の建設計画が進んでいたが、この計画への助勢という動機であった。[48]こうした動機に基づいた上でペリーの来航から日米和親条約締結までの顛末について述べていたわけであるが、基本的にもともと開国論者であった津田は、[49]ペリー来航に対しては肯定的であった。

それは「実はペルリも日本に来る時には和戦の全権を握り、艦隊司令官にして平和の使節といふ資格で参つたもので万一事が間違へば兵力に訴へても日本の鎖国を破らうといふ考へを持って居た」として米国側の力ずくの外交を認識しながらも、「米国に於ては使節を派遣した目的を達し、日本に於ては偶然に此事より外国通商の道を開くことに成つて双方の利益は実に莫大なこと」[50]と結果を高く評価していたことからも十分理解できる。またペリー個人についても彼だけが日本開国の「大恩人」ではないとしつつも、「日本の和親通商の端緒を開くに就て最も適当な方法を実行した人で其成功は決して偶然ではない況や其人物たる温厚篤実一個の君子といふべきもの」[51]と評していた。さらにペリーの信義の厚さに関しては、和親条約締結後に日本の法を遵守するという見地から密航を企てた吉田松陰（一八三〇～一八五九）等の米国艦隊への乗船の懇願を斥けた点からも証明できるとしていたのである。

その上で改めて同書の結びにおいて、ペリーの浦賀における測量の断行など強硬な態度に対する非難の論議に対して擁護する主張を展開したのである。その非難論の典型として津田は、ペリー来航の一ヵ月後に老中に提出した前水戸藩主徳川斉昭（一八〇〇～一八六〇）による建白書『海防愚存』を挙げていた。同建白書こそペリーの「白旗」について触れた最初の文献である。ちなみに『海防愚存』で斉昭は次のように述べていた。

「此度渡来ノアメリカ夷御制禁ヲ心得ナガラ浦賀へ乗入リ和睦合図ノ白旗差出シ推テ願書ヲ奉リ剰へ内海へ乗入空砲打鳴シ我儘ニ測量迄致シ其驕傲無礼ノ始末言語同断ニシテ実ニ開闢以来ノ国恥トモ可申候城下之盟ハ国ノ恥ト承候処右之通御制禁ヲ犯シ大城程近ク内海へ乗入我ヲ劫シ我ヲ要シ候夷賊御退治無之ノミナラス万一願之赴御聞済相成リ候様ニテハ乍憚御国体ニ於テ相済申間敷」[52]（傍点引用者）

これに対して津田は、従来の日本の外国への対応を考えればペリーのやり方は決して咎められぬし、またいやしくも一国の使節ごとに強国の弱国に向けての使節としてペリーが取ったくらいの態度はむしろ極めて温和であると述べると共に、「内海に乗入れたのは談判の目的地に近附く為、白旗を出したのも万国普通の事、測量は素より当り前、鉄砲を打ったのは時間の知らせと船の進退の合図である何も呑むことは少しも無い」[53]と主張してペリーの行為を擁護していたのである。さらに畢竟ペリーを悪くいうのは彼我事情と世界の形勢を明かにせざるがためであって、もし地位を換えて日本人がペリーの立場であったなら如何なる態度を取るであろうか、少し考えてみれば直ぐに分かることであるとも説いていたのである。そして最後に、米国側に対応する幕府当局者側にも阿部正弘と堀田正睦（一八一〇～一八六四）という時勢に通じた人材がいてペリーやハリス（Townsend Harris, 一八〇四～一八七八）に出遇ったことが誠に両国にとっての幸福であったと結んでいた。[54]

このように、かつて下田での開国交渉を目の当たりにした津田は、交渉におけるペリー及び米国側の姿勢を非難する論議に対してむしろペリー恩人論に近い立場で応じていたのである。これは一つには彼が幕末期から一貫して開国論という思想的立場に立脚していたということが反映していたと思われるが、他面日露戦争を前にして日英同盟が締結されようとしていた正に英米との蜜月の関係にあった時代的状況も大きく作用していたものといえよう。

こうした津田のペリー観に比して「白旗書簡」が公刊された一九一〇（明治四三）年以降の論者によるペリー認識及び「白旗」に対する見方は徐々に変化していくことになる。

特に対米関係においてはすでに幾度も触れているように排日移民問題が外交にも影響する大きな問題として浮上してきており、同問題を論じる中で日米関係の原点であるペリー来航に言及する識者が出現することになった。その代表格が、公刊されたばかりの「白旗書簡」を紹介しながら新たな局面を迎えつつある日米関係について論じていた国際法学者で東京帝国大学教授の高橋作衛（一八六七～一九二〇）であった。[55]彼は一九一〇年一二月に『日米之新関係』を著したが、これは少し前にサンフランシスコで起こった排日運動の調査のため政府から派遣されたことを契機にまとめられたものである。

高橋は同書執筆の動機を序論において次のように述べていた。すなわちまず従来の日米関係が友情の厚き「叔姪長幼の関係」にあったとした上で、しかし日清戦争が始まって日露戦争が終わる頃に至ってこの関係が次第に変化し、最早米国側の感情はこうした長幼の関係を許さない状況になってきたと指摘する。さらに「其の友誼の基礎に変化を生したる今日に於て日本人民たる者尚ほ旧時の思想に酔ふときは将来の友誼を増進するに於て却て不利なり」と述べて日本側の意識の転換を求めた。その上で今後は「日米の友誼の迷信」に基づかないで「穏健なる確信」に基づき、また「旧式にして時代に適せさる叔姪観念」によらないで「将来に適合すべき新規の関係」に基づき、互いに太平洋沿岸の強国として一層の和親を増進しなければならないと提唱していたのである。[56]そしてこうした日米の和親の維持のために新規の両国関係の研究の必要性を高橋は説いたのであった。

このような新しい日米関係の研究という観点から彼は、同書で移民問題を中心に満洲問題や日韓併合と日米関係さらに米国におけるウォー・スケア（War Scare）の動向など当時の両国関係において争点となりうる問題に分析を加えていたが、同時に将来の日米関係だけでなく過去の関係についても吟味し直すという姿勢を見せていた。したがって同書の冒頭の章では特に日米関係の原点であるペリー来航について改めて考察していたのである。

それは当時記念碑まで建ててペリーを開国の恩人として崇拝し米国に感謝するという風潮の中で、果たしてペリーを派遣したフィルモア（Millard Fillmore, 一八〇〇～一八七四）政権やペリー自身が日本の恩人であるのかどうかを検証したいという高橋の意図から出たものである。こうした彼の意図は「日米の親和は吾人の希望する所なれとも、而かも其の前提に於て誤解ありては、何時かは其の誤解か原因となりて根底より親和の関係を顛覆するの虞なきにあらす、寧ろ事実を事実とし是非を明かにして誤解を一掃し、真成相互の信念に基く親和を構成せさるへからす」[57]という現実主義的外交観を背景にしていたということができる。

高橋による開国史の吟味、検証の結果は、ペリーは侵略を意図していた帝国主義者であるというものであった。高橋はウィリアム・S・ロッシター（William S. Rossiter）が『*North American Review*』誌に発表した論文「米国に於ける最初の帝国主義」などを全文紹介しながら、以下のように記している。

「フィルモア当時の政府は日本の土地を侵略する意思ありしものにして其の委任を受けたるペリーは強硬なる帝国主義を採り、日本の本土の海港又は琉球を略取せんとの熱心なる希望を有せしなり、幸ひにペリー派遣の留守に於て米国の政府交替し『デモクラット』党の内閣となり外交主義を変して内治に意を致したるか為めに熱烈なるペリーの献策を納れさりしにより、日本は土地を保全し以て今日の幸運を来すを得たるなり、若しフィルモア政府の主義とペリーの策と、そのまま遂行せられ日本の一二領土にして米国の手に帰することあらしめんか、諸外国之に倣ひて如何なる結果を来せしかを知るへからす」(58)。

そして右のような結論に至る傍証として提示されたのが『大日本古文書・幕末外国関係文書之一』の史料番号一一九の「六月九日（?）米国使節ペリー書翰　我政府へ　白旗差出の件」にあるいわゆる「白旗書簡」の本文及び添付の文を含む全文であったのである。

このように高橋は現実主義的視点で開国史をも含めた過去の日米関係を見直しながら新たな対米関係を展望しようとしていたのである。いずれにしても彼のペリー観からすれば、当時の日本の国運は「岌岌乎として危殆なりしもの」(59)に外ならないというもので、先に触れた津田出の楽天的ともいうべきそれとは大きく落差があったということができる。

さて次に「白旗書簡」に言及されたのは、年号が明治から大正に変わって間もなく大隈重信（一八三八～一九二二）によってであった。

大隈は一九一三（大正二）年、日本開国の歴史を『開国大勢史』としてまとめたが、この中でペリー来航の経緯さらに米国を含めた諸外国との条約締結また日本海軍の創設などに関して丹念に史料を駆使しながら詳述していた。全体として個人の価値意識や感情を抑制した調子で、事実を淡々と叙述している大部の開国史である。

「白旗書簡」については第二八章「幕府評議と初度の日米条約」の中で「十日、米艦、江戸湾内に入り、日暮、大砲を発射す。上下震駭、色を失ふ。夜半、閣老以下武装して登城し、暁に至り退出す。浦賀の属吏をして、命を米艦に伝へしめて日、宜しく長崎に回航すべしと。ペルリ応ぜずして日、直に江戸に進み、宰相に面し、大統領より日本国への書翰を呈せん。若、聴かれずば、兵力に訴へても要求すべし。一旦開戦の後に於て、応諾に意あらば、何時にても此の白旗を掲げ来るべし、即ち砲火を止めんと。因て白旗二旒を提出したり。世に伝ふる所、此の如し」(60)と述べられていたが、ペリーの強圧的な外交について特に非難するような記述は散見できない。ただ右文中にわざわざ「白旗書簡」のエピソードを取り上げているのは、当時すでに『大日本古文書』が公刊されていたこともあってかなり巷間において知られていたという状況があるのかも知れない。

大隈の言及から五年後、当時『大日本』の編集者であり、また国際問題評論家、外交史家としても活動していたアジア主義者の満川亀太郎(61)（一八八八〜一九三六）は、著書『列強の領土的並経済的発展』の中の米国膨張史の部分において、「白旗書簡」を掲げながら日本の開国は是か非かと提起していた。ただし満川の場合はフィルモア大統領以下の米国政府の日本に対する政策というよりも、むしろペリー個人の強硬な姿勢や行動を問題にしていたのである。すなわちペリーは日本に対して何らの好意を持たず、初めから見縊って馬鹿にした行動を敢えて行って憚らなかったとして、それを明白に示すものとして「白旗書簡」を挙げていたのであった(62)。

そしてさらにこの書簡の内容に関連して、「何ぞ其の言辞の驕慢無礼を極むるや、吾人は之を読んで当時日本の国政微々として振はざりしことを想像するに余あるのである(63)」との見解を述べながら、国力の弱い国民は強国によって侮られるとの教訓を中米諸国の例をも引きながら示していたのである。もっとも満川は元来米国を日本のライバルとして敵視していたわけではない。彼は当時植民地化されているアジア諸国の解放という観点から最大の敵を英国と見定めていたからである。また国内の識者の多くが英米は一体であるという英米不可分論に立つ傾向にあったのに対し、満川は英米の間にも太平洋の覇権争いなど国益上大きな対立・矛盾点があり、しかも日本がそのキャスティングボードを握りうる立場にあるとして、英米可分論を支持していたことも大いに関係があった。彼はこの時期アジア主義者としては異色なことに、日米同盟さえ視野に入れていた(64)。

したがって満川が「白旗書簡」を引用して開国史を記述しているのは米国批判という文脈においてではない。すでに触れたように砲艦外交的行動の要因をフィルモア政権下の米国の対日姿勢にではなくペリー個人の対日観・対日姿勢に求めていたのであり、そうしたペリーによる開国の事蹟を当時かなり知られるようになってきたと思われる「白旗書簡」を使って記述したに過ぎない。

これに対して第一次世界大戦が終結し日本が五大強国の一員であることを自負するようになり、またワシントン会議での海軍軍縮条約をはじめとする諸条約の締結の結果、太平洋を挟んで米国との対峙が明白になってくる頃から一段と対米認識においては変化を生じるようになり、ペリーの「白旗」のエピソードも後に述べるように確実に米国に対する反発、批判の脈絡の中で使用されることになっていく。ことに前に触れているように人種偏見を主な背景として深刻化していた日本人移民排斥問題は沈静化するどころか一層悪化の方向に進展していたが、こうした日米関係の緊張や軋轢は日本人に対して改めて日米関係を根本から再考させる契機をもたらすことになった。

そしてそれは一九二四(大正一三)年に大きなピークを迎えることになる。これまでカリフォルニア州をはじめとする西海岸という米国の限られた地域での問題であった排日移民問題は、ついに連邦議会への排日条項を含む新移民法案の上程という段階に至ってしまったからである。いわゆる排日移民法(一九二四年移民法)であった。

この排日移民法は米国政府の反対にもかかわらず議会を通過してしまったが、同法の成立が日本国民に与えた衝撃は大きかった。言うまでもなく開国以来欧米を範として近代国家建設に励み、ようやく五大強国の一員すなわち「一等国」を自負するまでになった日本人にとって、明らかに人種主義的要因に基づいた米国の「拒絶」は自らのアイデンティティを揺がしかねない大きな痛手に外ならなかったからである。最初に述べたように日本人の対米関係における二つ目のトラウマとした所以である。

当然国内では同法成立を「国辱」と受けとめ、従来の「自由」と「正義人道」の国という対米イメージを転換させ、反米論が急速に台頭してきたのであった。例えば関西財界の有力者であった平生釟三郎(一八六六〜一九四五)は法案に大統領が署名した五月二六日を「国耻記念日」と定めることを提言したし[65]、先に論じた徳富蘇峰は同法が実施される七月一日を「国辱の日」と命名していた。またこれまで日米の友好関係の構築に尽力してきた人々にも大きなダメージを与え、例えば日米関係委員会などを通じ長年両国関係の改善に努力してきた渋沢栄一（一八四〇～一九三一）は同法案通過の報に接し、「予が二〇年来日米親善のために微力を尽くし来った努力も全く水泡に帰したるを知り実に遺憾に堪へず痛嘆之を久しうし、自ら涕の下るを覚へなかつた」(66)と吐露していたし、同じく親米家の新渡戸稲造（一八六二～一九三三）は、この日本人を侮辱した人種主義的な立法が撤回されるまで二度と米国を訪問するつもりはないと宣言したのである。(67)

こうした対米観の悪化に伴って一方では、アジア連盟論、有色人種連盟論、日中提携論など、傷つけられた日本の民族的アイデンティティを「アジア」に回帰することによって回復しようとする主張が展開されたが、(68)同時にもう一方では「屈辱」を与えた米国の「欺満性」を対米関係の原点にまで遡って批判するために、ペリーの強圧的外交について論及する主張が出てきたのであった。イスラム学者の大久保幸次（一八八七～一九四七）は「国際平和の為めであると嘗て開国を我に迫つたこの米国は自らその門戸を閉ぢ、日本人を排斥し、自然より与へられた、この人類共有の地球の重要なる一部分を、勝手に白人の壟断にまかせたる事によつて神の前に大なる大叛逆を敢てしたのである」(69)と米国を非難したし、また陽明学者の石崎東国（一八六一～一九三一）が云うように「日本の門戸を叩き開けたペルリの本国が今東洋人を其の国から鎖め出すまでの変化」(70)を遂げたことは背信に外ならないと糾弾する論者もあった。

そしてこうした排日移民法の屈辱を晴らし米国の「欺満性」を明らかにするために論じられたペリー来航の逸話の中で度々引き合いに出されたのが「白旗書簡」であった。

雑誌『太陽』を中心に幅広い分野で評論活動を展開していた浜田三峰は、かつて公式のペリーの遠征記（一八五六年刊）を抄訳していたが、(71)排日移民法が成立したこの時期、改めてペリーの遠征記を取り上げペリー侵略者の論を唱えていた。浜田は「暴徒の暴挙に比す可き排日運動に対し、吾等もまた民族的の痛憤を禁じ得ない」との立場から、日本開国の恩人とされるペリーが「名実共に日本の土地を侵略する為に遠征して来たものであることを確かめ、聊《いささ》か胸中の鬱憤《うっぷん》をもらさんと思ふ」[72]と述べていたのである。

浜田のペリー論は高橋作衛の論をほぼ踏襲したもので、ペリーの侵略的姿勢を示す証拠として「白旗書簡」を引用し、ペリーを「国敵」と断じたのであった。[73]

浜田の論説が発表されたのとほぼ同じ時期、満川亀太郎の盟友として老壮会・猶存社、行地社等において行動を共にした大川周明（一八八六〜一九五七）も米国に対する憤りを顕わにしていた。大川は東洋協会発行の『東洋』誌上に「日米問題」と題する論説を寄せて排日移民問題に絡めてペリーに言及していたのである。

大川はまず今回の日本人排斥法案を「その無理非道なる、青天に白日を見るが如く明々白々にして、些の疑惑を容るべき処がない。米国は決して是認すべくもなき人種的偏見に迷ひ、日本人の前に其国を鎖さそうとするだけである」と断罪した上で、こうした日本の額に「汝等は劣等民族なり」と烙印を捺し付けた米国の無礼に如何なる態度を採る可きか、また遠慮会釈もなく踏み付けられた体面やなすり付けられたる顔の泥をどうすればよいのかと読者に問いかけていた。[74]そうした問いに答える際の参考になるものとして大川は、ペリー提督が初めてわが国に開国を求めた時、二旒の白旗を添えて幕府に送った書翰があると述べ、「白旗書簡」を全文紹介していたのである。その上で「実に驚く可き申分である。而して今ま吾等の前に其国を閉ぢんとするのは、天理に背くが故に暴力を以てしても開国させてやると言つた此のペリー提督の孫裔でないか。ペリーに溯るまでもない、正義人道の選手としてウィルソンを世界に押出した現代北米人でないか。吾等は此の驚く可き侮辱を忍従してよいのか」[75]と米国を痛烈に非難していた。

ただし彼は日本人に対する人種的偏見や排斥は米国のみに限ったことではなく英国を始めとするアングロサクソン世界に共通していること、またそうした人種的偏見を根本原因とする排日は「尋常一様の手段」では取除かれないと指摘すると共に、今回の問題の解決は単に米国に対してのみならず世界における日本の立場を極めるためのものであるとして、「非常の覚悟」をもってこの問題を処理せねばならぬと説いたのであった。そしてそのためには「多年の娼婦外交」を止めなければならないと主張したのである。[76]

こうした大川の主張の前提には同論説の冒頭で述べているように持論の東西対抗史観からする「日米戦争宿命論」があった。すなわち「東洋の強者の代表」である日本と「西洋の強者の代表」である米国との衝突・戦争が不可避であるとする見解である。米国での排日移民法の成立は大川からすれば正にこのような日米戦争の宿命を確信させるものであった。[77]そしてその際日米関係の原点で開国を強いたペリーは、日本に侮辱を加え欺瞞する米国の象徴的役割を果たすことになったといえる。

以上見てきたように日露戦争、第一次世界大戦などを経て日本のアジアにおける台頭と日本人移民排斥問題の進展により日米関係が緊張・対立するに従い、日本人のペリーに対する認識は大いに悪意を含む傾向を強めた。ことに米国における排日移民問題の最終的な到達点である日本人移民の全面的禁止を実質的な内容とする新移民法の成立により、それは頂点を迎えることになる。この新しく日本人に与えられることになった「屈辱」が、当然の如く対米関係の原点における「屈辱」であるペリーによる強制的開国の記憶を再び想起せしめたからである。

昭和天皇はその「独白録」の中で日米戦争の遠因として排日移民法を頂点とする加州排日運動を挙げているが[78]、それ程日本国民にとっては屈辱的であった同法成立の非難の際に引き合いに出された日本開国の立役者ペリーが、この時点で「憎悪」の対象となるのはしたがって自然な成り行きであったといえる。そしてその場合「白旗」書簡は、日本人がそのペリーによる「屈辱」を噛み締める際の絶好の材料・傍証として使われたのである。

4 第二の開国後の「ジュニア」と「シニア」

日本人が対米関係史の中でペリーにこだわりつづけたように米国側もまた対日関係においてはペリーを引きずっていたといえる。一九四五（昭和二〇）年九月二日、日本の降伏文書調印式が行われた戦艦「ミズーリ」艦上には、マッカーサー（Douglas MacArthur, 一八八〇～一九六四）がかつてペリー艦隊の旗艦（当初の旗艦はサスケハナ号。一八五四年二月の江戸湾到着後の旗艦はポーハタン号）の艦上に翻っていた星条旗をわざわざアナポリスの海軍兵学校記念館から取り寄せて飾らせていたが、[79]この事実からもマッカーサー、さらには米国のペリーに対するある種のこだわりを感じることができる。マッカーサーのこうした演出は、言うまでもなくペリーがやり残した「日本開国」の事業を自らが引き受け、日本をその意味で徹底して開国させようとする意志を示したものといえる。現に彼は矢継ぎ早にそうした日本の「第二の強制的開国」を促すための占領政策を打ち出していった。

ところでマッカーサーを筆頭に米国側が日本の占領統治を行う上でペリーの教訓から継承していたものは「威嚇的交渉」や「厳然たる態度」であった。事実マッカーサーは日本側に接する場合、ペリーに倣って人前に姿を見せず神秘性を保持すると共に毅然とした態度を貫き通したのである。

何故そうした対応をとったのだろうか。それは、ペリーが一八四六（弘化三）年のジェームス・ビッドル（James Biddle, 一七八三～一八四八）の訪日や一八四九（嘉永二）年のジェームス・グリン（James Glynn, 一八〇〇～一八七一）の訪日の経験から毅然たる、しかも終始一貫した原則を重んじた交渉態度の方が日本人の妥協を引き出す上で功を奏するということを学び、しかもそれを実践し成功して以来、「脅しの理論を使用すれば、日本は譲歩する」という否定的な固定観念を米国政府が歴史的に抱くようになっていたためである(80)。

現実的にマッカーサーの占領統治は当初予想された困難さに反して円滑に進められ、後になって「十二歳の子供に等しい」と評せられた日本人は卑屈な程の従順さを示したのである。このような日本人の態度については有田八郎（一八八四〜一九六五）元外相が「マッカーサー元帥が、その証言の中で、日本国民には勝者にこびへつらう性癖があるといったそうだが、どうも癪《しゃく》にさわるけれどもそういわれても仕方がないかもしれない(81)」と述べているように、日本人自身も認めるところであった。

かくして「第二の開国」は日本側の協力のもと上々の成功を収めた。そして一九五一（昭和二六）年にはサンフランシスコ講和会議が開かれ、日本は占領統治から解かれて再び国家として主権を回復し国際社会への復帰が決まったのである。ところがそのサンフランシスコ講和条約の締結と同時に日本は米国との間で日米安全保障条約に調印することになったが、同条約は日本の米国に対する基地提供義務が明文化されているのに米国の日本防衛義務はされていないなどきわめて「片務的」な内容であった。いわば不平等条約であったといえる。

戦後の日本外交は基本的にこのような「不平等性」を背景とする日米関係を軸に進められていくことになった。軍事力によって捩《ね》じ伏せられた日本が自国の安全保障を今度はその米国の軍事力に一方的に依存するという関係はしばしば「ジュニア」と「シニア」の間柄とされたが、一方でこうした関係は最初に触れたように日本国民の間に「米国の属国・子分」観を醸成させていったのである。そしてこの日本人の意識の底にある日米関係観を払拭できない限り、対米関係の原点にあり、しかも日本人にとっては米国の「力」の歴史的象徴である「ペリー」の記憶から脱却するのは難しいのではないかと思われる。

注

（1）山田洋次『男はつらいよ　8』立風書房（立風寅さん文庫）、一九八一年、二六二―二六三頁。ただし右の脚本の寅次郎の台詞と実際の映画のそれとは多少異同があるので、松竹CBS／FOXビデオによって映画版の台詞に合わせた。
（2）ジョン・ダワー（三浦陽一・高杉忠明訳）『敗北を抱きしめて』上巻、岩波書店、二〇〇一年、一頁。
（3）例えば、徳富猪一郎『大正の青年と帝国の前途』民友社、一九一六年、三六―五二頁参照。
（4）岸田秀『日本がアメリカを赦す日』毎日新聞社、二〇〇一年刊の第一章及び第二章を参照。
（5）佐藤誠三郎「幕末における政治的対立の特質」『「死の跳躍」を越えて――西欧の衝撃と日本』都市出版社、一九九二年、七九頁。
（6）大橋訥庵については、藤田雄二『アジアにおける文明の対抗――攘夷論と守旧論に関する日本、朝鮮、中国の比較研究』御茶の水書房、二〇〇一年、七七―八八頁参照。同書では大橋の議論の多くは単に徳川斉昭の議論を水増ししただけという評価を下している。
（7）平泉澄・寺田剛編『大橋訥庵先生全集』上巻、至文堂、一九三八年、二六九頁。
（8）福澤諭吉「通俗国権論」『福澤諭吉全集』第四巻、岩波書店、一九五九年、六一二頁。
（9）日本史籍協会編『昨夢紀事』第一巻、東京大学出版会、一九六八年、一五九頁。
（10）佐藤前掲稿、七九―八〇頁。
（11）三輪公忠「幕末・明治期の日米関係」『環』八号（二〇〇二年）、一五八―一五九頁。
（12）「雨夜物語附録・福澤先生の演説」芝山隠士（津田出）『雨夜物語』上田屋書店、一九〇一年、一二頁。
（13）同、一三―一四頁。
（14）同、一四頁。
（15）岡本俊平・有賀貞「第二次大戦までの日米関係」細谷千博・本間長世編『日米関係史〔新版〕』有斐閣、一九九一年、四〇頁。
（16）満川亀太郎（長谷川雄一編・解説）『三国干渉以後』（覆刻版）論創社、二〇〇四年、一〇二頁。
（17）山口正一郎『博士長谷川芳之助』政教社、一九一三年、一六〇―一六一頁。

(18) 長谷川芳之助「ペルリ渡来の理由」同書所収、六二―六八頁。
(19) 同、六八―七〇頁。
(20) 長谷川芳之助「米国に対する日本の内意」同書所収、八三頁。
(21) 徳富蘇峰「征清の真意義」『徳富蘇峰集』(明治文学全集三四) 筑摩書房、一九七四年、二六一頁。
(22) 前掲『大正の青年と帝国の前途』三八頁。
(23) 米原謙「ナショナリズムの隘路――徳富蘇峰」『近代日本のアイデンティティと政治』ミネルヴァ書房、二〇〇二年、一七四頁。
(24) 前掲『大正の青年と帝国の前途』五二頁。
(25) 同、三七頁。
(26) 同、四〇―四一頁。
(27) 同、三七頁及び四五頁。
(28) 同、四四頁。
(29) 同、五〇頁。
(30) 同、五三頁。
(31) 同、四一頁。
(32)(33) 同、四三頁。
(34) 同、三九頁。
(35) 三輪公忠「徳富蘇峰の歴史像と日米戦争の原理的開始――大正一三年七月一日、排日移民法の実施をめぐって」芳賀徹他編『西欧の衝撃と日本』(講座比較文学・第五巻) 東京大学出版会、一九七三年、一九七頁。
(36) 前掲『大正の青年と帝国の前途』四七頁。
(37) 同、三六―三七頁。
(38) 同、五二頁。
(39) 前掲「ナショナリズムの隘路――徳富蘇峰」参照。

(40) 岸田秀「日本近代を精神分析する――精神分裂病としての日本近代」『ものぐさ精神分析』青土社、一九七七年、八―二八頁参照。
(41) 岸田秀/K・D・バトラー『黒船幻想』トレヴィル、一九八六年、三〇―三二頁。
(42) 前掲「日本近代を精神分析する」一二―一八頁。
(43) 「六月九日(?)米国使節ペリー書簡　我政府へ　白旗差出の件」東京帝国大学史料編纂所編『大日本古文書・幕末外国関係文書之一』一九一〇年(覆刻版・一九七二年)東京大学出版会、二六九―二七〇頁。
(44) ペリーのいわゆる「白旗書簡」が幕末から現代に至るまでの間で引用された文献については、取りあえず、岸俊光『ペリーの白旗』毎日新聞社、二〇〇二年、一六三頁参照。
(45) 津田出の経歴事績については、津田道太郎編『壷碑――津田出小伝』(一九一七年)を参照。
(46) 木村時夫「大隈重信と津田出」『史伝史話――近代日本の明暗』前野書店、一九七八年、一九九頁。
(47) 前掲『雨夜物語』五―六頁。
(48) 同「自序」一頁。
(49) 日本英雄伝編纂所編『日本英雄伝・第六巻』非凡閣、一九三六年、五〇一頁。
(50) 前掲『雨夜物語』八―九頁。
(51) 同、一三八―一三九頁。
(52) 同、一四〇―一四一頁。
(53) 同、一四一頁。
(54) 同、一四三頁。
(55) 高橋作衛及び評論家浜田三峰と「白旗」に関してはすでに、拙稿「一九二四年における脱欧入亜論の浮上」『国際政治』第一〇二号、一九九三年二月、の中で論じている。
(56) 高橋作衛『日米之新関係』清水書店、一九一〇年、二一―三頁。
(57) 同、一八頁。
(58) 同、一四―一五頁。

(59) 同、一五頁。
(60) 大隈重信『開国大勢史』早稲田大学出版部・実業之日本社、一九一三年、七四三―七四四頁。
(61) 満川の対米観の詳細については、拙稿「満川亀太郎の対米認識」拙編『大正期日本のアメリカ認識』慶應義塾大学出版会、二〇〇一年、二六〇―三〇四頁参照（本書第三章）。
(62) 満川亀太郎『列強の領土的並経済的発展』廣文堂書店、一九一八年、二五三頁。
(63) 同、二五四頁。
(64) 前掲「満川亀太郎の対米認識」二九六頁。
(65) 「平生釟三郎日記」（甲南学園所蔵）一九二四年五月二八日付。
(66) 渋沢栄一「日米問題の解決と対支新方策」『外交時報』四六七号（一九二四年五月一五日）、六三―六四頁。
(67) 三輪公忠「日本の対米イメージの形成から抜け落ちていたペリーの『白旗』」『隠されたペリーの「白旗」――日米関係のイメージ論的・精神史的研究』Sophia University Press 上智大学、一九九九年、四三頁。
(68) この時期のアジア連盟論、日中提携論などアジア主義的主張については、前掲「一九二四年における脱欧入亜論の浮上」一〇三―一〇六頁参照。
(69) 大久保幸次「日本人も亜細亜人なり」『東洋』一九二四年七月号、一〇七頁。
(70) 石崎東国「人種問題と亜細亜文化連盟」『日本及日本人』一九二四年五月一五日号（対米公憤号）七二頁。
(71) 浜田三峰訳「六十年前の日本訪問記」『地球』第二巻五号（一九一三年）一〇二―一一三頁及び第二巻六号、一六〇―一六八頁参照。
(72) 浜田三峰「ペルリの日本遠征録を読む――彼を日本開国の恩人なりといふ事実を排し、日本の領土侵略を目的とせる真実を述ぶ」『太陽』第三〇巻七号（一九二四年六月一日号）一四八頁。
(73) 同、一六〇―一六二頁。
(74) 大川周明（斯禹）「日米問題」『東洋』一九二四年六月号、一二四―一二五頁（大川周明関係文書刊行会編『大川周明関係文書』芙蓉書房出版、一九九八年、所収）。
(75) 同、一二五頁。

(76) 同、一二七頁。
(77) 同、一二四頁。
(78) 寺崎英成・マリコ・テラサキ・ミラー編『昭和天皇独白録・寺崎英成・御用掛日記』文藝春秋、一九九一年、二〇頁。
(79) 曽村保信『ペリーは、なぜ日本に来たか』新潮社、一九八七年、二三七頁。
(80) 御手洗昭治『黒船以前』第一書房、一九九四年、一一四頁。
(81) 「『日本外交の過誤』に関連する有田大臣の所見（第二）〈昭和二十六年六月五日〉」『外交史料館報』第一七号（二〇〇三年九月）六九頁。

第二章　大正中期大陸国家へのイメージ

1　「改造」への模索

大正中期以降構想され、後の「満洲国」構想の一つの系譜につながると思われる大陸論を検討するにあたり、その背景にある時代状況、思想状況について予めふれておきたい。

この時期は、表層的には「大正デモクラシー」というきわめて華やかな思潮で規定される傾向にあるが、その反面、米騒動（一九一八年）にみられるごとく国内的には明治以来の諸々の矛盾が露呈し、更に国際政治の面でもロシア革命（一九一七年）、第一次世界大戦の終結（一九一八年）を機とする大きな変動期にあった。しかもその底流では来るべき昭和期の超国家主義胎動へのターニングポイントとなっていたのである。

殊に雑誌『改造』が創刊された一九一九（大正八）年には、現状打破の思潮がより強く表面化し、北一輝（一八八三～一九三六）が上海において『国家改造案原理大綱』（後に『日本改造法案大綱』と改題）を、また権藤成卿（一八六八～一九三八）が『皇民自治本義』（後に改訂されて『自治民範』と改題）をそれぞれ著わし、更に革新的国家主義団体「猶

存社」が設立されるなど活発な動きを見せた。(1)

もちろん猶存社に限らず新人会を始めとして左右の革新団体が多く設立されていったのもこの時期であり、思想的に幅の広い領域で「改造」が模索されていたのである。(2)換言するならば現状打破の志向が多方向性を有していたのである。また思想史的にいうならば、明治以来西欧合理主義思想の流行台頭によってそれ迄抑圧されてきた、非合理主義的・土俗的・土着的思想が噴出していた時期でもあった。いわば「土俗」的精神への回帰現象がこの時期の思想潮流を特色づけていたのである。(3)例えば権藤の展開した「社稷国家」論なども、西欧的国家像を否定したきわめて土着的な国家論であった。

このような状況の中一九一九(大正八)年、大陸政策の局面において日本は初めてアジア諸民族の大規模な民族抵抗運動に直面したのである。朝鮮における三・一運動、中国における五・四運動がそれであった。韓国併合後、日本の統治に甘んじてきた朝鮮では、ロシア革命、中国革命と近隣諸国の変動を反映して民族としての自覚が高まっていた。そのような推移の中から勃発したのが三・一運動であったが、民族独立の気運は、間島など韓国併合後朝鮮人が大量に流入していた南満洲、沿海州方面にも波及し、日本側では「不逞鮮人」問題として大きく浮上していたのである。

他方ロシア革命に干渉するために行なわれた連合国のシベリア出兵は撤兵へと転じ、日本も連合国から強く撤退を迫られていたが、蒙古、シベリア、沿海州方面にはいまだ反革命勢力が残存し、日本はこれら勢力に種々の援助を与えていた。このように極東は、きわめて変動にみちた状況にあり、満蒙はまさしく「力の空白」状態にあった。

本章では、右の時期における大陸論のうち、きわめて土俗的な二つの大陸国家建設論を取り上げ考察してみたい。すなわち、一九二〇(大正九)年末に公表された末永節《みさお》(一八六九~一九六〇)らの「大高麗国」構想と一九二四(大正十三)年の蒙古入りによって明らかとなった大本教の出口王仁三郎(一八七一~一九四八)らによる「蒙古王国」構想である。これら二つの国家論は、後の「満洲国」建国に際してのスローガンであった「民族協和」「王道政治」的思想を先取りしたものであった。

2　一九二〇年「大高麗国」構想

かつて中国革命に関与した玄洋社系の末永節[4]らを中心として「大高麗国」構想が発表されたのは、一九二〇（大正九）年末間島においてであった。[5]しかし日本国内において一般に公表されたのは翌一九二一年三月末の『大正日日新聞』紙上である。[6]当時『大正日日新聞』は後に取り上げる大本教が経営権を掌握していたが、この時期は第一次大本弾圧事件の直後であった。[7]

この「大高麗国」構想の打出された背景には、黒龍会等の日韓合邦運動の長い歴史が存在する。内田良平（一八五四〜一九三七）ら黒龍会と、韓国社会の土着の宗教東学の系統を扱む親日団体一進会の推進してきた樽井藤吉著『大東合邦論』のいう対等合併の線での日韓合邦運動は、結局何ら実を結ぶことなく日本の韓国併合によって頓座してしまうが、この挫折状況の中から出されてきたのが「大高麗国」の構想であったのである。すなわち一九一〇（明治四三）年の韓国併合以来日本側に対する不信を募らせてきた旧一進会側は、一九二〇年五月内田良平や杉山茂丸（一八六四〜一九三五）に対し、彼らが約束してきた日韓合邦の責任を鋭く追求し自決を迫った。折から韓国内では三・一運動、琿春事件など独立運動の気運が高まっていた。[8]七月内田は京城に赴き、旧一進会会員の和解工作を行ない慰留につとめる一方、帰国して旧一進会側への懐柔策として同光会の結成をはかり、また玄洋社・黒龍会系で姻戚関係にある末永節に旧一進会側の追求による窮状を訴えた。[9]その結果末永によって朝鮮における現況に対応し、かつソ連及び中国に対する緩衝国として機能するものとして構想されたのが「大高麗国」の建国であった。つまりこの建国構想は朝鮮民族の独立運動で高まる中で、これに対する弥縫策的色彩が当初からきわめて強かったといえるのである。

そこで次に「大高麗国」の内容及びその性格等について検討することとしたい。

「大高麗国」構想は、朝鮮民族の祖先・扶余族が建国した古代の高句麗国を復活させたもので、その版図は、「山海関以北張家口以東の直隷省と内蒙古と盛京省と吉林省と露領並に支那領とをこめた黒龍江省と沿海州とカムチャッカ全部」[10]とされ、三期にわけて段階的に拡張してゆくものとされた。すなわち第一期は吉林省全部と奉天省の一部、第二期は奉天省の残部と山海関以北張家口以東の長城以北の直隷省北部と内蒙古、第三期は黒龍江省全部とカムチャッカ半島を含む沿海州全部である。また首都は間島（竜井村）に定められた[11]。

さらに「大高麗国」構想においては、憲法草案、建国規約、国旗なども示されている。憲法草案は七箇条から成り、注目すべき条項は第一条の国土の公有化の規定、第四条の儒教の国教化の規定、そして第五条の高麗国民の規定であろう。

先ず第一条については、「大高麗国は現代の腐敗した社会制度を根底から破壊して大古無為にして化した制度に返し土地の国有を実施して、井田の法を行う[12]」と規定している。「大高麗国」建国のアイデアに権藤成卿が直接関与したかどうかは明らかではないが、この規定を見る限り、土地の公有化を柱とした権藤の「社稷国家」に範をとったといえる内容である。

権藤は農本主義思想家として日本の「危機」の原因を、明治国家体制によって採用されたプロシア式官治制度と土地の私有化の政策に求め、土地の私有や兼併によって土地を基盤として成り立っている社稷（地縁共同体）の自治を崩壊させ、日本の社会を危機的状況に導いたと分析していた[13]。権藤の主張は、プロシア式官治制度（プロイセン的国家機構）を排撃し、日本古来の伝統に法った社稷体統の自治制や「君民共治」の政体を再建するというものであった。

しかしながら「大高麗国」構想にみられるこうした社稷国家的性格は、一九〇七（明治四〇）年に始まる日韓合邦運動における一進会財団の構想の中に既にみることができる。

一進会財団の構想とは、黒龍会と一進会が推進してきた日韓合邦運動が、樽井藤吉（一八五〇〜一九二二）の『大東合邦論』的な対等の合邦が成功した後に満洲に一進会会員が集団移住し、自治制を行いながら来るべき中国の変乱に乗じて満蒙独立をはかるというものであった。そしてこの一進会財団には、当時黒龍会のブレーンであり、ゴーストライターでもあった権藤成卿が当初から関与していたのである。(14)いずれにせよ「大高麗国」構想は、一進会財団、すなわち一進会会員の満洲移住計画を引き継ぎそれをさらに発展させた性格のものであるということである。また社稷国家的色彩は第一条の規定だけでなく、その国旗において土地の国有による井田を示す「井桁」を表象していることでも明らかである。(15)

次に第四条の儒教の国教化の規定は、日本の従来の朝鮮統治の反省の上に立ち、朝鮮の地域社会におけるサブリーダー的存在として位置づけられる儒林階級（儒生層）の再把握を意図したものである。

韓国併合前、近代朝鮮社会における儒生層の果たした役割はきわめて大きく、『大正日日新聞』によると約六〇〇万人にのぼる儒生はその学問的教養を背景に全国の地域社会に浸透していた。彼らが担った職務の内容は、「読書、算術、習字、礼儀、代書、診病、吉凶の卜断、祭祀、代弁、事件の仲裁」(16)等一般民衆の日常生活の便宜、故俗習慣にとっては欠かすことのできないものであった。また統治者と被治者である一般民衆の間にあって統治者側からの布告文、諸規則等の告示類を民衆に示唆する一方、他方では民衆の願届等の陳述など上意下達、下意上疏を行なう役割を果たしていたのである。従ってこのような役割から彼ら儒生層は一般民衆の信頼を獲得しており、いわば各地域社会におけるサブリーダー的位置にあった。

ところが韓国併合後の統治においては、朝鮮の旧俗故習が無視され、新たに導入された新制度によって儒生がこれ迄担ってきた職や社会的役割、特権的地位などを奪う結果となり、これによって彼ら「儒林階級」や「両班階級」（貴紳階級で儒生層から選ばれる）を排日運動に追いやることになってしまったというのが末永らの分析であった。従って地域社会のサブリーダーである「儒林階級」を再編し、彼らを懐柔して「大同団結」をはかるのが来るべき「大高麗国」の国民統治の基礎であると認識されたのである。同時にそれは三・一運動など高揚する独立運動、そして日本側では満洲及び沿海州における「不逞鮮人」問題として捉えられた問題に一つの楔を打ち込むことになると理解されたのである。それ故内田や末永らの認識としてこれら両班、儒生の自尊心を満足させるためには、まさしく彼等の学問や伝説の知識を活用し、朝鮮民族の歴史的故事に基づいた「大高麗国」の建設、すなわち古代高句麗の故土を復活させる構想が必要だったといえるのである。そして客観的にも、『大正日日新聞』紙上でも述べられているように「幸いに満蒙及び東方西伯利の現況がこの建設に最も好都合」[17]であったのである。以上のように儒教国教化の規定は、同化政策など従来の朝鮮統治に対する反省を踏まえた上で[18]、同化政策の内容においてみられる「天皇臭さ」を排除し儒林階級を再編、懐柔する意図を含んでいたのである。

第三点として第五条の高麗国民の規定であるが、これは「凡そ日本人（朝鮮人を含む、引用者註）、支那人、露西亜人にして既に高麗国の内に在住していて高麗国の市民たる権利資格を欲するものは差別なく之を附与す」[19]とあるように、後の「満洲国」建国において掲げた「民族協和」的精神に相応する理念を内容としている。この第五条と第一条の土地公有化の規定を併せれば、まさしくそこには民族の概念を超越し、土地に定着し土着の生活を送る人間集団を基盤とした社稷国家、農本的国家の容貌を見てとることができる[20]。明治期以来日本が学んできた西欧的国家像ではなくきわめて土俗的・土着的国家観に立脚した内容をもつものであったといえる[21]。

末永らは以上のような性格をもつ「大高麗国」を建設してこれまでの日韓合邦運動における旧一進会側との約束をまがりなりにも実現しようとしたのであり、またこの旧一進会側からの追求こそが「大高麗国」を構想するにあたっての直接的契機となっていたのである。しかし建設構想がこの時期に浮上してきた背景には以下の三つの要因が横たわっていたのであり、それらの要因との関連を検討することによってこの構想の歴史的意義はより明らかになると考えられる。

第一の要因は先にも若干触れたが、韓国併合後の朝鮮独立運動を背景とした満洲や沿海州におけるいわゆる「不逞鮮人」問題及び日本国内に流入した朝鮮人労働者の問題であった。第二の要因は、ロシア革命以降のシベリア、沿海州を中心とする極東情勢の変化である。そして第三の要因には、既に一九一三（大正二）年の加州土地法成立後一時沈静化していた米国の排日気運の再燃と、これに対応した日本側の「意識」における「脱欧入亜」的潮流が挙げられる。

この内第一と第二の要因は密接に連関しているが、先ず初めに韓国併合後、満洲や沿海州方面に移民などとして相当数流入していった朝鮮人の動向からみていきたい。

一九二〇年末当時、満洲及び沿海州に移住した朝鮮人の数は約一〇〇万人以上にのぼり[22]、これらの移住朝鮮人は、「既ニ朝鮮ノ併合ニヨリ帝国臣民トシテ承認セラレシニ拘ハラス依然トシテ何等国家ノ恵沢ニ浴スル事能ハス其大多数ハ甚タ貧困ニシテ移住地方ノ住民ヨリ絶エス種々ノ圧迫ヲ被リ常ニ不安ノ境ニ彷徨セルカ如キ憐ムヘキ状態ニアリ従テ所謂不逞鮮人及露国過激派ノ煽動其間乗シ易ク若シ此儘ニシテ放任セムカ彼等カ帝国ニ対シテ次第ニ険悪ナル思想ヲ懐クニ至ル[23]」という状況にあった。事実三・一運動以後急速に高まった独立運動の気運は、間島地方を中心とした地域に波及し、「大高麗国」構想が間島で打出された一九二〇年の九月には琿春事件となって表面化したのである。

「大高麗国」構想が公表された時期とほぼ同時期、一九二一（大正一〇）年一月に陸軍中央部に提出するためまとめられた現地在留の吉林督軍顧問斉藤恒大佐の「対間島策」は、彼が「不逞鮮人」取締問題に直接指導的役割を担った関係上、琿春事件前後の間島地方の状況について比較的冷静な分析をしている。またこの「対間島策」は「大高麗国」構想を提示した末永らの分析と幾つかの接点を有している。

「対間島策」は全体的に、朝鮮人の取締り、治安維持などに関する警備上の問題を内容としているが、間島における「不逞鮮人」胚胎の原因については、これを日本のこれまでの朝鮮統治の在り方に求めている点に特質が見出せる。まず斉藤は、「鮮人ノ独立ハ『ウイルソン』ノ民族自決主義ニ起因スト説クモノアルヲ普通トナスモ其ノ遠因ハ決シテ然ラス即チコハ韓国併合ノ当時ニ発芽セルモノナルコトハ争フヘカラサル事実ナリ[24]」とした上で、日清・日露戦争を通じ朝鮮民族が民族としての自覚を有し、かつ純然たる独立国との観念を附与されたにも拘わらず、その後日本の保護国化、併合によってこれまでの「日本ノ義気」は「全ク欺瞞ニ過キサルヲ知リ朝鮮志士ノ奮起トナリ」と述べている。

また斉藤の認識によれば朝鮮統治政策における日本化政策が朝鮮独立運動を一層つのらせる原因をなしていた。例えば日本語教育について「本来ノ徳望アリ且ツ有力ナル官吏ハ悉ク免職セラレ日本語ニ通シ日本ニ諛フモノハ多ク用ヒラレ下ニ対シテハ苛斂誅求至ラサルナク官庁ヘノ諸届ハ日本文ナラサルヘカラス学校ノ語学ハ全部日本語ニ強ヒラレ人民事ヲ訴ヘントスルモ日本語、日本文ヲ知ラサレハ亦如何トモナシ難ク所謂陛下ノ御心ヲ以テ行ハレタル一視同仁ノ併合ハ変シテ鮮人ヲ奴隷タラシムルモノ」(25)であるとしていた。これは先の末永らの認識と全く符合し、「大高麗国」構想の儒生層再編の施策はまさしくこのような朝鮮の現況に対処するための補完策であったわけである。

斉藤は更に明確に「鮮人ノ独立ヲ欲スルハ奴隷タルヲ免レントスルモノナリ、決シテ其ノ名ヲ求ムルモノニアラサルナリ」と述べた上で、朝鮮総督斉藤実(一八五八〜一九三六)が推進した「文化政策」についても「処置ヲ誤ルモノ」と批判している。ともかくも朝鮮独立運動の唯一の根拠地が、「地味豊饒ニシテ食フニ窮セス着ルニ又苦ナシ又支那側ノ警備力ハ薄弱ニシテ到底林空山谷ニ進入スルコトナキ」間島である以上、間島問題の価値は「日本興亡ノ問題」とされたのである。また戦略上も「将来満洲ニ於テ日支衝突ノ事件アリトセハ先ツ第一ノ疾意ハ此地ニ発スヘク又露領北満ノ赤化シ来ル場合ニハ北鮮ノ前進陣地トシテ枢要ノ一地区タルヘキ要掛ヲ存スルノ処」(26)と認識されたのである。

このように見てくると間島が単に戦略上枢要な位置を占めているというだけでなく、朝鮮独立運動の重要拠点であったことからして末永らが「大高麗国」の首都に間島(竜井村)を定めているのも理解できる。末永は朝鮮人、中国人、ロシア人、日本人など多民族が混在する間島を中心にして、きわめて反西欧的国家理念に立脚する土俗的な社稷国家論による「自治」政治、「民族協和」的政治を展望していたのであった。

末永が「大高麗国」の建設を以て在満朝鮮人問題に対処しようと構想したのに対し、他方日本政府当局は、一九二一年五月の「満鮮会議」（第一次東方会議）[27]においてみられるように、在満朝鮮人の救済保護及び取締り問題の解決策としては、末永らの理念とは反する後の「東亜勧業株式会社」に発展する満蒙開発会社の設立を以て対応したのである。[28]

さて「大高麗国」建設の背景についての第二の要因として、ロシア革命、シベリア出兵後の極東情勢が挙げられる。一九一七（大正六）年のロシア革命とそれに伴う翌年のシベリア出兵は極東地域に大きな変動をもたらした。この変動に乗じて満洲、沿海州、シベリア方面に勢力を拡大しようと意図した日本は、陸軍が中心となって反革命勢力援助など種々の工作を展開した。特に日本のシベリア撤兵を要求する国際世論の高まる中、満鮮への革命の脅威に対処せんとする方針も手伝って一九二〇年には、「東支鉄道ヲ其ノ勢力範囲ノ下ニ置クノ野心ヲ以テ満洲ニ於テ馬賊ヲ召集シ該鉄道ヲ破壊セシメ之ヲ以テ支那兵ノ守備ノ不完全ナリトノ口実ノ下ニ露国旧党ヲシテ支那兵ニ代テ該鉄道ヲ守備セシメ而シテ後同鉄道ヲ日本ノ意ノ儘ニセムトスルノ陰謀」[29]が幾つか企画された。

これらについては米国紙によって報道され、中国を含め国際的にもシベリア撤兵に関連して日本に対する疑惑を招いたが、その内容を概観してみると、直接陸軍当局は関与していないものの、予備役軍人、民間人が中心となって反革命コサック勢力のセミョーノフ（Gregori Semenov, 一八九〇〜一九四六）、アファナシェーフらと譚東海ら在満馬賊勢力等を結合させ革命派の背後から圧力を加え、日本はこれに対して武器及び資金援助を行い東支鉄道沿線を日本の支配下に置こうとするものであった。[30]

このようなシベリア撤兵の変動の中、日本の満蒙に対する勢力拡大の具体的工作は、翌一九二一年になっても継続されていた。丁度「大高麗国」構想が日本で公表された三月末、外蒙においては日本人が介在して反革命勢力のウンゲルン（Roman von Ungern-Sternberg, 一八八六〜一九二一）らと張作霖（一八七三〜一九二八）を結合させ満蒙に新帝国を樹立し復辟を企てるという動きも表面化している。[31]

いずれにせよ革命派と反革命派の力のバランスが崩れ、これまで援助してきたコルチャーク（Aleksandr Vasil'evich

Kolchak, 一八七三～一九二〇）政権、セミョーノフらが敗退していく一九二〇年の状況の中、満蒙に勢力を拡大し満蒙の「赤化」を何としても防止したいとする日本側が、自己の支配下にある緩衝地帯の設定を期待していたとしても何ら不思議ではなかった。その意味で二〇年から二一年にかけての反革命派や馬賊を結びつけた種々の工作は、前記の日本の期待からすれば当然の動きであった。そしてその際、重要な鍵を握るのが、『大正日日新聞』紙上の「大高麗国」記事にも示されているように在満朝鮮人の動向であったわけである。[32] この点で末永らの構想は、唯単に旧一進会向けというだけでなく、まさしくこのようなシベリア撤兵過程における極東状況に対応した内容を提供するものであった。

最後に第三番目の要因として、米国における排日土地法の成立にみられる黄禍論的な人種偏見と結びついた反日風潮が挙げられる。但しこの要因は、これまでに述べた二つの要因と異なり政治史というよりもむしろイメージ論、精神史的領域上から取り上げられるべきものであるといえよう。

ところで一九一三（大正二）年の加州土地法成立後静観の方針を採った日本政府の姿勢もあって一時鎮静化していた排日運動は、第一次世界大戦終結後の一九一九年から復活してきた。[33] しかも一九二〇年から翌二一年にかけてをその一つの頂点とし、さらに二四年及び二五年をもう一つの頂点としていた。この内「大高麗国」構想が最初に公表された一九二〇年末には、加州で日本人からの借地権剥奪を内容とする新排日土地法が成立した。[34] また翌二一年四月、同構想が公表された『大正日日新聞』の同じ紙上でも連日コロラド州排日法を始めとした排日法関係の記事が大きく取り上げられ、この問題が日本人に深刻に受け止められていたことが分かる。[35]

既に大正中期からの反西欧的、土着的思想への回帰の潮流と相俟って、この米国における排日運動の高まりは対外意識の上で「西欧離れ」と「アジアへの回帰」をもたらしていったといえる。そしてそれは一方では満蒙及び中国における日本の特殊的地位を認めさせるという一種の「アジアモンロー主義」的主張と結合し、また他方では異民族が競合する満蒙に建国されるべき国家はアジア主義的観点からは「複合民族国家」に発展せざるをえなかったのである。そのような面からすれば末永の構想は、日本人の対外意識の変化に合致したタイムリーなものであり、また「複合民族国家」論、「民族協和」思想という点からも、それらが後に「満洲国」建国という現実的な俎上にのぼった事実を考慮すると「満洲国」構想を先取りした初めての大掛かりなプランであったと思われる。

ソ連及び中国に対する緩衝国として機能し、激化する朝鮮独立運動の状況と窮迫する在満朝鮮人問題に対応したこの「大高麗国」構想は、李東輝（一八七三〜一九三五）派と安昌浩（一八七八〜一九三八）派との暗闘など主脳者内部の内紛分裂に揺れる在上海の大韓民国臨時政府を含めた在満朝鮮人に対して、彼らを懐柔する色彩が濃かった内容だけに一定の動揺を与えたのではなかろうか。[36][37]

3　一九二四年「蒙古王国」論

一八九二（明治二五）年丹波の綾部において、これまで世間では祟り神としておとしめられてきた「艮《うしとら》の金神」への信仰と「三千世界の立替え立直し」を強く唱道する大本教が出口なお（一八三六〜一九一八）によって開教された。この開教の背景には、資本主義化の波がこれまでの社会秩序を解体させ、民衆生活を窮迫化させていった状況が存在したのであった。[38]そして一部知識人をも吸収し、一九一〇年代後半には地方宗教から全国的規模の宗教として教勢を拡張し続けていた。さらに元来その根底にある古義神道的要素と加えて排外主義的側面によりきわめて復古的色彩の濃かった大本教は、大正中期のデモクラシーの気運が高揚した潮流の中にあって現下の文明に対する不信、呪咀を強めていたのである。[39]

その大本教が「世界の大本」への視点を有するに至ったのは、一九二一（大正一〇）年二月の第一次大本事件を境とし、さらに出口王仁三郎による『霊界物語』の口述とその発表を契機としていた。『霊界物語』の発表は、大本教にとって信仰を確立させると共にこれまでの出口なおの「筆先」の影響による排外的・排他的傾向を次第に払拭させていったのである。そして一九二二（大正一〇）年から翌二三年にかけてのバハイ教[40]、道院・世界紅卍字会[41]など海外諸宗教との積極的な提携、また国際語エスペラントやローマ字採用などを通じて「世界への飛躍」の志向は一層強まったのである。

このように、後の人類愛善会設立（一九二五年）に結実していく「世界同胞」と「万有愛」の観念を強調し、救済の対象を日本人から世界人類へと拡大していった大本教が、大陸に「理想郷」建設を構想し準備の下工作を開始したのは一九二三年末であった[42]。出口王仁三郎の「蒙古入り」がそれであるが、この出口の「蒙古王国」論という大陸経綸の視点は、一面において前章においてふれた末永節の「大高麗国」構想を継承したものであった[43]。

出口がアジア大陸の情勢について関心を持つに至ったのは、一九一九年大本に入信した探検家で退役陸軍大佐の日野強[44]（一八六五～一九二〇）の影響によるものであったが、第一次大本事件による弾圧を経て、「東亜経綸」の構想が大本教団自体の変革と「世界への飛躍」の過程の中から次第にクローズアップされていったといえる。

そこで出口が蒙古入りし、地方軍閥の盧占魁（一八八五～一九二四）と提携し蒙古独立を計った動機・目的を概括すれば大体次の三点になろう。

まず第一に宗教家としての立場から東亜及び世界の精神的統一をはかるというものであった。そしてその第一歩として日中親善が強調されたのである[45]。道院・世界紅卍字会との提携もそのような見地から行われた。さらに出口によれば、「蒙古は東亜の根元地であり、経綸地」[46]であるから、「地上に天国を建設する準備として、宗教的平和的に蒙古を統一して新王国」を作り、「東亜連盟実現の基盤」を立てるという構想がその宗教的信条から導き出されることになったのである。

第二に大本弾圧事件による世間の誤解・疑惑を解く必要に迫られていたという局面がある[47]。従って国策に積極的に奉仕し、実績を積むことによって国家権力からの弾圧を未然に予防するという効果が期待されると同時に、教団の現状打破の志向が、手詰りとなった日本国内ではなく満蒙に向けられ、それによって教勢が拡大されるという期待可能性があった。

以上の二点が出口ら大本教が主張する宗教的信条と教団の置かれた社会的状況からする動機・目的であったとするなら次のような視点は、当時の日本を取り巻く国際政治の現実に対する現状認識から来るものであった。

それは日本の抱える人口・食糧・資源問題更に国防問題、在満朝鮮人問題の解決策としての満蒙開発という認識である。(48)この認識自体は別に目新しいものではなく日露戦争以降多くの識者間で共有されていたものであったが、出口が満蒙進出論を強調し実際行動に走った背景には、折からの米国における排日運動の高揚とそれに関する排日土地法（一九二〇年）、移民法（一九二四年）など具体的な政治的措置があった。出口は米国におけるそのような状況を「孤立していく日本」と捉え、「今の中にわが同胞のために新植民地でも造っておかねば、わが同胞は遂に亡ぶより外はない」(49)という危機意識に結びつけていたのである。

従って蒙古に「理想的宗教王国」の建国をはかることは、外交的に孤立していったとされる日本が抱える過剰人口問題、資源問題、朝鮮人の生活問題など一挙に解決できると共に大本自体の教勢拡大とその宗教的理念の実現を可能にするものと認識されたのである。このような点からすれば内容的にも末永の「大高麗国」構想とはリンクしていたのであり、実際に奉天在住の大本信者で退役海軍大佐矢野祐太郎（一八八一～一九三八）の仲介で末永系の大陸浪人で肇《ちょう》国会の一員である岡崎藤次郎（鉄首）と提携し、渡満後構想実現の活動を展開するのである。(50)

ところで満蒙をめぐる当時の政治情勢に眼を向けると、蒙古では一九二二（大正一一）年ロシア反革命派ウンゲルン軍が追放され、後にボグド・ゲゲン（活仏、一八六九～一九二四）を元首とする人民革命政権が樹立され、さらに一九二四年にはモンゴル人民共和国憲法の制定と共に、一一月には正式に独立国として発足したことからすれば出口が渡満した同年二月はまさしく蒙古の独立への最終段階にあったわけである。

他方中国では、一九二二年の第一次奉直戦争に敗れた張作霖が中央政府からの離脱を宣言、東三省及び熱河、綏遠、察哈爾など三特別区の自治を強化し、間近に起こると予測される第二次奉直戦争に備えて北京と対峙していたことにより、政治情勢は一層緊迫の度を加えていたのであった。

このような状況下出口と提携した盧占魁は過去に巴布扎布《バボージャブ》（一八七五～一九一六）と共に満蒙独立運動にも関与し、また第一次奉直戦争に際しては張作霖側に立って直隷派と対峙した地方軍閥であり、殊に察哈爾を始めとする三特別区に勢力を持っていた。[51]彼は「蒙古の英雄」と称される程の実力を有していたといわれ、従って盧の勢力は第二次奉直戦争を控えた張作霖にとって不可欠の要素であり、張と提携した盧が張家口方面から北京へ進軍することになれば、張は山海関から進撃するという戦略が描けるわけであった。[52]そして実際このような戦略を現実化させるために、奉天の貴志弥次郎（一八七三～一九三八）陸軍少将の率いる特務機関が張―盧提携をさせたのである。[53]また出口と盧を提携させたのも貴志機関と密接な関係をもつ矢野祐太郎、岡崎鉄首らであり、更にまた出口一行の蒙古入りにも貴志の部下が同行していた。[54]このように見てくると明らかに現地陸軍が出口の蒙古独立運動の背後に存在したことが推測される。

陸軍のこのような工作の意図を考える場合、第一次奉直戦争の敗北により陸軍が張に対する評価を幾分変えつつあったという点を見落とすことは出来ない。[55]つまり陸軍のとりうる選択肢の幅を広げると共に、あわよくば成功するかも知れない第三次満蒙独立運動ともいうべき今回の挙に賭けたのであるといえる。

一九二四（大正一三）年二月一六日奉天において出口と盧の間で次のような取り決めがなされた。

第一に張作霖の諒解をとり、東三省司令である軍建制委任状をとること、第二に一〇箇旅団を編成すること、第三に奉天軍に武器の供給を申請すること、万一軍の現状から提供困難な場合は自費をもって購入すること、第四に募兵工作にあたり三特別区の哥老会（宗社党）残党で現在直隷軍閥正規軍に編入している楊成業と折衝すること、第五に軍旗司令旗には宇宙紋章（大本更始会章）を以てシンボルとすること、の五点であった。[56]

二月二八日、張作霖は盧を「西北自治軍」総司令に任命し外蒙古への出動命令を下した。張は三特別区に限定して、盧に軍編成を主内容とする任務を与えたのである。

三月三日出口は自らダライラマを名乗り、最終目的地ウランバートルに向け奉天を出発したが、四月上旬の時点での出口らの基幹部隊の勢力は一、〇〇〇名弱であった。

出口、盧らの「西北自治軍」のその後の進軍過程についてはここでは省くが、[57]結局彼らの構想した蒙古独立の挙は、張作霖の意図と大きく背離したことにより失敗に終わることになったのである。前述したように張は迫りつつある第二次奉直戦争に備え、盧による直隷派の切り崩しと三特別区において編成された軍を直隷派との戦闘に利用する方針をとっていたのであった。ところが、三特別区の軍編成に限定した張の意図に反し、出口らはウランバートルまでをその視界に入れていたのであり、さらに自軍を「内外蒙古独立軍」と命名し蒙古独立の意図を明らかにしたのである。このことは、盧軍を利用する目論見がはずれるどころか張にとって満蒙における彼の勢力圏が大きく削られることを意味するものであり脅威であったわけである。出口、盧による蒙古独立運動は、これを脅威と感ずるに至った張作霖の制圧により、六月二一日パインタラ（通遼）において終結することとなった。

さて次に出口王仁三郎らの蒙古独立の挙が日本国内でどのように受けとられたかについて触れておく。

出口の入蒙が初めて日本で一般に伝えられたのは、四月二〇日であった。同日付の『大阪朝日新聞』によれば、「外蒙古に於て喇嘛教と相携へて大本教を宣伝し傍外蒙古の鉱物の発掘に従事しやがては大本教国を樹立せんとの計画」[58]であるとその目的の概要を伝えていた。そして七月末帰国した出口は、三年前の大本事件に際し「不敬漢」と世間から非難を浴びせられたのとは対照的に、全国的に入蒙の挙が報道されるや絶大な歓迎を受けたのである。[59]

この出口らの行動に対する世評が全般的に好意的だったのは、国内社会に充満した閉塞状況を打破する破天荒な快挙と捉えられたことと、日本人の大陸に対する意識をロマンチックに肥大させる上での役割を果したからに他ならない。

例えば『北国新聞』の社説「蒙古と日本」では、「蒙古が過去の東洋における朔源の地であると云う事実から、その将来に対しても種々の空想と期待とを派生せしめ、所謂支那浪人の浪漫的感情の上に蒙古王国なるものは常に生命を宿しているのである。（中略）兎に角一般的に思惟と空想の世界のせせこましくなった現代の日本においては、たしかに痛快なる現代ばなれの試みであったのである」[60]とされ、また『太陽』に連載された出口らの蒙古独立の挙を解説した「夢の蒙古王国」では、「日本人が、大陸に理想的の新王国を建設しようとした大胆な試みであった。開闢以来、初めての企てである。しかも徒手空拳を以てそれを遣っ付けようとした大胆さに至っては壮挙を通ほり越して、誇大狂だといふ非難もあるだろうが、とにかく、支那政府の威力を徹底しない蒙古の大砂漠のうちに、突如として、新天地を開拓しようという破天荒の陰謀、ロウマンチックな、夢のやうな空想であった」[61]と評価されたのである。

折しも、出口が渡満中の四月一六日には、米国上院において日本人移民の全面的禁止を内容とする排日移民法が絶対多数で通過した。

この排日移民法が日本の世論に与えた衝撃の大きさははかりしれないものであり、法案の上院通過直後各紙は、「日本国民に対する最大犯瀆にして損傷」（『時事新報』）、「三国干渉にも劣らぬ新困難」（『東京朝日』）と論じ、また内田良平の主催する国民大会を始めとして各地で排米国民大会が開催された。[62]出口の入蒙の挙で初めて報道された四月二〇日付の『大阪朝日新聞』の同じ紙面でも、全関西婦人連合会のクーリッジ（John Calvin Coolidge, 一八七二～一九三三）大統領、ヒューズ（Charles Evans Hughes, 一八六二～一九四八）国務長官に宛てた抗議の電報が大きく取り上げられている。この抗議のメッセージには「常に正義と人道を高調し、自由と平等とを愛する貴国民多数の本意ではあるまいと信じますから速に該排日法案の潰滅に尽力されん事を希望」[63]するという要望が述べられていた。かくてこれまで一般の日本人には「正義と人道の国」と捉えられていた米国のイメージは、人種的偏見にみちた新移民法の成立によって大きく揺れ動くことになったのである。

さらに排日移民法が実施された七月一日、徳富蘇峰（一八六三～一九五七）の『国民新聞』はその日を「国辱の日」と命名し、「七月一日、日本の外交政策が東より西へ大弧線を書く日、米国と手を切ってアジアの兄弟と手を握る日」[64]と表現した。

このように見てくると当初から「孤立する日本」のための植民地として意図した出口の蒙古独立の構想とその行動は、排日移民法がワシントン体制下における対米友好政策の失敗のシンボルとみなされ既存の追従外交への批判が高まっていく中、(65)また対外意識の上では「欧米」から「アジア」へ回帰しつつあった時代の潮流の中にあって、日本人の「アジア」への回帰の意識を一層増幅させる役割を果たすと共に大陸に対するロマンチックな「幻想」を肥大化させていく役割をもも果たしたのである。

民衆宗教大本の構想したこの蒙古独立論は、「夢の蒙古王国」としてまさしく民衆が日露戦争以降潜在的に培養してきた「願望」を表現するものであった。

そして大本側からすれば、「蒙古王国」は元来大本教自身に内包する二つの性格、すなわち「古義神道」的要素と「世界への飛翔」志向の要素の結節点、換言するなら大本教が抱えるナショナリズムとインターナショナリズムの結節点から構想されたものであったが、結果としては奇しくも来るべき「昭和維新」運動の先駆的役割を担うことになったのである。(66)

4　土着的国家観の地平と「満洲国」構想

「満洲国」構想の性格をいくつか挙げるとするなら、少なくとも次の三点は落とすことができないであろう。

第一にロシア（ソ連）及び中国に対する緩衝国であるという点である。第二に日本の抱える人口、資源、食糧問題などの解決策としての側面をもつという点である。そして第三に複数の異民族が競合していた地域であったことから、統治形態としては「複合民族国家」という国家像に到達したことである。従って、アジア主義という明治以来の在野思想の土壌からいっても、政治理念としては「民族協和」的思想が浮上してくることになる。

本章で考察してきた「大高麗国」構想は、大正中期の時代の底流で流れ始めた土着的思想の奔流（それは昭和の超国家主義思想につながるものであったが）に適合した「社稷国家」論というきわめて土着的国家観に立脚したものであり、内容として「王道政治」「民族協和」というベクトルを含んでいたことは既に見てきた通りである。

元来、満蒙の特殊権益擁護という考え方は日露戦争の結果、血を流して得た代償として日本人に特別の感情をもって受け止められた。しかしいわゆる満蒙独立運動の挫折過程と、国際協調の時期を通してこの問題は潜在した状態に置かれていた。この「テーマ」が現実味をおびて意識の中で浮上してくるのは、大正中期のロシア革命、シベリア出兵など極東の変動を境としているのであり、国内においても社会的諸矛盾が露呈し、対抗思想としての超国家主義的思潮が現われ始める時期以降であったといえる。

しかも折から第一次世界大戦後の米国社会では、再び黄禍論的排日運動が高まってきており、排日土地法・移民法などが成立していく状況にあった。これら排日法が日本の世論に与えた衝撃は大きく、「欧米」から「アジア」へと対外意識の旋回をもたらしたのである。

そのような点からするなら、末永の「大高麗国」建設構想及び出口の「蒙古王国」論は正しく日本人の対外意識の変化に合致するものであった。

更に、後に満洲青年連盟の「満蒙自由国建設案」に反映したと思われる金井章次（一八八六〜一九六七）[67]の「複合民族国家論」が、一九二二年ジュネーブにおいてスイスをモデルとして模索していた事実からしても[68]、大正中期「満洲国」建設構想のいくつかの類型の関連づけが今後は必要と思われる。

付記

「大高麗国」構想に関し、本稿執筆後に発見された「日露双方の志を同じくする代表者による日露接近中核体の創設に関する提案」（原文は露文）について若干触れて置きたい。これは末永節が一九二二（大正一一）年一月、労農露国＝ソヴィエト当局に対して提出した意見書である。[69]

これによれば、日本―ソヴィエト―中国の関係、特に日ソ関係は地理的にも経済的にも密接不可分であるとの認識から、友好同盟関係樹立に至る第一歩として民間外交の中核体となる日露青年協会を創設することを提案している。末永のこの日ソ接近の提案は、世論が「欧米」から「アジア」へ回帰しつつあり、またそれに伴いソヴィエトとの国交調整が待望される時代状況の中でとらえられるべきものであると考えられる。[70]

注

（1）北一輝や猶存社設立の動きをメルクマールとして一九一九年を「日本ファシズム」思想及び運動の始点として捉える見解がある（安部博純「急進ファシズム運動論」江口圭一編『日本ファシズムの形成』〔体系・日本現代史、第一巻〕日本評論社、一九七八年、一二七頁）。

（2）伊藤隆『大正期「革新」派の成立』塙書房、一九七八年、六―一一頁参照。

（3）鹿野政直『大正デモクラシーの底流――〝土俗〟的精神への回帰』日本放送出版協会、一九七三年、二五―二六頁。

（4）福岡市出身、孫文援助などを通じ中国革命に関与した大陸浪人（西尾陽太郎「九州における近代の思想状況」高橋正雄監修『日本近代化と九州』平凡社、一九七二年、一九六―二四七頁、及び黒龍会編『東亜先覚志士記伝』下、原書房、一九六六年、二一一―二一七頁参照）。

（5）『大正日日新聞』一九二一年三月三〇日付。

（6）「大高麗国」建設構想については、「大高麗国関係資料」（日本文・韓文、末永家蔵）がある。ここではそれを更に詳細に述べた『大正日日新聞』（一九二一〔大正一〇〕年三月二八日より四月七日にかけて一一回連載）の記事に依った。

『大正日日新聞』は、一九一八（大正七）年八月の白虹事件により『大阪朝日』を退社した鳥居素川（1867～1928）らを中心として、翌年一一月発足したが、経営難に陥り一九二〇年八月大本教が買収し再発足した。当時の発行部数は約四八万部で『朝日』『毎日』を上まわっていたが、社会変革を強く主張する編集方針により論調は激しさを帯びていた。
（7）一九二一年二月、不敬罪に問われ弾圧された事件。
（8）朝鮮現制度の研究と改善、人権平等の擁護、教育の振興と普及、宗教界の廓清、授産救済機関の設置、朝鮮人功労者の表彰と遺族の救済、徳行奨励、朝鮮人留学生の保護、会報発行などを事業内容とする日韓融和を目的とする団体（西尾前掲、一九三頁）。
（9）内田良平らと一進会との合邦運動及びその経移については、滝沢誠『評伝内田良平』大和書房、一九七六年、二〇五―二一七〇頁、初瀬龍平『伝統的右翼内田良平の研究』（北九州大学法政叢書1）九州大学出版会、一九八〇年、第四章、第七章参照。
（10）『大正日日新聞』一九二一年三月二八日付。
（11）（12）『大正日日新聞』一九二一年三月二九日付。
（13）権藤成卿『自治民範』平凡社、一九二七年、一八三頁、二八一頁、三八六―三九一頁参照。
（14）滝沢誠『権藤成卿』紀伊国屋書店、一九七一年、六四―六五頁。
（15）国旗は藍色地に白の井桁を打抜き、中央に黄色の曲瓊を二個合わせて円球とし、この円球から紅色の五光を八方に迸出したものであった。二個の曲瓊は日本と朝鮮を表現している（『大正日日新聞』一九二一年三月二八日付）。
（16）（17）『大正日日新聞』一九二一年四月三日付。
（18）『大正日日新聞』一九二一年四月二日付。
（19）『大正日日新聞』一九二一年三月三〇日付。
（20）前掲『権藤成卿』六八頁。
（21）農本主義的国家像と西欧的国家像の比較対比については、加藤諦三「農本主義とその後の青年の国家観」早稲田大学社会科学研究所ファシズム研究部会編『日本のファシズムⅢ――崩壊期の研究』早稲田大学出版部、一九七八年参照。
（22）流入移住した朝鮮人の地域別内訳は、奉天省約三〇万人（内鴨緑江沿岸東辺道約一三万）、吉林省約四〇万人（内北間島地方約三〇万）、沿海州約三〇万人である（駒井徳三「満洲及沿海州移住鮮民救済案」外務省記録一・五・三・一五「朝鮮人ニ対スル施政関係雑件」）。
(23) 同外務省記録一・五・三・一五。
(24)(25)(26) 斉藤恒「対間島策」（『陸軍省密大日記』一九二一（大正一〇）年第六冊、防衛庁戦史部蔵）。
(27) 五月一六日より原敬首相官邸において開催された会議において、外相内田康哉は、「主トシテ満鮮支那及西比利方面ニ於ケル実際ノ情勢ニ関スル報告ヲ徴スルト同時ニ政府ノ方針ヲ指示セムトスルニ在リ殊ニ在外鮮人ノ保護取締ニ関シ此際各関係当局ノ意見ヲモ徴シ具体的方策ヲ確立シタキ所存ナリ」と会議の目的について述べている（外務省記録A・一・一・〇・二二「東方会議一件」大正一〇年五月二〇日内田外相ヨリ在浦菊地政務部長、在支吉田代理大使、在米幣原大使、在仏石井大使宛電信第一四五号）。
(28) 前掲「満洲及沿海州移住鮮民救済案」。
(29)「東支鉄道沿線ニ於ケル馬賊ト帝国軍憲トノ関係ニ関スル報道ノ件」（『陸軍省密大日記』一九二一（大正一〇）年第六冊）。
(30) 北満洲特務機関長石坂善次郎が陸軍次官山梨半造に提出した報告（大正九年九月二八日）によれば、日本側が関与した工作内容としては、(1)チタ在住の中島精一郎の日本浪人及び馬賊使用による擾乱計画、(2)佐藤予備大尉、平佐大尉らの馬賊使用による擾乱計画、(3)セミョーノフ軍による馬賊召募計画、(4)入江種矩予備工兵大尉による蒙古兵募集の計画等がみられる（「東支沿線ニ於ケル馬賊ト帝国軍憲トノ関係ニ就テ調査ノ件」『陸軍省密大日記』一九二一（大正一〇）年第六冊）。
(31)「外蒙ノ変乱ヲ日本人援助シアリタル件」（『陸軍省密大日記』一九二一（大正一〇）年第六冊）。
(32)『大正日日新聞』一九二一年四月五日付。
(33) 秦郁彦『太平洋国際関係史――日米および日露危機の系譜一九〇〇～一九三五』福村出版、一九七二年、一五〇―一五一頁。
(34) 同、一五二頁。
(35)『大正日日新聞』一九二一年四月二日―七日付。
(36) 大正九年七月三日在上海佐藤少佐ヨリ総長宛上海電第八七号（『陸軍省密大日記』一九二〇（大正九）年第五冊）、『大正日日新聞』一九二一年四月三日付。
(37)『大正日日新聞』一九二一年三月三〇日付、四月一日付、前掲『東亜先覚志士記伝』下、二四―二五頁。
(38) 前掲『大正デモクラシーの底流』、三八―四二頁。

(39)同、四六―四七頁。
(40)一八四四年ペルシアで起こり、次第に欧米へも普及していった宗教で、世界の人類愛と兄弟同胞の教えを唱導し社会と精神界の改造を目的とした運動を展開した（大本七十年史編纂会『大本七十年史』上巻、一九五四年、六九三頁）。
(41)道院は一九二一年、五教（道教、仏教、キリスト教、回教、儒教）同源の精神に基いて設立された中国の新宗教団体で創立後華北から満洲及び中国全土にかけて急速に教勢が拡大した。世界紅卍字会はその慈善事業の活動団体（同右、七〇二―七〇三頁）。
(42)同、七一六頁。
(43)五重塔人「夢の蒙古王国――（王仁三郎―盧占魁―張作霖）」『太陽』第三一巻、第一号（一九二五年一月号）二〇七―二〇八頁、出口王仁三郎『入蒙記（霊界物語特別篇）』一九七〇年（校定版）三七―三八頁参照。
(44)陸軍きっての大陸通と称され、『伊犂紀行』の著者としても知られる。大本入りしてからは参議として出口に大陸関係の知識を伝える（出口京太郎『巨人出口王仁三郎』講談社、一九六七年、二〇五―二〇六頁）。
(45)前掲『大本七十年史』上巻、七一九頁。
(46)前掲『入蒙記』四一―四三頁。
(47)同、六六頁。
(48)同、五一―五四頁。
(49)同、四三頁。
(50)前掲『大本七十年史』上巻、七三〇頁。
(51)前掲『東亜先覚志士記伝』下、二八―三〇頁。
(52)貴志弥次郎「出口氏の入蒙当時の思出」『昭和』一九三四年五月号、一二三頁。
(53)同、一二三―一二四頁。
(54)出口に同行した現地側の参加者の内、大石良は貴志の腹心の部下で奉天軍第三旅長張宗昌の軍事顧問兼教官、佐々木弥市は大陸浪人、井上兼吉は第二次満蒙独立運動参加者で当時陸軍の諜報任務を担当、また岡崎鉄首は末永節の肇国会のメンバーで、この時張作霖の内意を受けて祐東印刷所技師長として第二次奉直戦争に備え軍票作りに従事していた。以上のような参加メンバーの背景をみると、彼らが張、現地陸軍、肇国会の間を調整する役割を果たしていたことが推察できる（前掲『大本七十年史』上巻、七二九―七三〇頁）。
(55) 池井優「第二次奉直戦争と日本」栗原健編『対満蒙政策史の一面』原書房、一九六六年、一九七頁。
(56) 前掲『大本七十年史』上巻、七三一―七三二頁、前掲『入蒙記』七一―七二頁参照。
(57)「内外蒙古独立軍」が通遼において張により制圧される迄の経移については、『大本七十年史』上巻、七三四―七五〇頁参照。
(58)『大阪朝日新聞』一九二四年四月二〇日付。
(59) 前掲『大本七十年史』上巻、七五五頁。
(60)『北国新聞』一九二四年一一月一四日付。
(61) 前掲「夢の蒙古王国」一二四頁。
(62) 前掲『太平洋国際関係史』一五四頁。
(63) 前掲『大阪朝日新聞』一九二四年四月二〇日付。
(64)『国民新聞』一九二四年七月二日付。また徳富の対米観については、三輪公忠「徳富蘇峰の歴史像と日米戦争の原理的開始」芳賀徹他編『西洋の衝撃と日本』東京大学出版会、一九七三年参照。
(65) 麻田貞雄「日米関係のイメージ（戦前）」三輪公忠編『総合講座日本の社会文化史』第七巻、講談社、一九七四年、三四一頁。
(66) 前掲『大正デモクラシーの底流』九二頁。
(67) 金井は後に満洲青年連盟第二代理事長となる。
(68) 金井章次『満洲行政瑣談』創元社、一九四三年、三一六―三二六頁。
(69) この意見書は、『李容九の生涯』の著者大東国男氏より提供頂いたものである。元は末永家に所蔵されていたものであったという。意見書の冒頭には「大高麗国」の国旗をデザインした切手が二枚貼付されている。
(70) 吉村道男「一九二〇年代後半における日ソ協調の模索――後藤新平の沿海州植民構想を中心に」細谷千博編『太平洋・アジア圏の国際経済紛争史』東京大学出版会、一九八三年参照。

第三章　満川亀太郎の対米認識

1　大正期満川亀太郎への軌跡

一九一九（大正八）年八月に創立された猶存社は、第一次世界大戦の終結、ロシア革命の勃発、シベリア出兵の断行、三・一独立運動並びに五・四運動の発生、また米騒動にみられる社会運動の進展など内外が激しく変動する中、国家社会の「革新」や「改造」を志向して当時多く誕生した諸団体の一つであり、(1) その後の昭和前期における超国家主義運動の源流の一つと目される思想団体である。この猶存社において大川周明（一八八六〜一九五七）や北一輝（一八八三〜一九三六）と並んで三位一体もしくは三尊と称されたのが満川亀太郎（号は暁峰、南溟庵・一八八八〜一九三六）であった。

満川は猶存社の実質上の設立者であり、個性の強い大川と北との間で調整者的役割を果たしていたといえるが、従来、大川や北に較べ思想家としての特異性が際立っていなかったこともあって、脇役として言及されても直接的には研究対象にされることが少なかった国家主義者・アジア主義者である。(2) しかしながら彼は老壮会、猶存社、行地社等国家主義運動史を語る上で重要な団体を組織・参画した「キー・パースン」であり、また多くの論説や著書を発表するなど、その精力的活動振りはきわめて注目すべきものであるといえる。しかも変動きわまりない当時の国際情勢をほぼ世界のあらゆる地域について目配りしながら比較的バランスのとれた分析をしており、この点でも満川は大正期の国際問題評論家、外交史家として屈指の存在であった。

本章ではこのような大正中期以降、老壮会、猶存社、行地社を舞台に活躍した満川亀太郎について、まずその基本的な国際関係認識を考察した上で、当時世界的パワーとして台頭しつつあり、日本も脅威を感じ始めていた米国に対する認識を検討することにしたい。だが本論に入る前にとりあえず彼の経歴を本論が対象とする大正末までについて簡単に触れておきたい。

満川は一八八八（明治二一）年一月一八日大阪に生まれた。両親は満川自身によれば共に京都の「一流の商家」の出身であったが、彼の誕生当時にはすでに没落していたという。(3) 大阪と京都で尋常小学校及び高等小学校を卒業した後、一九〇二（明治三五）年日本銀行京都出張所の見習生に応募し採用される。その後日本銀行を辞し、私立吉田中学校の三年次に補欠入学、五年生の時、同校の閉鎖に伴い立命館中学校の前身である清和中学校に転校する。

一九〇七（明治四〇）年四月上京し、早稲田大学政治学科に入学。当時彼は創刊されたばかりの『平民新聞』や『革命評論』を愛読し、社会主義と中国革命に対して関心を増すと共に「日本にも革命を起さなければならない」との思いを強め、早稲田の一般の学生とは思想的立場を異にしていたという。(4) また大学に通う傍ら、生活の糧をうるため政友会系の民声新聞社において論説の執筆を請け負い、新聞記者としての第一歩を踏み出すことになった。結局早稲田大学の方は中途退学するに至る。(5)

一九一〇（明治四三）年『海国日報』の記者に転じ、その後二年余記者生活を送る。この間朝鮮視察の機会を得たことなどもあって、中国問題を始めとするアジア問題への関心をさらに深めていく。そしてこの問題に対する研究の一つの所産が彼の最初の著作ともいうべき「袁世凱伝」であった。(6)

一九一四（大正三）年八月、川島清治郎（一八七六〜一九二九）の大日本社に入社[7]。川島は『二六新報』の記者で民間の海軍通で知られていたが、満川も会員となっていた大日本国防義会の創立者の一人として同会系の国防評論誌の発刊を引き受け、同年一〇月に月刊『大日本』を発刊することになったのである。満川は一九二〇（大正九年）一月に退社するまでの五年半程の期間、主幹川島の許『大日本』の編集者として活動すると共にこの仕事を通じて多くの同志的出会いや人脈をつくることになる。

一九一五（大正四）年頃より時局研究会として三五会を結成し、毎月二回ずつ定期的に国際関係を中心にした研究討議を行なう。三五会には大川周明もインドの革命家ラス・ビハリ・ボース（Rash Behari Bose, 一八八六〜一九四五）の紹介で参加していた。そして満川がこの三五会を基盤に組織したものが一九一八（大正七）年一〇月に第一回会合を開催することになる老壮会であった。

老壮会では国際問題に限らず社会問題、経済問題、労働問題など内外のあらゆる問題が論ぜられ、しかもその特色は講義よりも座談にあり、参会者も社会主義者の堺利彦（一八七〇〜一九三三）、国家社会主義者の高畠素之（一八八六〜一九二八）から、軍国主義者の佐藤綱次郎（一八六三〜一九二三）に至るまで思想的に極左から極右まで実に幅広く擁していた[8]。しかし老壮会は基本的に研究団体に終始し、結局これに飽き足らなかった満川は老壮会とは別に大川周明らと共に一九一九（大正八）年八月、国家改造を目指す実践的団体を設立する。これが最初に触れた猶存社である。

猶存社設立後間もなく満川は北一輝を同人に迎えるべく大川を上海に派遣した[9]。何故なら満川を始めとして猶存社同人には国家改造の具体案や革命運動の経験がなかったのに対して、北は「改造」についての識見と中国における革命の経験を有しており、「混沌たる国内改造の気運を調整指導して[10]」くれる適任者と見なされたからであった。当時北はその後猶存社の運動の指針となる『国家改造案原理大綱』（後に『日本改造法案大綱』と改題）を執筆中であったが、満川、大川の要請に応えて参加を決意、翌年一月合流することになる。

だが猶存社におけるこの三人の協調関係もそう長くは継続しなかった。一九二三（大正一二）年二月、日ソ国交回復の準備交渉のため東京市長の後藤新平（一八五七～一九二九）が個人の資格で招待したモスクワ政府代表ヨッフェ（Adolf A. Joffe, 一八八三～一九二七）の来日をめぐって、反ソ連的な北と親ソの満川、大川との間で齟齬《そご》を生ずるに至り、ついに同年中に解散という局面を迎えたためである。(11)

その後満川は、大川がすでに積極的に関与していた小尾晴敏の社会教育研究所（大正一四年四月より教育部は大学寮と改名）において「国際事情」の講義を担当すると共に、一九二四（大正一三）年には大川の推薦で拓殖大学講師（教授に正式に就任したのは一九三三年）に就任、爾後一三年間「東洋事情」を講ずる。(12)他方社会教育研究所を次第に基盤にしつつあった旧猶存社同人らによる新団体結成の機運の中、一九二五（大正一四）年二月大川周明らと国家改造の啓蒙を目的とする行地社を結成。(13)行地社から月刊『日本』が刊行され、満川は主幹を務めた。

ところが行地社を中心とする国家主義運動もたちまち暗礁に乗り上げることになった。すなわち行地社結成後間もなく起きた労働争議の体裁をとった安田財閥内のいわばお家騒動である安田共済事件と翌年の宮内省怪文書事件は、すでにヨッフェ来日をめぐって悪化していた大川と北との関係を決定的なものとしただけでなく、行地社同人内部で大川を支持する派と北を支持する派に分裂せしめたからである。(14)

そして前回ヨッフェ来日をめぐっては北一輝と見解を異にした満川も、今回の安田共済事件に関しては大川ではなく北の立場を支持し、(15)結局一九二六（大正一五）年八月、行地社を辞するに至る。かくして満川にとって北や大川と手を携えて国家改造運動に邁進した時代は終焉を迎える。以上がとりあえずの大正末までの満川の軌跡である。

2　満川亀太郎の国際関係認識

東西人種闘争史観とアジア主義

満川の国際関係における現状認識の基本的視座には東西人種闘争史観がある。これはほぼ大川周明の東西対抗史観の視角と同様であるといえる。

満川はユーラシア大陸におけるアジアとヨーロッパの歴史的対峙という観点から、世界史上アジア、ヨーロッパの相手方に対する主要な侵略・征服がそれぞれ四回ほどあったことを指摘する。具体的にアジアのヨーロッパ征服の例としては、①五世紀半ばのフン族のアッティラ（Attila, 四〇六?～四五三）、②八世紀のイスラム（サラセン）帝国、③一三世紀の蒙古、④一六世紀のトルコ＝オスマン帝国の四つを挙げ、他方ヨーロッパによるアジア征服の例として①紀元前四世紀のアレキサンダー大王（Alexandros III, BC・三五六～三二三）、②ローマ帝国、③一〇九六年から八回にわたった十字軍の遠征、そして④近世・近代ヨーロッパ列強の侵略の四つを列挙する。(16)

この四度にわたるヨーロッパもしくは白人によるアジア侵略の内三つは失敗に帰したが、現在も進行中である近代のアジア侵略は一七、一八世紀における英露両国の飛躍的進出に端を発したとした上で、この英国のインド征服、ロシアのシベリア占有の成功を大きな動因として土地狭小・人口過剰の他の欧州諸国の発展欲が異常に昂揚せしめられ進出に拍車をかけたとする。(17)かくして本格的な侵略の結果、「十五世紀の末葉まで面積僅に三百七十五万哩、世界面積の約七パーセント弱に過ぎざる小天地に満足せし欧羅巴民族」は今や全世界地積の約九〇パーセントに相当する土地を領有するに至り、世界一七億の人口中、「彼等の統治外に立つのも僅かに波斯、阿富汗斯坦、暹羅、支那及日本国に住する五億二千四百万の亜細亜民族にすぎざることとなった」[18]との認識を示したのである。

さらにまた満川は、現状のままアジア人が何等発奮する所なく欧州人の為すがままに任せて置いたならば、「支那の滅亡は眼前の事実であって、支那亡んで日本亦立国の根抵《ママ》を剥奪せらるるに相違なく、亜細亜とは唯だ地理学上の名称たるに止まるであろう」と述べ、ここにアジア民族保存のためにも「亜細亜モンロー主義」を唱えなければならないと主張する[19]。

当時アジア・モンロー主義もしくは一般的な意味でのアジア主義の主張は、基本的な日本外交の枠組みにおいて欧米協調路線を歩んでいたことを反映して、世論においてはきわめて低調であった。ちなみにアジア・モンロー主義が本格的に抬頭してくるのはワシントン体制が崩壊する一九三〇年代に入ってからである。この当時においてアジア・モンロー主義が世論全般の中、否定的に認識されていたことは、例えば当時の現実主義的論者の代表格である国際法学者の蜷川新（一八七三〜一九五九）が「頼まれもせず亜細亜人の為めに、亜細亜は亜細亜人の亜細亜と高唱し、従来の友邦たる欧州列強を敵に廻はして争ふが如きは不利にして不理なり」[20]としてアジア・モンロー主義を「痴人の夢」と断じていたことからも窺い知ることができる。

だがこうした世論の潮流に抗して、アジア・モンロー主義すなわち満川流に換言すればアジア復興主義、アジア主義を唱えるところに正に満川、大川、北らによる猶存社の「改造」運動の思想的特質があったのだといえる。満川の場合それは何よりも第一次世界大戦を契機に歴史を新たに創造する「解放の運動」として、「富の圧迫より免かれんとする社会運動」つまり社会主義（運動）と共に「力の強迫より解放せられんとする民族運動」が台頭してきたことに注目しているから[21]であった。

最初に社会主義運動だが、特にレーニン（一八七〇〜一九二四）によるロシア革命については、猶存社結成直前の一九一九（大正八）年五月に自ら謄写版で「何故に過激派を敵とする乎」と題する檄文を印刷配布し、そこにおいてシベリア出兵が誤りであることを指摘すると共に日本によるレーニン政府承認と支援を主張していたことから判かるように、基本的に同情的な姿勢を堅持していた。それは満川が元来社会主義思想に共感する部分を有していたことと相まって革命の当初からレーニンに好意を寄せ、レーニンの革命によってロシアが救われたとの認識を有していたからである。[22]

但し今後のロシアについては革命の大手術によってただ救われただけで予後は必ずしも好良ではないとしており、[23]労農ロシアの前途を楽観視していた訳ではなかった。また根本的には「錦旗を中心」[24]とする革命論者である満川にとって社会主義運動の台頭についてはは注目するもののそれを高く評価することはできなかったといえる。

これに較べて民族主義運動の台頭は、満川が大きな期待を寄せる事象であった。第一次世界大戦を境とした世界各地における民族自決的機運の高まりの中でも特に注目するのは、当時世界的覇権を掌握していた大英帝国内で進行しつつあった四つの「民族的革命運動」であった。すなわち「デ・ヴァレラに率いられるアイルランド独立運動」、「ザグルル・パシャに率いられるエジプト独立運動」、「ヘルツォグに率いられる南阿独立運動」、そして「ガンディーに率いられるインド独立運動」である。[25]しかもこれらの運動は相互に刺激し合いながら大英帝国の屋台骨を揺るがしつつあるというのが満川の認識であった。

だがこうした大英帝国下の民族主義の台頭を日本との関連で考えた場合、満川は忸怩《じくじ》たる思いに至らざるをえなかった。というのもかつて日露戦争が「亜細亜復活の上に投げられたる曙光の最初」となって中国やインドの革命運動を始動させ、かつまたトルコやエジプトを刺激したにも拘わらず、「アジア諸国民にとって正に復興運動の第二期であり欧州の桎梏より脱却して独立自由を得ようと惨憺たる努力を傾けている」と彼には思われる今次の世界大戦期において、日本が「日英同盟の誼」から結果として「印度の番犬」にしは「印度巡査」の役割を果たして[26]英国を利し、インドを始めとするアジアの民族運動の期待を裏切ったからである。つまり日露戦争によってアジア各地の民族主義運動に火をつけておきながら、当の日本はその進むべき方向を大きく転換させてしまっているというのが彼の率直な見解であった。

満川は当時世論において「亜細亜問題」と云えば即「侵略問題」と理解されがちであったことを取り上げ、こうした背景には彼の周辺を含めて「支那分割論者」や「成吉斯汗もどきの思想を有している人」[27]が多くいることを示唆していた。そしてまた現実に彼の目からすれば日露戦争後の日本の対中国政策は、「支那領土保全の大主眼に遠かること甚しきもの」であり、例えば「露国の侵略主義と通謀したるが如き日露密約は日支共存の精神より裏切ったもの」[28]であった。

しかし満川からすれば飽くまで日本のために残された重要な役目は、「虐げられたる弱小民族を暴虐なる資本国家の手より解放すること」[29]であった。このためには民族解放の運動の期待を裏切るような日本の対外的方向性を転ずると共に、米騒動にみられる国内的矛盾の解消を必要とする。それは必然的に彼にとっては日本の「改造」や「革命」を意味するものであった。そしてすでに触れたように正にこの点に猶存社の運動の目的もあったのである。

満川は大川周明との連名による猶存社の機関誌『雄叫』第三号の「宣言」において、次のように主張していた。

眼前に迫れる内外の険難危急は、国家組織の根本的改造と国民精神の創造的革命とを避くることを許さぬ。吾々は日本其者の為めの改造又は革命を以って足れりとする者ではない。吾々は実に人類解放戦の大使徒としての日本民族の運命を信ずるが故に、先づ日本自らの解放に着手せんと欲する。

我が神の吾々に指す所は支那に在る、印度に在る、支那と印度と豪州との円心に当る安南、緬甸、暹羅に在る。チグリス・ユーフラテス河の平野を流るゝ所、即ち黄白人種の接壌する所に在る。人類最古の歴史の書かれたる所は、吾々日本民族に依りて人類最新の歴史の書かるゝところでは無いか。吾々は全日本民族を挙げて亜細亜九億民の奴隷の為めに一大リンコルンたらしめなければならぬ。[30]

この宣言には日本の国家としての「改造」と英帝国に代表される西欧資本主義国家からの「アジアの解放」を楯の両面

として結びつけた満川の主張が明確に示されていた。

「英国覇権」の動揺

満川の当時の国際認識にはすでに触れたような東西人種闘争史観の外にドイツ近代地理学の祖カール・リッター（Carl Ritter、一七七九〜一八五九）の文明三段階論的視点も反映していた。すなわち文明は、①河川文明時代、②内海文明時代、③大洋文明時代という経路をへて発展していくとした上で、今日は前期大洋時代である大西洋文明時代を過ぎて後期大洋時代である太平洋文明時代に移行しつつあるというものである(31)。ここでいう大西洋文明時代とは英国が世界的覇権を誇っていた一九世紀を中心として世界大戦に至る時期であり、世界大戦を境として英国の覇権が揺らぎ米国の台頭が著しい当時の状況を太平洋時代の始まりと位置づけている(32)。つまり国際情勢は英国覇権から米国覇権の時代へと移りつつあるという認識であった。

　では具体的に英国の世界的覇権の動揺ないしは衰退ということを満川はどのように捉えていたのだろうか。まず満川によれば英国は一八一五年六月のワーテルローの戦い以降一九世紀を通じて世界における覇権を獲得する歴史的道程を歩んできたとする。その結果世界大戦直前の大英帝国の人口は、世界総人口の約四分の一の四億一、〇〇〇万人で、面積は世界総面積の五分の一、正に昔日のローマ帝国の五倍の規模を誇っているという(33)。例えばインドの面積と人口だけでもロシアを除く全欧州に匹敵するものであった(34)。

　ところが約一、三〇〇万の死者を出し関東大震災の損害額の六七倍に相当する三、三七九億ドルの戦費の消耗と見積られる世界大戦により(35)、「十九世紀の獅子王たりし英国も、今や漸く三百年の命数の影が動き出しつつある(36)」と満川は述べる。この世界大戦を転機に大英帝国の覇権を揺るがすいくつかの要因について彼の見解を整理すると、①未曾有の大戦を戦い抜いたことによる「社会的疲憊」つまり国力の消耗、②労農ロシアの成立による階級闘争の脅威、③大英帝国下の植民地における民族主義運動の勃興、④米国勢力の世界的台頭などを挙げることができる。[37]

この内、②と③は英国によるこれまでの世界秩序に大きな脅威をもたらす正に「世界革命的要素」であった。殊に③は「有色人種を結合すべき非白人運動」[38]という側面をも有していることを強調していた。したがってこうした情勢の展開により大英帝国は単純にその人口の多さを誇ることはできなくなったといえる。何故ならその人口の一割程がイギリス人で残りはほとんど全てがアジア、アフリカの有色人種であったからである。

また満川はすでに述べたように大英帝国内のアイルランド、エジプト、南アフリカ、インドの四つの独立運動に注目していたわけだが、とりわけ英本国の脚下で渦巻くアイルランド問題を「英国の癌《ガン》」「英国文明の恥辱」[39]であると位置づけていた。そして国旗ユニオン・ジャックの一角を表しているアイルランド（セント・パトリック旗）の分離独立は大英帝国の結合の意義を喪失せしめるものとの見解を示したのである。[40]こうして満川はアイルランド独立運動が英国自体の存立の基盤を揺るがすと同時に、インドを始めとする世界の被抑圧民族の自決や独立に向けての起爆剤ともなりかねないとの認識を持ちその推移を重視したのであった。

ところでこのアイルランド問題の重視という点では、当時「大正デモクラシー」の旗手と目された吉野作造（一八七八〜一九三三）も満川の論説とほぼ同時期同様の見解を示していた。

吉野はまずアイルランド問題が「英吉利にとって重大な問題であるばかりでなく、其最近に於ける発展の模様は実に世界の将来に向って非常に重大な関係を及ぼすもの丶やうに思はれる。其成行如何によっては、華盛頓会議にも劣らない程の大きな意味を有つことになるかも知れない。経世家の注目を怠るべからざる所以である」[41]と述べる。さらには「此問題の蔭に将来の世界の運命に重大な関係を及ぼす問題が潜んで居るからである。他の言葉を以って云へば、現に現代を動かしつ丶あり、近き将来に於て強く世界的解決を迫ってくるに相違ない、或る重大問題の先駆をなすもの」[42]とも述べ、国際社会における民族自決主義との関連できわめて深刻な意義をもっていることを示唆した。

云うまでもなく吉野の念頭には、三・一独立運動によって日本に大きな衝撃を与えた植民地朝鮮の問題があった。彼は植民地朝鮮を抱える日本もまた正に英国同様民族自決主義に直面しているということを示唆したのである。こうした点に留意した上で吉野はさらに「絶対的独立」の要求に固執しつづけるデ・ヴァレラ（Eamon DeValera, 一八八二～一九七五）の例を引きながら、民族自決主義のような民衆の良心に芽生えた道義的要求は、時が進むと共に一層成長発展してやまない、つまりエスカレートしていくことを指摘したのである。(43) これは日本を含めた植民地保有国が民族自決主義という激動の渦に呑み込まれる切迫性を暗示していたといえる。国家や世界の「革新」や「改造」を模索する上で立場を異にする満川と吉野が共に、アイルランド問題を英国自身にとっての重大問題としてだけではなく、世界的変動を導きかねない民族自決主義運動の口火と捉えていたことは興味深い点である。

さて次に④の英国覇権に替わる米国の世界的台頭についてである。満川によれば世界大戦以来米国の実力は総ての点において明白に英国を凌駕《りょうが》しているという。

まず米国の対英本国の面積と人口は圧倒的であり、面積は二五倍強の三〇二万六、七〇〇平方マイル、人口は二倍強の一億五七〇〇万人に相当するとした上で、英国が自国人口を養うため食糧を海外に依存しなければならないのに対し、米国は自給自足してもなお剰余があるとする。また農耕地については既耕地と可耕地を合わせて算定すれば将来的に現在人口の五倍の五億人の国民を養うことが可能との見解も示している。(44)

次に資源面において鉄と石炭を取り上げ、まず一八八〇年代に生産額で英国を凌駕した銑鉄については一九二〇年度の産額がついに英国の四倍半に達したこと、さらに一九二五年には世界銑鉄総産額の五六パーセント以上を占めるとの見込みを示すと共に、石炭についても一八八〇年に英国の出炭額の二分の一に過ぎなかったのが一九一七年には二倍以上に昇騰したことを述べた上で、埋蔵量で見れば英国の約二〇倍と評価されるものと論じている。これに加えて大戦前に石炭貿易等で優位を誇っていた英国海運の地位をも今や米国海運は急追し脅かしている状況にあることを指摘した。(45)

この外近年きわめて重要な資源となりつつあった石油に関しても、英米は目下世界各地において石油争奪戦を展開しつつあるが、米国は世界石油総産額の三分の二の量にあたる四億四、三四〇万バーレル（一九二〇年度）を産出しているとしてその圧倒的強みを指摘する。また貿易輸出額でも大戦後は米国が英国を上回っていることや、かつて債務国だった米国が戦後は債権国に転じたのに比し、英国は債務国に転落したことなども挙げられている。(46)

こうして国力をはかる基本的要素である国土面積、人口そして主要な資源の生産量、さらには貿易量や債権の多寡などを総合して満川は、今や米国の台頭は明白であり英国の世界覇権は根底より動揺しつつあると結論づけたのである。さらに満川によれば米国はその国家意思としても新たな世界の「大闘争場」が「太平洋」であることを見極め、英国の覇権を打破し新しき世界覇権を西半球に建設しようとしているとの認識を示している。そしてその具体的な表現の一つを後述するようにワシントン会議開催の提唱に見たのである。(47) すなわちワシントン会議は、「英国の思ふ儘になる献立」になってしまったヴェルサイユ講和会議に対する米国の「竹箆《しっぺ》返し」であるとしたのである。(48)

かくして満川にとって世界大戦後の新たな大きな問題として太平洋を舞台にした日米英三国によるパワーゲームが浮上してくることになったのである。

3　米国の太平洋への膨張と日本開国論

世界大戦中の論考で満川は、「明日の世界的強国」として残る者に英独米の三国を挙げ、それぞれ英国を「世界最大の帝国」、ドイツを「世界最強の帝国」、米国を「世界最富の帝国」と位置づけている。(49) この内英国は彼の植民地解放の主張とアジア主義の立場からして当然日本にとっての最大のライバルであった。またドイツは結局大戦の敗者となり強国の地位から大きく後退する。さらに米国はというと今や太平洋国家として顕著な台頭ぶりを示しつつあった。そして満川の認識からすれば太平洋を隔ててこうした米国という「世界最富の国」が存在することは、日本にとって決して軽視できない重要な問題であった[50]。それはそもそも米国が歴史的に膨張国家であったからであるといえる。しかも米国は徐々に太平洋及びアジアへの進出・膨張をはかっていると目される国家であった。

満川は米国の太平洋への進出を考える上で歴史上その契機となる主要な出来事として一八〇三年のルイジアナのフランスからの買収、一八四六年のオレゴン獲得、一八四八年のカリフォルニア獲得、一八九八年に勃発した米西戦争の結果としてのフィリピン及びグアムの領有、同じく一八九八年のハワイ併合、一八九九年のドイツとのサモア諸島の分割、一九一四年のパナマ運河の開通等を列挙している。まずルイジアナ買収についてだが、この買収によって米国人の西方への進出欲が刺激され、「ロッキー山脈を超え、太平洋水の真只中に雄飛せしむる基礎を成した[51]」と位置づける。さらに次のオレゴンへの関心はこのルイジアナ買収後の必然の結果であったとする[52]。

しかし何よりも満川が直接的に米国の太平洋発展の最初の契機となるものとしたのは、メキシコからのカリフォルニアの割譲とそれに前後しての一大金鉱の発見であった。そして金鉱発見後のいわゆるゴールド・ラッシュが、「信仰の自由を得んが為めに、狂瀾怒濤を横へて大西洋岸に辿り着いた建国の人々」とは選を異にして「黄金の光に眼を射られた人々」の太平洋岸への突進であったという性格上、米国が「たゞに海岸に停止するに満足するものに非ず、身を躍らして太平洋の真中に出た[53]」のは不可避的であったと主張した。さらにハワイ併合と米西戦争によるフィリピン、グアムの領有が米国の太平洋への進出・膨張に対する現実的な根拠を与えることとなった。

一般に米西戦争の勃発した一九世紀末の米国においては、国内フロンティア・ラインの消滅、工業の急速な発展に伴う工業製品の輸出の急増、農産物輸出のための新たな販路の模索などを背景として、満川もしばしば論説のなかで引き合いに出す海軍史家アルフレッド・T・マハン[54]（Alfred Thayer Mahan, 一八四〇～一九一四）大佐の海洋帝国構想にみられるように海外への膨張・進出の主張が強く打ち出される傾向にあった。実際それに伴って一八八〇年代にはまだ貧弱だった海軍も九〇年代に入ると著しく増強されることになる。(55) こうした状況の中で進行していたハワイ革命とその後の米国への併合運動そしてさらに米西戦争の勃発は、結果として米国に太平洋上のハワイ、グアム、マニラと連なる基地、いわば「太平洋の橋」を現実に確保させることになったのである。つまりそれは潜在的な大市場となりうる中国大陸への進出における航路上の拠点の獲得・保持に外ならなかったといえる。(56)

満川はこのような米国のハワイ併合、フィリピン獲得といった歴史的な対外政策の軌跡をその戦略的あるいは地政学的観点において世界全体に目配りをしていた国際政治の批評家ないしは外交史家として、ほぼ的確に観察していた。

すなわちハワイの戦略的位置についてはホノルルが、米大陸、東洋諸邦及び豪州に至る要路、いわば「太平洋の交叉点」といった位置にあるとして経済的・軍事的両面で甚だ重大であると断じていた。(57) この内軍事的面をさらに見ていくと、有事の際、米国太平洋岸のサンフランシスコなどの要港を起点として東洋方面に進んで作戦行動する場合には、ハワイが主要な前進根拠地になると同時に、退却して西海岸を防衛する場合にも東洋方面よりする攻撃艦隊にその側面から脅威を与えることができるとして、その戦略的位置に高い評価を与えている。(58)

そしてその後のグアム、フィリピンの領有は米国の太平洋戦略をより具体的で緻密なものにしたとの見方を呈示した。例えばこれまでハワイを以て限られていた米国の制海権は、「一躍して三千余里を西方に其猿臂を」差延ばすことになったし、また同時に中国大陸に対する「抜く可らざる勢力の策源地」(59) を建設することにも成功したとする。これによって日本は米国の本格的なアジア進出の脅威に晒されるというのが満川の率直な認識であった。また一八九九年のサモア諸島の分割によるチュチュイラ島の獲得についても、ハワイの真珠湾、マニラ湾のオロンガポー、カピテの諸港と並んだ米国海軍の根拠地として重要な地位を占めているとしてその太平洋戦略を一層補強するものと位置づけている。(60)

さらに一九一四年に開通したパナマ運河に関しても、これによって米国が大西洋と太平洋の二つにまたがる「両洋国家」として確立したと観じていた。殊に満川は当初の在り様とは大きく変質し今や中米及びカリブ海諸国の主権・独立の侵害にまで踏み込むに至ったモンロー主義の主張に注目していたのであるが、この覇権的ともいうべき「変形モンロー主義」がパナマ運河の開通によってカリブ海から太平洋に吐き出された結果、「米国の国際的正面」が「愈々東方より西方に移転することになった」(61)として今後の方向性に危惧を示したのである。

ところで右のように米国の太平洋への進出・膨張の歴史的過程を概観する中で、日米関係の原点であるペリーによる日本開国について満川はどのように捉えていたのだろうか。というのも大正半ばのこの時期米国西海岸における排日運動の激化に伴い、日本国内では世論において反米気運が徐々に高揚し、日米関係の原点としてのペリー来航の意味を問い直そうとする論説が次第に現われるようになってきていたからである。特に一九二四（大正一三）年の新移民法いわゆる排日移民法成立前後の時期においてこうしたペリー論は盛んに論じられるに至る。

満川は排日移民法成立のかなり以前の一九一八（大正七）年と満洲事変勃発直前の一九三一（昭和六）年二月に出版した著書の中でペリーの「砲艦外交」ぶりについて論述している。

これら二冊の著書の中で彼がペリーの徳川幕府に対する武断的態度を示すものとして紹介しているのが、『大日本古文書・幕末外交関係文書』に収録されているペリーの書簡とされるものであった(62)。この書簡は一八五三（嘉永六）年七月一四日（陰暦六月九日）、ペリーがフィルモア（Millard Fillmore, 一八〇〇～一八七四）大統領の国書を手交するに際し、幕府側に「白旗」二旒を添えて差し出したものとされるが、内容としては「先年以来各国より通商之願有之候処、国法を以て違背に及ぶ固より天理に背くの次第莫大也、然からば蘭船より申し達し候通り諸方の通商は是非に希ふにあらず、不承知に候はゞ干戈を以て天理に背くの罪を正し候に付き其方も国法を立て防戦致すべし、左候へば防戦の時に必勝は吾等に有之其方敵対成り兼ね申すべく、若し其節に至り和睦を請ひ度ば此度送り置候処の白旗を押し樹つべし、然らば此方の砲を止め艦を退ひて和睦を致すべし(63)」と記されており、こうしたペリーの交渉態度について満川は、「驕慢無礼を極むるや、吾人は之を読んで当時日本の国勢微々として振はざりしことを想像するに余りある」[64]との感慨をもらしていた。

満川が右の論説の中で述べている「白旗」を添えたペリーの書簡の話は、しばしば当時の日本の識者の間でペリーの砲艦外交とそれによる日本の強制的開国を語る場合の一つの証左として取り上げられるエピソードであった。そもそもこのペリーの「白旗」のエピソードが外交史家、国際問題評論家の内で最初に取り上げられたのは、国際法学者で東京帝国大学教授の高橋作衛（一八六七〜一九二〇）の『日米之新関係』においてである。高橋はカーン基金を受けた初めての帝大教授として一九〇七（明治四〇）年渡来し、当時表面化していた日本人移民問題を中心に八ヵ月程調査に従事したが、その報告内容に、「長幼叔姪の関係」を脱し「対等関係」に転移しようとしている日米関係[65]の今後についての考究を加えて一九一〇（明治四三）年一二月に出版したのが、『日米之新関係』であった。

高橋は同書の冒頭部において日米関係の「既往歴史の表面並に裏面的研究」の観点から、「ペリーは果して日本の恩人なりや」と問題提起し、これを論じる中で同年三月に公刊されたばかりの『大日本古文書・幕末外国関係文書』に収録された「白旗」に関する件を引用したのである。高橋の見解によると、ペリーを派遣したフィルモア政府には日本の土地を侵略する意思があったこと、またフィルモア大統領の委任を受けたペリーは強硬な帝国主義的外交を採用し、日本本土の海港または琉球の略取を計ろうとしていたというものであった。但し途中で米国の政権が民主党のピアス（Franklin Pierce, 一八〇四〜一八六九）に替わり、前政権の侵略主義が反対され、ペリーの建言がことごとく退けられたために日本は自国領土を保全できたという。[66]

こうしたペリーの侵略主義的、帝国主義的態度を示す証左として高橋は、「白旗」に添えたペリーの書簡を引用していたのであり、それによって開国後文明国の伍伴に入ることができた日本の「恩人としてのペリー」という従来からの多くの日本人の抱いていた「誤解」を修正しようとしたのであった。しかしそれは何も彼が殊更反米主義を主張しようとしていたためではなかった。高橋は自らその動機について日露戦争後の変転しつつある日米関係において真に対米友好を願うが故に、誤解が原因となって日米関係が損なわれることを避けるためにあえて事実を事実として直視しようとする姿勢から来ているのだと述べていたのであった。(67)

ところがすでに述べたことだが、一九二四（大正一三）年の米国における排日移民法成立前後になると「正義と人道の国」である米国に裏切られたという国民感情から反米的言説が頂点に達した。このような気運の中で日米関係を改めて問い直そうとする主張が出始め、ペリー来航の意味に言及する論者も少なからず出現するようになる。

かつてペリーの日本遠征録を翻訳して雑誌『地球』誌上で紹介した評論家の浜田三峰は新移民法成立直後の『太陽』誌上に再びペリーの遠征録を取り上げ、「暴徒の暴挙に比す可き排日運動に対し、吾等もまた民族的の痛憤を禁じ得ない」との立場から、日本開国の恩人とされるペリーが「名実共に日本の土地を侵略する為に遠征して来たものであることを確め、聊か胸中の鬱憤をもらさんと思ふ」としてペリー侵略者論を展開した。浜田のペリー論は高橋作衛の見解をほぼ踏襲したもので、ペリーの武断的姿勢を示す証左としてこれまた『大日本古文書』中の「白旗」のエピソードを紹介し、ペリーを「恩人」どころか「国敵」と決めつけたのである。(68)(69)(70)

また同じ頃、満川の親しい友人の一人で日本電報通信軍事記者、台湾銀行東京支店調査課長などを歴任したインドを中心とするアジア問題研究家の衣斐釮吉（一八八一～一九二六）も、新移民法に反発して「日米戦争の声さえ飛び交う当時の状況の中で米国のアジア進出を改めて歴史的に振り返り、地政学的な観点よりペリーの武力政策に言及した。衣斐によれば、米国にとって「政治的要地」である中国の経略のためにその「兵略的要地」の位置にある琉球もしくは日本内地の港湾の割取をペリーは行なおうとしたというものであった。すなわち中国進出の足掛りとして日本の侵略を計ったとする認識である。(71)

さらに当時巷間で流布されていた日米戦争については、人種問題を背景とする排日移民法が戦争の原因となるものではないと述べると共に、日中両国は「その地形及び国家的要素から観て、二者相い抱擁して始めて完全な一国を形成し得られる」とその利害の密接さを強調した上で、この日本国家の「生存力の基調を為す日支抱擁圏若くはその外圏」に米国が圧迫や擾乱《じょうらん》を加える場合に初めて戦争勃発となると主張した。(72) 具体的に衣斐は、ワシントン条約の期限終了前後に米国が何かまた軍備上日本を拘束する提案をする可能性があり、同時に中国大陸に向って容易ならざる計画を企てるに相違ないとして、この時こそ対米戦争のために蹶起《けっき》すべき時であると予想したのである。(73)

ところで老壮会、猶存社において満川の盟友であった大川周明も排日移民法成立のこの時期にペリーへの論及を含めて日米問題に関して発言していた。

大川はまず今回の排日移民法は米国が日本の額に「汝等は劣等民族なり」と捺しつけた烙印であるとして、これに対して日本は如何にすべきか、なすりつけられたる顔の泥をどうすればよいのかと問いかける。その上で例のペリーの「白旗」の書簡を全文引用して、「実に驚く可き申分である。而して今ま吾等の前に其国を閉ぢんとするのは、天理に背くが故に暴力を以てしても開国させてやると言った此のペリー提督の孫裔でないか。ペリーに遡るまでもない、正義人道の選手としてウィルソンを世界に押出した現代北米人ではないか。吾等は此の驚く可き屈辱を忍従してよいのか」(74) と憤懣を顕わにしたのであった。

さらに大川は日本人に対する人種的排斥や偏見は米国のみに限ったことではなくアングロサクソン世界に共通して見られること、また人種的偏見に基づく排日は経済問題や労働問題を背景とするものとは異なって、尋常一様の解決のできない問題であることを述べ、この際日本は世界における日本の立場を極めるために多年にわたる「娼婦外交」を止め、非常の覚悟をもってこの問題を処理しなければならないと主張した。(75) 言うまでもなく大川の念頭には彼独自の東西対抗史観の見地から日米戦争が不可避であるという認識があった。大川によれば「東西の強者の代表」による戦さである日米戦争は「新世界出現のために避け難き運命」であった。もちろん排日移民法の成立が日米戦争に直結するものではなかったが、「いつ何時、天は汝を喚んで、戦を命ずるかも知れぬ。寸時も油断なく用意せよ！」(76) と述べていることからも分かるように先の主張も当然ながら日米戦争を視野に入れたものであったといってよい。

このように排日移民法成立時には米国に対する反発と憤りを背景とする米禍論が展開され、中には大川周明に代表される「日米戦争宿命論」の観点から両国間の将来を論ずる者も少なからず存在したが、その際日本開国の立役者であるペリーは米国の侵略的行為や姿勢、いわば米国の「悪意」を象徴する人物と捉えられる傾向にあったのである。

こうした対米論・ペリー論に比して満川の見解は意外と穏当なものであった。先に紹介したように満川はペリーの「白旗」のエピソードを引いて当時の日本の国力の欠如を嘆いてはいるものの、決してフィルモア政権下の米国の対日姿勢を侵略主義的であると見なしていたのではなかった。彼は積極的・武断的・領土拡張的であった当時の英国の対東洋政策に比較すれば、米国は「正義を名とし、平和的権利を獲得するに努めた」(77)としてむしろ好意的ですらあった。それは英国が本国狭少で物資が不足していたため勢いインドや中国に対して強圧的手段を講ぜざるを得なかったのに対し、米国の場合は本国広大で物資豊富という状態に加えて独立以来の絶えざる対英反感ということのために侵略的政策を採用しなかったと認識していたからである。

詰まるところ満川は開国時の砲艦外交の要因をペリー個人の対日観・対日姿勢に求めており、ペリーが日本に対して何らの好意を有していなかったためであると示唆していたのである(78)。彼は基本的にペリー来航以降日露戦争に至るまで日米関係は良好であるとし、特に日清戦争までの四〇余年間はすこぶる親善的であるとしていた。ちなみに満川によれば米国の対日態度が著しく変化して硬化したのは日露戦争後であり、それは日本の東アジアにおける台頭と米国の太平洋進出の本格化に基づくものであった(79)。

また排日移民法成立による日米の軋轢《あつれき》については、移民法成立時はある程度反発し憤懣《ふんまん》を表明したものの元来過剰人口問題の解決策として対米移民を重視していなかったことや、日本の当面のライバルとして未だ英国を据えたままにしていたこともあって直ちに日米の衝突を想定するような見解には否定的であった(80)。この点で同様に東西対抗史観を有する大川周明や当時反米論や米国膺懲論を激しく展開していた徳富蘇峰（一八六三～一九六七）らの見解とは一線を画していたといえる。

4　ヴェルサイユ・ワシントン体制と日米関係

前節でペリー論に絡めて若干触れた米国の排日移民問題が、いわゆるヴェルサイユ・ワシントン体制と呼ばれる国際協調の枠組みを背景とする日米関係を揺るがしかねない負の要因であったことはよく知られるところである。そしてこの日本人移民排斥問題の激化は日本と米国の双方においてしばしば日米衝突論・日米戦争不可避論などウォースケア（War Scare）を伴う傾向にあった。(81) それは人種的要素という、経済的要素などとは異なる解決の困難な要素を背景としていたためであるが、日本でも前述した大川周明や東京帝大教授の上杉慎吉（一八七八～一九二九）らを始めとして日米戦争を視野に入れた対米論を展開する論者も少なからず存在していたのであった。しかし満川がこうした日米衝突をも念頭に置いた反米論に容易に与しなかったことはこれまた既述したところである。

それでは移民問題を含めた当時の日本外交に一定の枠組みを与えていたヴェルサイユ・ワシントン体制そのもの、あるいはそこで展開される日米英のパワーゲームを彼は一体どのように捉えていたのであろうか。

満川はワシントン会議（太平洋会議）開催前の諸論稿において会議開催の背景、英米の関係、日本の対応等について次のように論じていた。まず会議を主催した米国についてだが、そもそもワシントン会議は米国による英国主導のヴェルサイユ諸条約に対する「竹篦《しっぺ》返し」であるという認識をしていた。満川によれば米国がヴェルサイユ講和条約を批准せずウィルソン（Woodrow Wilson, 一八五八～一九二四）大統領自らが提言した国際連盟にも参加しなかったのは、それが全て英国本位に出来上がってしまったためであるという。[82] 例えば国際連盟における投票権では米国は日仏伊以下の諸国と同じ一票であるのに対し、英国は自治領と合わせると六票になるなど、国際連盟が結局のところ英国を中心とする世界現状の維持機関、いわゆる「大英保全組合」的色彩の濃いものとなったからであるとする。[83]

この満川の見解は一面において的を射たもので、確かにウィルソンの主張の裏には世界から「パックス・ブリタニカ」の余力を排除して、米国に有利な自由貿易の世界体制いわば「パックス・アメリカーナ」を導こうとする意図があり、これを見越した英国やフランスはウィルソンの構想を換骨奪胎して両国の国益維持のヴェルサイユ体制にしたのであった。[84]

そこで自国に都合の悪いヴェルサイユ条約を「蹂躙《じゅうりん》」して自らの世界的覇権を樹立すべく機会を窺っていた米国は、英国による日米英三国海軍協定の提議に乗って太平洋会議を提唱したという訳である。したがって満川はワシントン会議をヴェルサイユ会議の「遣り直し」あるいは「竹篦《しっぺ》返し」であると強調するのである。[85]

こうした満川の見解の背景には、基本的に太平洋を主な舞台とする日米英三国の国際関係においてアングロサクソン同士の英米こそが衝突対決することになるという認識があった。この点で、カリフォルニア州（加州）の移民問題や米国によるハワイ・フィリピンの領有に着目して太平洋を挟んだ日米の対決や衝突を予想する多くの論者と異なり、極めてユニークな立場にあったといえる。

では英米は何故衝突するに至るのであろうか。この要因について満川はヴェルサイユ講和会議終了後間もない論説で、とりあえず主要なものとして次の三点を挙げ、これらが相互に繋がって太平洋における争覇問題を形成すると主張していた。

まず第一がカナダの問題で、これは米国が汎米主義の中にカナダをも含有しようとすることからくる紛争要因である。第二に挙げられているのが中国問題で、米国が通商・貿易上中国に進出しようとすることによって旧来の権益維持をはかる英国との衝突を来すというものであった。そして第三に豪州の問題で、これは「漸時英国の覇絆より脱せんとする」豪州への米国の影響力行使から派生する摩擦である。[86]またこれら三つの要因の外により具体的なものとして英米によるメキシコ、蘭領インド、中東における石油資源の争奪戦の問題、債権債務問題、ほとんど公然ともいえる米国のアイルランド独立援助の問題などが付け加えられることもあった。[87]

しかし何よりも満川が主張したかったのは英米の争因の本質が、要するに国家の大なる点つまり「国家として両雄並びたたず」というところにあるのだということに尽きた。[88]すなわち個々の紛争要因を微視的に問題にするのではなく、世界大戦を境として崩れつつあるとはいえ「パックス・ブリタニカ」を維持することによってもたらされる英国の利益の総体と「パックス・アメリカーナ」を目指しているとみられる米国の利益の総体との矛盾・衝突をきわめて深刻に捉えていたということである。

また軍事戦略面でも満川は太平洋における英米の争覇について論じている。一九一六（大正五）年に成立した主力艦建造計画から分かるように当時米国は「世界第一の海軍」の建設を目指していた。そして一九二一（大正一〇）年の初頭には米海軍はその艦隊の主力を太平洋に配置する動きを示すに至ったが、[89]こうした動向について彼は、米国の真意は決して日本のみを敵視してのものではなく、英米戦の場合、太平洋上の英国根拠地を攻撃し、中国、豪州、インドを奪取し大英帝国を瓦解せしむるためであるとした。[90]

一方英国にとってその大英帝国の基盤を維持する「扇の要」は陸上においてはインド、海上においてはインド洋であるとする。また英国は世界大戦後における急務としてインドと豪州との連係を強化し、優越な軍事力をもってこれを支えなければならない必要に迫られてきたと述べ、こうした点から東洋における根拠地として香港とシンガポールの英国にとっての重要性を強調した。特にかねてから軍港の建設が急がれていたシンガポールを戦略的にインド防備、中国への進出、豪州との連絡、そして日本よりもむしろ米国との太平洋覇戦の準備の観点からきわめて重要であると位置づけていた。[91]そして太平洋における米国艦隊の増強は、シンガポールを太平洋、インド洋圏の要とする英国にとって正に大きな脅威となると認識したのであった。

このような世界的覇権を求めて英米という大国同士が衝突に至るという満川の構図はかなり大雑把で曖昧さを残したものであったが、ワシントン会議直前の段階では「英米両国は両立す可からざる関係に在り、今や明白に大戦前の英独関係を想起せしめる」[92]（傍点長谷川）とさえ述べていて、彼が英米の矛盾を深刻に受けとめていたことが分かる。

ところで英米間の争覇であると認める太平洋上の力学の中での日本の位置についてだが、満川は日本は今こそ英米の間でキャスティング・ボードを握り得る立場にあると主張する。しかしそうした日本の立場を妨げるものが日英同盟であった。すでに形骸化しワシントン会議において廃棄が予想されるその日英同盟について彼は次のように捉えていた。

まず日英同盟成立の結果、「実に日露戦争の後に於て、支那保全、興亜主義の基調を喪失せし我が対外政策が一貫して如何に同盟国に対する醜悪なる阿附迎合の態度に在りしかは、回顧するだに満面の恥辱を感ずる。遠きを厭はず日本の懐を慕って来りし幾多興亜の志士が、如何に無情に『英領的日本』の為めに其の海岸より逐はれたるかは吾人は之を事実に於て立証することが出来る」[93]として、日本が英国のアジア支配に荷担し、アジアの独立に打撃を与えてきたとの認識を示していた。

そうしたことが多くのアジア人の反発を呼び、例えば日中関係の面では中国をして反日的方向に向かわせると共に中国大陸に対して「領土的野心」を有しないとみられる米国への親近感の背景となっているのだとする。[94] さらにまたその米中の接近によって今度は米国内の排日運動が中国全土に移植されるという事態をもたらし、中国の反日的傾向は一層増幅されてきたと見なしたのである。[95]

他方米国にとって英国と同盟関係にある日本は太平洋を主舞台とする世界的争覇戦の相手である英国の「片われ」であり、このまま英国のための「忠実な番犬的盟邦」を続ける限り米国の「排日」は増進されていくとして、世上論議されている「日米戦争の危機」の原因が実は日英同盟にあったと断じていた。[96]

こうして満川は対アジアと対米の両関係から考察して日英同盟を直ちに廃棄すべきことを示唆した。そして同盟を解消することによって、「英米争覇戦が最も集約的に演出せらるべき運命を有している」ワシントン会議で日本は正に両国間のキャスティング・ボードを把握すべき地位に立つことができると主張したのであった。[97]

さて満川はそのワシントン会議において日本が提起すべき問題として中国問題と人口問題の二つを挙げる。これら二つは共に満足に解決することができれば外国との争因が断たれるという程のものであり、軍備制限より急務かつ抜本的な問題として位置づけられていた。この内中国問題について満川は、当時ワシントン会議開催を「国難」と見なして日本の対中国政策が英米二国より掣肘や非難を受けるのではないかと危惧し、大陸における日本の特殊な地位の維持に固執した世論の動向とはやや趣を異にして、主として中国の門戸開放と対中国投資に関する日米の経済的協調・提携の構築を示唆していた。中国の「東亜の強国」への改造を希望する満川にとって外国投資による中国の産業開発は必須であったが、大戦後の疲憊した状況下で中国に投資する能力をもつ国は日米両国以外にはないというのが彼の判断であったからである。それ故に満川は対中投資におけるそのような厳しい国際的環境の中、日本単独では不可能である中国産業開発を日米両国が経済的協調関係を保持しながら進めていかなければならないと説き、また現実に「太平洋武装解除問題」においてよりも一層容易にそうした協調は成立し得ると主張したのである。[98]

実際に中国に対する投資の面では、すでに一九二〇（大正九）年五月に米国のイニシアティブによって日米英仏四国借款団が成立しており、[99]右の見解もこうした経緯を踏まえたものであったと思われる。同借款団による中国産業開発は結果として失敗したが、副次的効果として日米の通商・金融関係は緊密化され、米国資本の日本への流入と日米貿易の飛躍的増大化が一九二〇年代を通じてみられることとなった。[100]これは満川の願ったように中国を舞台にするものではなかったが、別の意味で日米の経済的協調・提携は彼の示唆する方向を辿ったということができる。

次に人口問題についてであるが、これは云うまでもなく当時日米間で軋轢を生じていた加州の日本人移民排斥問題やワシントン体制外のアクターであるソヴィエト・ロシアとの外交的調整と密接に関連する問題であった。

　まず満川は日本が今や人口増加の点で「膨張か破裂か」の危機的状況にあることを指摘すると共に、英米が真に太平洋問題を解決させようとする誠意があるならば、「日本の人口を処分すべき適当なる土地を周旋」すべきであるとして、例えば「加州と比津賓との交換が出来得るならば、両国共に其の脅威を免かるゝ一点に於ても非常なる幸福」だと主張する。しかしそれが不可能であるとするなら、日本は「矢張り南北満洲及び西伯利に向って人口の捌口を求むるの外はあるまい」[101]と述べ、過剰人口問題及び加州日本人移民問題の解決策であると同時にかねてより自らが抱く大陸政策論の本質ともいうべき見解を示したのであった。

　満川のこうした見解の背景には、過剰人口問題の解決策として巷間取り上げられていた産業立国策と産児制限による人口抑制策を斥け、日本人移民を排斥している米国を始めとする「国際的ブルジョア」諸国と土地広大なソヴィエト・ロシアに対する「国際的分配の正義」の要求、すなわち国際的土地再分配論の主張が存在した。彼は「内に圧抑せられたる民族の膨張力が、水の低に就くが如く人口稀薄の地に向ふは自然の大勢」であるとして、一平方哩当たりの平均人口密度が四二九人の日本は、同五〇人の満洲、同一人の蒙古、同三人の東シベリア、同二人の西シベリア等へ人口を移すのが最も適当であることを示唆していたのである[102]。これらの地域は日本の隣接地域であり、加州や南米よりも多数の邦人が移動しやすい方面であるとした上で、かつて小村寿太郎（一八五五～一九一一）が提唱した満韓移民集中論に倣って、過剰人口を少しでも受け入れてくれる地域であるならば世界中どこへでも送り出す立場に立つ移民分散主義を排して、「我民族をして能ふる限り集中充実せしめ、統制あり弾力ある膨張を持って大帝国を東亜大陸に建設せねばならぬ」[103]と唱えていた。

　このような満川の主張はいわゆる北進論であり、日本の「存立の基盤」を大陸に築くため日本人移民を扶植するという後藤新平が満鉄総裁就任時に開陳した一〇ヵ年五〇万人送出の移民構想を受け継ぐものであったといえる[104]。実際に満川は米国における排日移民法成立直後の論説で具体的な対外移民の数を呈示しているが、それによると来るべき三〇年間に南米に五〇〇万人、アジア大陸主として「人口稀薄にして資源未だ開発されざる満洲、西比利亜方面」に、二、五〇〇万人を国家権力を組織的積極的に行使した「民族大移動」の趨勢で送出するとする途方もないものであった[105]。もちろん当時の日本人の移植民の実績を勘案すればこうした移民構想の現実的可能性を自らどの程度確信して提唱していたのかについては大いに疑問とするところである。

だがいずれにせよ右の主張の内容からまず第一に云えることは、移民の方向性については日本の大陸政策の今後を睨んだ正に国策的見地から論じている点であった。すなわちそれは日本の隣接地域であり勢力圏となるべきものと彼が考えている北東アジアを中心に大量の日本人の扶植を計画するものであったからである。またそもそも満川のこのような移民論は、米国における排日運動激化の大部以前から打ち出されていたものであり、移民法の成立をみて已むなく移民送出の方向を転換しての主張をしたのではなかった。

したがって元来移民送出の方向を北米に求めていなかった満川にとって、排日移民法は成立当初こそ論説において「国難真に迫る」と見出しを掲げ、「真に第二の黒船来だ」とか三国干渉を想起させるようなことを一応述べてはいるが[106]、実のところそれ程痛手ではなかったといえる。その点で排日移民法は日本の満洲、シベリア方面への進出あるいは人口扶植を議会通過を阻止できず多少日本に対して後めたさを感じている米国政府に容認させる譲歩の道具として使われてはいるものの、彼は決して同法成立を契機に当時の反米的時流に乗って日米戦争不可避論などを展開することはなかったのである。

次に第二の点としてこうした満洲、シベリアへの進出の観点からして、中国やソヴィエト・ロシアとの関係や提携を重視していることである。殊に革命勃発以来断絶しているソヴィエト・ロシアとの国交回復は満川にとって急を要する課題であったといえる。

元々ロシア革命に同情的であり、なおかつ「英国製にすぎぬケレンスキーの革命」の後のレーニンの革命が起こらなかったならばロシアはただ名のみ立憲共和国を称する英国の保護領に変わっていたであろうとの見解を提示している彼からすれば、革命への干渉であるシベリア出兵は「英国の宣伝に乗ぜられて労農露西亜の真相を正視する能はず、加之あはよくば火事場稼ぎをなさんとする卑陋なる動機から出発した」[107]ものであった。それ故に今後日本の採るべきシベリア政策としては最初に還るのみであると説く。つまり「労農政府を承認して彼と共に極東の安定を協調すべきのみである」[108]と主張したのである。そうすることによって初めて「国際的プロレタリア」である日本の年々六〇万人宛増加する人口処分策としてのシベリア移植民が可能になるというのであった。

このような主張はワシントン会議以後も堅持され、排日移民法成立直後の論説でも満洲、シベリア方面への人口扶植のために日中間の「堅き同盟」と労農ロシアとの提携を一層切実な策として強調していたのである。[109]

ところでワシントン会議後の満川の対英米観であるが、会議において対米六割で妥協せざるをえなかった海軍軍縮条約を始めとする諸条約の締結にも拘わらず特に反発した言説を表明することもなく、基本的に従来とそう変化はなかったということができる。

満川はまず米国がワシントン会議において①日英同盟の破棄、②英国海軍の自国海軍と同列への引下げ、③アジア・太平洋における発展の基礎固め、という三つの目的を達成したことにより、ヴェルサイユ会議で味わった「失意」は回復されたとして英米関係において米国が圧倒的に優越した地位に立ったことを改めて確認する。[110]しかしその一方で英米は依然として太平洋上で「両雄対峙」という状態を維持しているとして、英米戦が今直ぐというわけではないとしながらもなお衝突の危機は将来的に伏在しているとの見解を示し、英米のパワーゲームを注視しつづける姿勢を堅持していた。[111]

そしてこのような相変らずの英米争覇の持続という認識を日本は国策の中に十分飲み込んでおかなければならないというのが満川の結論的な主張であった。すなわち英米の争覇戦において日本がキャスティング・ボードを握る位置を保ちつづけ、その一方で中国やソヴィエト・ロシアとの関係を改善し、過剰人口問題を始めとする諸問題の解決のために大陸における日本のさらなる進出を目標とするべきことを示唆していたのである。

5 「英米争覇論」と「日米同盟論」

満川は第一世界大戦後の日本を取り巻く国際環境を、英米との太平洋上におけるパワーゲームと認識していた。これはいうまでもなく大戦を契機とするヨーロッパ諸国の疲弊と英国覇権の衰退、さらにこれに替わる米国の台頭を背景とする状況の中で、争覇戦の主舞台が環太平洋地域に移ったことを指していた。しかもその太平洋上の争覇戦は、衰微しつつあるとはいえ老大国の英国と新興の大国である米国との二国間で争われるとした上で、日本はこの両大国の闘争のキャスティング・ボードを握る位置に立ち得ると説いたのである。[112] 実際に昭和に入ってからさえ英米の利害の予想外の不一致により一九二七（昭和二）年のジュネーヴ海軍軍縮会議が決裂したケースのように満川の見解が一部裏づけられる場合もあった訳ではあるが、当時の日本国内の言論界ではワシントン会議や排日移民法成立などを頂点として英米争覇よりも日米争覇の方がきわめて現実的であるとする見方が一般的であっただけに、アングロサクソンは一体であるという英米不可分論に捕われることなく、昭和初期に至るまで、寧ろ英米争覇論を維持し続けた彼の存在はとりわけ国家主義陣営の中では異色であったということができよう。

一方、こうした英米争覇論を維持する中で、満川は相対的に英国よりは米国に多少好意を寄せる傾向にあった。それは英国が「亜細亜が永久に欧州の前に奴隷状態に在ること」[113]を望んでいるが故にアジアにとっての一貫した敵であるという認識をしているのに対して、米国についてはアジア、特に日本の利害が大きく関わる中国大陸には領土的野心はなく、自国の極東貿易に最大の機会を与える唯一の国として専ら経済面での中国進出に意欲を示しているに過ぎないと見ていたからである。[114]このような対米観は先述した中国における日米の経済的提携論とも結びついてワシントン会議直前の時期には「日米戦争論が日米同盟論に一転さるべき機会を造り出されねばならぬ。これ国際的新舞台に上れる青年日本の任務である」[115]と述べていて日米同盟さえ視野に入れていたのである。

もっとも基本的に満川が日米戦争論や日米衝突論を退けて米国との協調的関係の模索を示唆していたとはいえ、日米戦争を全く語らなかったというわけではない。これは日米戦争が仮に起こるとしたらどのような場合なのかという一種の「想定」の下で進められた論ではあったが、満川は米国が朝鮮独立の煽動をするなど朝鮮問題に著しく深入りしてきた時、両国の戦端は開かれるとしていた。その場合戦争は「海戦及び海戦に従属せる空中戦を以って始まることは疑いなき事実である」と述べた上で、「我海軍並に航空隊の実力は充分に米国に対して戦を開くことが出来るか、どうか」[116]と疑問を呈するものであった。

満川の主張をまとめると、たとえ海軍力において対抗し得るとしても空軍力において日本は比較にならぬほど対米劣勢であり、さらに先立つものとしての燃料の点でもきわめて不利であると総括した。また日米戦争になれば中国は必ずや日本を裏切って米国側に付くであろうとの見方を抱き、その結果「陸に支那と戦ひ海に米国と戦ひ、それで果して幾年を支持せんとするか」[117]との見解を示したのである。結局のところ満川のシュミレーションからすれば対米戦争論を主張することは書生論に過ぎず、実際対米戦争は愚かな選択であるというものであった。また現実問題として満川の目から眺めて、ワシントン会議、排日移民法の成立を経て大正末年に至る時期において日米の紛争・衝突に至る緊張は存在しなかったといえる。

満川は国家主義者・アジア主義者の中でも殊にバランス感覚に優れ、比較的穏当な論調を保持した国際問題評論家、外交史家であった。対米戦争の不利を説き、時には日米同盟論すら示唆したことは正に満川亀太郎の懐の広さを物語るものであったといえよう。

註

（1）伊藤隆『大正期「革新」派の成立』塙書房、一九七八年、六―一一頁。
（2）満川を直接対象とした研究としては、松本健一「大東亜主義の虚妄―満川亀太郎・下中弥三郎」『革命的ロマン主義の位相』伝統と現代社、一九七三年、八五―一一〇頁参照。
（3）満川亀太郎（長谷川雄一編・解説）『三国干渉以後』（復刻版）論創社、二〇〇四年、三三頁。
（4）同書、八六頁。
（5）中谷武世「満川亀太郎」下中彌三郎伝刊行会編『下中彌三郎事典』一九七一年、三九六頁。
（6）満川亀太郎「袁世凱伝」（酒巻貞一郎著『支那分割論』所収）啓成社、一九一三年。
（7）大日本社の掲げていた「大日本主義綱領」については、前掲、伊藤『大正期「革新」派の成立』、一九七―一九八頁。
（8）大塚健洋『大川周明――ある復古革新主義者の思想』中公新書、一九九五年。
（9）大川周明「北一輝君を憶ふ」橋川文三編『大川周明集』（近代日本思想体系21）筑摩書房、一九七五年、三五四―三五七頁。
（10）前掲、満川『三国干渉以後』、一九八頁。
（11）北と満川、大川らのソ連に対する見解の相違と猶存社の分裂については、大塚健洋『大川周明と近代日本』木鐸社、一九九〇年、一四七―一四九頁及び前掲『大川周明』、一一四―一一五頁参照。
（12）前掲、中谷「満川亀太郎」、三九六頁。
（13）前掲、大塚『大川周明と近代日本』、一六二頁。
（14）安田共済事件と宮内省怪文書事件については、同書、一六六―一六七頁参照
（15）中谷武世『昭和動乱期の回想――中谷武世回顧録』（上）泰流社、一九八九年、一七三頁。
（16）満川亀太郎『東西人種闘争史観』東洋協会出版部、一九二四年、一五頁、四六頁。
（17）同書、五五―五六頁。
（18）満川亀太郎「亜細亜復興運動の基調」『国本』一九二一年七月号、五三頁。
（19）もっとも満川のいうアジア・モンロー主義は、「亜細亜独立主義」、「亜細亜復興主義」または単に「亜細亜主義」と言い換えていることから分かるように、曖昧な概念ではあるものの一般にアジア・モンロー主義について理解されているような中国に

対する日本の内政干渉権の主張を打ち出しているものではない（同稿、五二―五三頁参照）。
(20) 蜷川新「モンロー主義の模倣」『外交時報』第二六七号、一九頁。
(21) 満川亀太郎「亜細亜解放運動」『亜細亜時論』一九一九年一〇月号（後に『奪はれたる亜細亜』廣文堂書店、一九二一年に収録）、三二頁。
(22) 満川亀太郎「何故に過激派を敵とする乎」前掲『三国干渉以後』、二九九―三〇一頁参照。
(23) 満川亀太郎「世界激動渦中の日本」『東方時論』一九二二年一月号、五〇頁。
(24) 前掲、満川『三国干渉以後』、九四頁。
(25) 満川亀太郎「世界革命の半面を領する民族闘争」『解放』一九二二年一月号、一五四頁。
(26) 前掲、満川「亜細亜復興運動の基調」、五三―五五頁。
(27) 前掲、満川「亜細亜解放運動」、三三頁。
(28) 同稿、三五頁。
(29) 前掲、満川「世界革命の半面を領する民族闘争」、一六一頁。
(30)『雄叫』第三号、一九二〇年一〇月、一頁。
(31) 前掲、満川『東西人種闘争史観』、八七頁。
(32) 満川亀太郎『世界現勢と大日本』行地社出版部、一九二六年、三六―三七頁。
(33) 満川亀太郎「疑問の大英帝国」『国本』一九二二年六月号、五二頁。
(34) 満川亀太郎「世界幕府としての英国覇権の動揺」『東方公論』一九二六年四月号、一四頁。
(35) 前掲、満川『世界現勢と大日本』、五一―六頁。
(36) 前掲、満川「疑問の大英帝国」、五二頁。
(37) 満川亀太郎「新世界覇権としての大米軍国」『国本』一九二一年八月号、六七―六九頁、前掲、満川「世界革命の半面を領する民族闘争」、一五三―一五四頁、前掲、満川「世界幕府としての英国覇権の動揺」、一六頁参照。
(38) 前掲、満川「新世界覇権としての大米軍国」六八頁。
(39) 満川亀太郎「老大英国の禍根」『国本』一九二二年七月号、四三号。

(40)前掲、満川「疑問の大英帝国」、五五頁。
(41)吉野作造「愛蘭問題の世界的重要意義」(初出『中央公論』一九二一年一〇月)『吉野作造選集 六』岩波書店、一九九六年、二一二頁。
(42)同書、二一三頁。
(43)同書、二一六頁。
(44)前掲、満川「新世界覇権としての大米軍国」七〇頁。
(45)同稿、七一頁。
(46)同稿、七二―七三頁。
(47)満川亀太郎「青年日本の国際的新舞台」『東方時論』一九二一年九月号、四〇頁。
(48)満川亀太郎「使節の理解すべき日本の地位」『国本』一九二一年九月号、二一―二二頁。
(49)満川亀太郎『列強の領土的並経済的発展』廣文堂書店、一九一八年、三頁。
(50)同書、二一五頁。
(51)同書、二二三頁。
(52)オレゴン進出の背景については、これを農民の土地獲得の要求のみに帰する見解もあるが、これは一面的な見方であるといえる。というのも当時の西部開拓の前線(フロンティア・ライン)はミシシッピー川を越えたばかりで、ロッキー山脈の東側には広大な未開拓地が存在し、農民が危険を冒してまでオレゴンやカリフォルニアへ進出する必要はなかったからである。むしろ米国内のあらゆる地域の商業勢力が東洋貿易に対するオレゴンの戦略的地位の重要性(すなわちピュージット湾の良港の確保など)に着目していたという商業主義的膨張主義に根源を求める方が妥当であるといえる(山岸義夫『アメリカ膨張主義の展開――マニュフェスト・デストニーと大陸帝国』勁草書房、一九九五年、一三八―一三九頁)。
(53)満川亀太郎「米国独立百五十年」『東洋』一九二六年七月号、一一頁。
(54)アルフレッド・T・マハンに関しては、麻田貞雄「歴史に及ぼしたマハンの影響――海外膨張論を中心に」同訳『アメリカ古典文庫・第八巻 アルフレッド・T・マハン』研究社、一九七七年、五―四八頁。
(55)有賀貞『アメリカ政治史(一七七六―一九七一)』福村出版、一九七四年、一二九―一三〇頁。

(56) 斎藤真『アメリカ政治外交史』東京大学出版会、一九七五年、一四八―一四九頁。
(57) 前掲、満川『列強の領土的並経済的発展』、二三四頁。
(58) 満川亀太郎「太平洋に於ける米国」『奪はれたる亜細亜』廣文堂書店、一九二一年、三四五頁。
(59) 同書、三四七頁。
(60) 前掲、満川『列強の領土的並経済的発展』、二三九頁。
(61) 満川亀太郎「太平洋上の日英米」『東洋』一九二四年二月号、一三―一四頁。
(62) 「六月九日（?）米国使節ペリー書簡　我政府へ　白旗差出の件」東京帝国大学編『大日本古文書・幕末外国関係文書之一』東京帝国大学文科大学史料編纂掛、一九一〇年、二六九―二七〇頁。なおペリーの「白旗」を添えた書簡に関しては、松本健一『白旗伝説』新潮社、一九九五年、同『開国・維新（日本の近代1）』中央公論社、一九九八年、七―五二頁、三輪公忠『隠されたペリーの「白旗」――日米関係のイメージ論的・精神史的研究』Sophia University Press 上智大学、一九九九年、岸俊光『ペリーの白旗――一五〇年目の真実』毎日新聞社、二〇〇二年、長谷川雄一「一九二四年における脱欧入亜論の浮上」日本国際政治学会編『国際政治』第一〇二号、一九九三年二月等を参照。
(63) 同、『大日本古文書・幕末外国関係文書之一』、前掲、満川『列強の領土的並経済的発展』、二五三―二五四頁、満川亀太郎『東洋問題十八講』白鳳社、一九三一年、二三二頁参照。
(64) 前掲、満川『列強の領土的並経済的発展』、二五四頁。
(65) 高橋作衛『日米之新関係』清水書店、一九一〇年（復刻版・日本図書センター、一九九一年）二頁。
(66) 同書、一四―一五頁。
(67) 同書、一七―一八頁。
(68) 浜田三峰訳「六十年前の日本訪問記」『地球』第二巻五号（一九一三年）一〇二―一一三頁、同第二巻六号、一六〇―一六六頁参照。
(69) 浜田三峰「ペルリの日本遠征録を読む――彼を日本開国の恩人なりといふ事実を排し、日本の領土侵略を目的とせる真実を述ぶ」『太陽』第三〇巻七号（一九二四年六月一日号）一四八頁。
(70) 同稿、一六〇―一六二頁。

(71) 衣斐釮吉「日米必戦の機を論断す」(「初出『東洋』一九二四年七月号、九月号)『東亜の形勢と日本の将来』(下) 立命館大学出版部、一九二六年、四九〇頁。
(72) 同書、四九二―四九八頁。
(73) 同書、四九九頁。
(74) 大川周明(斯禹)「日米問題」『東洋』一九二四年六月号、一二五頁。
(75) 同稿、一二六―一二七頁。
(76) 大川周明『亜細亜・欧羅巴・日本』大東文化協会、一九二五年、八二―八三頁。
(77) 前掲、満川『東洋問題十八講』、二三二頁。
(78) 前掲、満川『列強の領土的並経済的発展』、二五三頁。
(79) 前掲、満川『東洋問題十八講』、二三二頁。
(80) 満川亀太郎「対米急潮を直視して」『国本』一九二四年五月号、二八頁。
(81) 秦郁彦『太平洋国際関係史』福村出版、一九七二年、一五〇頁。
(82) 満川亀太郎「国際的新日本の誕生」『解放』一九二一年九月号、六〇頁。
(83) 前掲、満川『世界現勢と大日本』、四六頁。
(84) 草間秀三郎「ウィルソン構想と国際連盟」福田茂夫・義井博・草間秀三郎『増補二〇世紀国際政治史』名古屋大学出版会、一九九三年、二四―二五頁。
(85) 前掲、満川「国際的新日本の誕生」六一頁、前掲、満川『世界現勢と大日本』、四五頁等参照。
(86) 満川亀太郎「太平洋問題の新意義」『亜細亜時論』一九二〇年一月号(後に『奪はれたる亜細亜』に収録)、四九頁。
(87) 前掲、満川「世界激動渦中の日本」、四八―四九頁。
(88) 前掲、満川「青年日本の国際的新舞台」、四一頁。
(89) 麻田貞雄『両大戦間の日米関係――海軍と政策決定過程』東京大学出版会、一九九三年、五三頁。
(90) 前掲、満川「新世界覇権としての大米軍国」、七六頁。
(91) 前掲、満川「太平洋上の日英米」、一〇―一五頁。

(92) 前掲、満川「新世界覇権としての大米軍国」、七五頁。
(93) 前掲、満川「使節の理解すべき日本の地位」、二五頁。
(94) 満川亀太郎「既遂の英国現行の米国」『国本』一九二二年四月号、七〇頁。
(95) 前掲、満川「使節の理解すべき日本の地位」、二五頁。
(96) 前掲、満川「青年日本の国際的新舞台」、四一頁。
(97) 前掲、満川「使節の理解すべき日本の地位」、二六頁。
(98) 同稿、二六―二七頁。前掲、満川「青年日本の国際的新舞台」、四三頁。
(99) 日米英仏によるいわゆる新四国借款団形成の過程については、平野健一郎「西原借款から新四国借款団へ」細谷千博・斎藤真編『ワシントン体制と日米関係』東京大学出版会、一九七八年、二八三―三二〇頁参照。
(100) 三谷太一郎「大正デモクラシーとワシントン体制」細谷千博編『日米関係通史』東京大学出版会、一九九五年、九一―九二頁。
(101) 前掲、満川「使節の理解すべき日本の地位」、二八頁。
(102) 満川亀太郎「我人口問題と国際的分配の正義」『国本』一九二一年一二月号、二五―三〇頁。
(103) 同稿、三四頁。
(104) 後藤新平による一〇ヵ年五〇万人送出の満洲移民論については、後藤新平『日本植民政策一斑』日本評論社、一九四四年、八四―八五頁。
(105) 満川亀太郎「大邦の理想」『東洋』一九二四年六月号、一三―一四頁。
(106) 前掲、満川「対米急潮を直視して」、二四―二八頁。
(107) 前掲、満川「世界激動渦中の日本」、五〇頁。
(108) 同稿、五一頁。
(109) 前掲、満川「大邦の理想」、一四頁。
(110) 前掲、満川「太平洋上の日英米」、一四頁。
(111) 前掲、満川「大邦の理想」、一一頁。

(112) ジュネーヴ海軍軍縮会議については、前掲、麻田『両大戦間の日米関係――海軍と政策決定過程』、一六八――一七六頁参照。
(113) 満川亀太郎「アングロサクソン世界支配の剖検」『国本』一九二二年二月号、三六頁。
(114) 前掲、満川「既遂の英国現行の米国」、七〇―七一頁。
(115) 満川亀太郎「日米関係の将来と太平洋問題」『解放』一九二一年一一月号、九八頁。
(116) 満川亀太郎「日米戦争の利害」『亜細亜時論』一九二一年二月号、三三頁。
(117) 同稿、三四頁。

第四章　北一輝と満川亀太郎

本章は一九一九（大正八）年末中国より帰国した北一輝[1]（本名輝次、のち輝次郎と名乗る。一八八三～一九三六）が、一九〇六（明治三九）年に自費出版した『国体論及び純正社会主義』[2]に自ら筆を入れ、猶存社における盟友満川亀太郎（号は南溟庵、或いは暁峰を使用　一八八八～一九三六）に「門外不出」の意を込めて託したとされる修正版[3]についての考察である。

満川はその自伝的著書『三国干渉以後』の中で「しばらくは猶存社に平和なる日が続いた。北君は朝夕の誦経が終わると、一五年前の著述たる『国体論及純正社会主義』に筆を入れるを日課としてゐた」[4]と述べているが、北が自著の修正をした時期は一九二〇年一月五日帰京後、牛込区南町一番地の猶存社に腰を据えて以降のそう長くない期間においてであると考えられる。同書は戦後一九五九（昭和三四）年に『北一輝著作集』（全三巻）が発刊されるに際して一時期みすず書房の高橋正衛さらには哲学者の久野収に貸し出されることはあったが、基本的に満川の死後は遺族の手によって満川宛の書簡（北、大川周明、西田税ら発信のものを含む）、満川作成の原稿、檄文、パンフレット並びに満川の日記・手帳など他の多数の史料（以下、「満川亀太郎関係文書」と呼ぶ）と共に保管され続け現在に至っている。[5]

北と満川の関係ついては従来、一九二三（大正一二）年二月のモスクワ政府代表ヨッフェ（Adolf A. Joffe 一八八三～

一九二七）来日を契機とする猶存社の解散以降、両者間に齟齬《そご》が生じ疎遠になったと理解される向きがあった。しかし実際は前記の満川の残した手帳類のメモによれば満川の死去（昭和一一年五月）に至るまで両者の交友（遊）が継続していたことが示されている。未完成であったと思われる『国体論及び純正社会主義』の「修正版」を満川に託したままであったのも二人のそのような関係を物語るものである。本章では北が満川に宛てた書簡や満川の手帳のメモ類をも参考にしながら、これまでの理解とはやや異なる二人の交友についていささか触れてみたい。

1 猶存社への参加

満川が最初に北と出会ったのは一九一六（大正五）年青山南町の彼の居宅においてであった。すでに早稲田大学時代、図書館で発禁本になっていた『国体論及び純正社会主義』を読了し「いつかあの人に会ってみたい」との思いを抱きつづけ、さらに一九一五年一二月に印刷され、編集者として勤務する大日本社にも送付された『支那革命党及革命之支那』（『支那革命外史』の八章までの前半部）を読んで「未だ曽てこれほど快心の著書を読んだことがなかった」との感慨を得るに至っていた満川は、この時「見るからに精悍な革命家」という印象を北から受けたのである。[6] 北は同年六月に一九一一（明治四四）年一〇月以来の再度の上海行をはかるが、これ以降一九一九（大正八）年六月二八日付の満川宛書簡（「ヴェルサイユ会議に対する最高判決」と題して後に『支那革命外史』に収録）の内容から判かるように、同書簡を含め時局に対する見解を記した書簡の関係者への回覧を北が依頼するなど満川との間で一定の情報交換及び連絡があったことが窺える。[7]

こうした満川と北との関係が、満川が猶存社を設立した際にその理論的支柱として北を迎えるため一九一九年八月上海へ大川周明（一八八六～一九五七）を派遣した要因となったいえる。

さて一九二〇（大正九）年に北が猶存社入りしてからのことになるが、満川らは猶存社の機関誌発行を企画する。結局機関誌『雄叫び』創刊号は、同年七月に満川の知己である井上準之助（一八六九～一九三二）からの資金提供を受けて発刊されたが、この機関誌の名称が決定される過程では北の率直な意見も出されていた。四月三日付の満川宛書簡において北は次の様な見解を述べている。

「拝啓『叫』とは如何にも腑に満たざりしが、只今岡崎〔茂助〕君に告へらる丶感じを問ひしに答は誠に尤に候。即ち如何にも救世軍のやうな感じがすること、且つ語の強きに係らず感の受方が弱しとのことに候。就ては同一なる叫びも百獣を慴伏せしむる獣王の『獅子吼』とでもされてハ如何。出所は仏典にて多少腥きも今日は壇上の獅子吼など申し犬養君の演説でも狼吼とは申さず獅子吼と呼ぶの習に候。『ライオン、ヴォー《〔ロォーか〕》』とやるを得ば腥味なきも外国語なるが可ならず。但し語呂はシシクというよりも優れり[8]」

この北の書簡の文面からすると、当初機関誌の名称として『叫』という案が出ていたことと、最終案の『雄叫』は語感の上で北の提案する『獅子吼』を参考にしていることが窺える。

一九二〇年は北、大川、満川らいわゆる猶存社の「三尊」の蜜月期であった。北はそうした三者の関係を同年一二月三一日付満川宛書簡で、「今日で波瀾多かりし九年を終ります。昨夜来、君と大川君とが此の一年間如何に小生を救護して呉れ〔た〕かを考へ出されて感慨止まず終に大川君にも一書を呈した程です。小生は真に神の前に於てする感謝を以て此の一年を過ごした幸福を顧みる時、古今の革命家中私共より幸福な心持を以て進んだ者ハあるまいと存じます。肩を怒らして言う輩の意気に感する人生でない。只涙流る丶はかりの感謝です。感謝を以て斯く結びつけられた吾々三人は地獄の果までも御前とならばドコまでも敬ひつ、来る十年も十一年も。（後略）」[9]と「幸福」や「感謝」という言葉を用いながら振り返っている。

2　宮中某重大事件と皇太子欧州外遊をめぐって

この三者を中心とする猶存社の最初の具体的活動が翌一九二一（大正一〇）年の宮中某重大事件並びに皇太子の欧州外遊反対運動への参加であった。裕仁皇太子の婚約者である久邇宮良子の母方の島津家の家系に色覚異常の傾向があることを問題視して婚約解消への動きを見せた山縣有朋（一八三八～一九二二）らに対する反対運動は、同年一月下旬から二月上旬にかけて国粋主義者並びに政界全体を巻き込む形で表面化した。いわゆる宮中某重大事件である。さらにまた丁度同じ頃実現されようとしていた皇太子の洋行についても国粋主義者達は山縣の陰謀としてこれを阻止しようと動いていたのである。[10]

北、満川らもこの時期反山縣運動を活発化させていた。「満川亀太郎関係文書」には二月四日付けの久邇宮宛北一輝書簡（白巻紙墨書）が収められている。[11]「神代ノ二柱天神天女ヲ現世ニ見ントスル御成婚ヲ破リ得ル者ナラバ大日本国ハ太平洋ノ海底ニ没スベク候」で始まるこの文書は、田中惣五郎（一八九四～一九六一）がその著書の中で「いわゆる怪文書の白眉といわれ、これを垣間読みした警視庁の人々さえ感激おくあたわざる文書であったという」[12]と記している北の久邇宮家に送った桐の箱入りの「勧告文」の下書きもしくはその一部ではないかと考えられるが、同文書中でも山縣らは「姦賊ノ姦謀」「死罪々々」と断罪されていた。

またかねてからの知己でもある内相の床次竹二郎（一八六六～一九三五）に対して北、満川はそれぞれ書簡を送って皇太子の欧州外遊を阻止すべく働きかけている。殊に「今回ノ御外遊ニ伴フ愕クベキ怖ルベキ警戒ヲ幾月前ニ於テ霊感セシメ」しかもその「日本国ノ大事ヲ霊感シ得ル能力ノ一事ニ至テハ出口王仁三郎氏等ノ一類ノ上ニ超出仕候」と自負している北の書簡では、床次に「現代日本ニ於テ殿下ノ御外遊ヲ御中止ニ至ラシムル以上ノ御奉公ハ御座ナク候」と強く阻止の役割を果たすよう迫っていた。(13) その外遊反対の理由は、独立派朝鮮人の危険性や世界中に漲る非君主的思想と運動の渦中に巻き込まれるとする危惧など、同時期に作成されたと思われる満川稿の「東宮御渡欧之延期を祈願する七大理由」(14) と題する文書で挙げている理由と重なるものであった。そして皇太子の欧州への出発後も北、満川は、この当時英国において激化していた炭鉱争議を「英国革命の危機到来」と捉えた上で「我々の反対を無視して無理に東宮殿下の御渡欧を図った連中顔色果して如何」(15) と述べるなど依然として渡欧の強行を非難していたのである。

満川の「流水日記」（わずか一九二一（大正一〇）年四月三日から五月四日までの記述しかない）には、この時期北と満川が連日のように行動を共にする親密な様子が残されている。時には大川或いは北の妻すず子を伴いながら二人は散策や花見を楽しんでいた。四月五日の欄には人力車で連れ立って外出した際、北の人力車が電車に撥ねられて肱に擦過傷を負った模様も記述されている。また四月二六日の欄には「朝猶存社に至り、北氏と二人で福田博士を訪問した。北氏は十七八年振りの会見なりと。福田博士は花嫁の貰ひたてで、壁に伊藤白蓮の歌などを揚げて大に若返つてゐた。(16)」とあり、かつて北が『国体論及び純正社会主義』を出版した時、「一言を以て蔽へとならば『天才の著作』と評するの尤も妥当なるを覚へ申候」(17) と絶賛した福田徳三（一八七四～一九三〇）宅訪問の様子も記されていた。

3　猶存社解散前後

こうして一九二一（大正一〇）年前半は二人の間の密接な交遊が見て取れたのだが、同年末には交遊に翳《かげ》りが生じた節がある。一二月一〇日付の北の書簡に「満兄　近来何ガ行違ヒテ相見ザルコト多キヤ、コレガ恋ナラバ吾兄ノ慬〔謹〕厳ナルラッパ節アルヘキ所、明日ハ仮令日ガ西ヨリ出ヅルトモ御光来ヲ待上候。（後略）」[18]とあるからである。これが巷間云われるところの北と大川・満川との関係、特に大川との性格及び路線上の齟齬《そご》による疎遠化が既に始まっていて、それに伴うものであったのかどうかは不明である。この一九二一年末から一九二三年の猶存社解散前後に至る時期の満川の日記・手帳類、また北側の記録が残っていないからである。

ただ一つ云えることは、翌一九二二（大正一一）年に満川は中野正剛（一八八六〜一九四三）、風見章（一八八六〜一九六一）ら『東方時論』の関係者を中心にして「又新社《ゆうしんしゃ》」を結成し、ヨッフェ来日の前段階としてモスクワ政府代表で極東共和国政府代表でもあったアントーノフとの接触をはかるなどこの時期日ソ関係の調整に向けて模索していたことである。[19]こうした満川の方向性は、ソヴィエト・ロシアに対して警戒と嫌悪の念を持つ北との関係において一時的にせよ距離をとらせることになったのではないかと考えられる。結局猶存社は北が「ヨッフェ君に訓ふる公開状」を著し頒布した一九二三（大正一二）年五月に先立つ三月、会員鹿子木員信（一八八四〜一九四九）の洋行（主としてドイツ）を契機として解散する。

だが猶存社解散翌年の一九二四（大正一三）年から満川の死去する一九三六（昭和一一）年五月までの欠落することなく保存されている手帳を見ると濃淡はあるものの北と満川の交遊が依然として継続していることが分かる。因みに手帳の年度別の北に関して記述された日数を挙げてみると、一九二四年は二七日（内実際に満川が面会したのは二四日）、一九二五年は一日（一月二六日の面会のみ）、一九二六年は七日（内実際の面会は五日）、一九二七（昭和二）年は五日（内実際の面会も五日）、一九二八年は五日（内実際の面会は四日、他に七月二日の北夫人の来訪の記述あり）、一九二九年は三五日（内実際の面会は三四日、他に六月二四日に北夫人の記述あり）、一九三〇年は六日（内実際の面会は三日）、一九三一年は四日（内実際の面会も四日）、一九三二年は〇日、一九三三年は六日（内実際の面会も六日）、一九三四年は二日（内実際の面会は四月二八日のみ）、一九三五年は七日（内実際の面会も七日）、一九三六（昭和一一）年は二日（二日とも二・二六事件により拘留された北の留守宅を見舞う記述である）となっている。

4　「床次竹二郎暗殺計画」騒動

この交遊の一覧を見ると一三年間の内、一九二四（大正一三）年と一九二九（昭和四）年が突出していることが分かる。この二カ年についての両者の面談（ほとんどの場合、満川が一方的に北宅を訪ねる形での面談となっている）の内容は手帳に詳細が記されていないので不明であるが、若干の推測は可能である。

まずは一九二四年についてだが、満川、北ともに関係の深い床次竹二郎が政友会から脱党して政友本党を立ち上げ、清浦奎吾（一八五〇～一九四二）内閣後に自らの政権を樹立すべく様々な政略的な動きをする中、満川も北との連絡を密に取りながら些か活発に動いている気配が見てとれる。例えば床次が政友会を脱党する前日の一月一五日の欄には「床次氏を訪ひ氏が党議に従ふべき旨説くこと一時間」(20)とある。また清浦内閣が議会を解散する前日の一月三〇日も、朝夜と二度程床次を訪問していた。(21)この後も六月上旬に加藤高明（一八六〇～一九二六）内閣が成立するまでの間、満川は数回床次と接触を計っている。この間満川が北を訪問した回数は一九回に上る。政友会の分裂、清浦内閣から護憲三派の加藤内閣へという政界の大変動の中、情報交換を含め北との間で政権へのキャスティングボードを握る立場に置かれた床次を支援する何らかの政治文脈上の話が交わされていたことは間違いないであろう。

ところで猶存社解散の翌年にあたるこの年の満川の北、大川との関係についてだが、どのような具合になっていたのであろうか。因みに満川の手帳のおける大川に関する同年中の記述は一五回である。しかし大川との付き合いは社会教育研究所、行地社の前身の行地会の会合、講演会、第三者を交えた晩餐会などを通じたものの方が圧倒的に多く、北との場合に見られるような人間臭さのある大川像が手帳の文面からは浮かび上がってこない。この大川との拡大されつつある距離と対照的に、満川と北との関係は「北君を訪ひ、共に目黒不動尊に参拝大黒屋にて飲む」（一月五日の欄）や「北君ヨリ喜美子（満川の長女：筆者註）、御雛さんノ五人ばやし及重箱ヲ受ク」（二月二七日の欄）などという記述に見られるように個人的な友情が如実に示されている。後の大川との訣別を暗示するかのようで興味深いといえる。

他方北と大川は猶存社解散以来の疎遠な関係にあり、その関係打開をはかるものであろうか、二月七日には旧知の八代六郎（一八六〇～一九三〇）海軍大将宅において会談がもたれていることが手帳に記されている。[22]だが関係修復の難しさは、その後この件について全く触れられていないことからも明白であった。

次に北との面会の頻度がさらに高い一九二九（昭和四）年についてであるが、この年も床次竹二郎絡みであった。

この年満川は多忙を極めることになるが、それは時の首相田中義一（一八六四～一九二九）、逓相久原房之助（一八六九～一九六五）、近衛歩兵第一旅団長山口十八（一八七八～一九三七）陸軍少将の三人を床次竹二郎暗殺計画の首謀者として六月三日、大審院検事局に小山総長を訪ね告発したことによる。[23]この件はそもそも満川の知人である政友会の元代議士小森雄介（一八七四～一九四二）の許に貿易商の安部義也なるものが同年二月中旬に電報類など多数の書類を持参して密告したことで始まる。小森が直ちに相談のため面会した内大臣牧野伸顕（一八六一～一九四九）の二月一七日付けの日記には、小森の陳述として「去十三日阿〔安〕部義也なるもの、従来よりも時々来訪するものなるが、此日も特に面会を求め電報多数を携帯して頗る憂色を以ての密告に、昨年十二月床次の南京訪問と同時期に自分が上海に滞在の折、田中、久原両氏より屢々電報到来し、今日南京政府に於て活動する要人等を謀殺すべし、床次同席の場合なれば共に滅亡せしむるも差支なし、使用すべき暴〔爆〕弾は山口〔十八・陸軍少将〕〔子爵〕第一師団（？）の手許より提供すべし、満洲にて使用したるものは陸軍の特製なりしため疑惑を起こしたるも、此度使用すべきものは普通品なれば発覚の恐れなきもの杯の注意も添ひ居りたり。然して此目論見に付ての電報は何れも暗号にて田中、久原外に今一名の連名の発信に係るものなり」[24]という安部が告白した計画の一応の概略が記されている。牧野はこの陳述に対し、「如何に出所、材料が軽視するを許さずとするも、自分の承知する首相と聯想する時は到底有り得可からざる事〔と〕視る外なし」[25]として聞き置くに止めている。

牧野内府が小森の話に慎重な姿勢を堅持したままであったのに対し、満川は牧野が動かないとみるや四月中旬以降積極的に動き出す。四月一七日から二〇日にかけて三日間安部と自宅で接触したのを手始めとして、[26]二一日には中野正剛と小森邸にて安部の所持していた証拠書類となる「極秘書類」なるものを複写し、北と密接な連絡を取りながら連日の如く小笠原長生（一八六七〜一九五八）、平沼騏一郎（一八六七〜一九五二）、斉藤実（一八五八〜一九三六）、本多熊太郎（一八七四〜一九四八）、加藤寛治（一八七〇〜一九三九）、江木千之（一八五三〜一九三二）、八代六郎、原田熊雄（一八八八〜一九四二・また原田を通じて西園寺公望）、床次竹二郎らを歴訪して「極秘書類」を手渡していった。[27][28]さらに手帳のメモからは大石正巳（一八五五〜一九三五）、清浦奎吾（一八五〇〜一九四二）、福田雅太郎（一八六六〜一九三二）、井上準之助、中川小十郎（一八六六〜一九四四）等とも連絡をとっている様子が見てとれる。

満川が活発に動き始めた四月中旬から検事局に告発状を提出するという思い切った行動に出た六月三日までの間の北との面会日数は一六日に及んでいる。満川が北と連携して国家の柱石と目される人々に陳情し、ついには告発にまで至ったのは、すでに二月に黒龍会の葛生能久（一八七四～一九五八）らと共に世話人となって「不戦条約御批准奏請反対同盟」を発足させ、三月五日の上野公園における倒閣大会へ出演していたことや告発後新聞記者のインタビューに答えて自ら明言していることなどから分かるように、「人民ノ名ニ於テ」という文言の入ったパリ不戦条約調印の責任を追求して以前から進めていた田中義一政権倒閣運動のためであった。(29) 新聞記事においては満川の民政党関係者との密接なつながりも報道されていたが、(30) 実際満川及び小森雄介の陳情・連絡のためのネットワークには民政党関係者が多く含まれていた。(31) その中から主要な者を拾い上げてみると、中野正剛（次期濱口雄幸民政党内閣の逓信政務次官）、濱口雄幸（同首相）、江木翼（同鉄道相）らをまず挙げることが出来るが、さらに民政党関係者以外でも井上準之助（同蔵相）、財部彪（同海相）など後継の民政党内閣の枢要な地位に就いた者の名も連なっていた。(32)

このような要人への働きかけの後最終的には自身が告発することになった訳であるが、告発はしたもののその直後から身の危険を感じた満川は密かに暫時離京する破目になった。(33) 六月一九日のメモには八代六郎や北一輝と会した後、「北夫人、西田〔税〕君ニ護ラレ小森氏ト共ニ横浜ヨリ乗車西下」とあり、満川は名古屋、奈良を旅行することになる。

結局張作霖爆殺事件の処理を誤ったことで天皇の不信を買った田中義一内閣が倒れ、七月二日に濱口雄幸民政党内閣が成立したことを契機として床次暗殺未遂事件は、満川の告発した当初の新聞紙上にみられる大騒ぎから一転して安部義也の詐欺事件という矮小化された形で終息をみたのであった。

5　宮内省怪文書事件と北一輝の収監

ところでこの床次竹二郎に関連して北と頻繁な連絡を取りながら政治的に動いたと考えられる一九二四（大正一三）年

と一九二九（昭和四）年に挟まれた四年間の交遊は、既に見たように両年とは比べようもなく面会頻度が低い。

まず一九二五（大正一四）年は後半に満川にとっても大いに関わりのある安田共済生命事件が起きているにも拘わらず、他の年度の手帳と較べ全体的に記述が少ない中、北に関する記述も一月二六日の面会についての一回のみである。この年は四月に行地会を発展させて行地社が結成され、[34] 満川は大川と並んで全国に運動を拡大するため五月中旬頃から大湊、福井、福岡、宇都宮、弘前などを講演して回っていた。こうした行地社運動への没頭が、ある面で北との面会の頻度に反映していたのではないかと解釈できるのと同時に、反面において安田共済生命事件に関しての記述を回避した結果によるものとも考えられる。というのも一九二四（大正一三）年秋から一九二六年の八月にかけての間、満川の周辺にいた人物の回顧談や新聞報道などによれば、満川と北とは他の複数の関係者共々しばしば会していた節があるからである。[35] 時には満鉄関係者を中心にして談論し、また時には「お経の会」と称して時事批判を行っていたという。従ってそうしたことからして手帳に記されていない北との面会も相当あると考えられる。

一九二六（大正一五）年においても北が起訴されることになる宮内省怪文書事件、朴烈・文子怪写真事件に関連する記述はほとんど見あたらない。北については彼が当局によって収容される以前において満川による面会を記しているのは三回のみである。この内二月二〇日の千駄ヶ谷（北の居宅）訪問は北の九州旅行時の土産が一七日に届けられたことに対する返礼であると考えられるが、北は家族連れで二月四日から一〇日以上にも亘って京都、長崎、福岡などを旅行し、宿泊先の別府からは満川宛に二度も書簡を認めていた。二通目にあたる二月一三日付けの書簡では、「今日旧正月元旦ヲ於テ宇佐八幡宮ニ参拝仕候、時ニ抹殺社時代ノ『宇佐八幡ノ宮司ノ弟』ヲ想起セザルヲ不得、又床やヲ召シ候処当時ノ畑中ト瓜二ツナリシ等、色々ノ思出旅行ニモ有之、又一月三日ノ序文ノ祈ヲ身ニ体シテノ参拝ニモ有之、又北一輝カ悪イカ日本帝国カ悪イカヲ出ル処ニ出テ裁カレントスル国神ヘノ訴訟ニモ有之候、明日ヨリ彼ノ紫丸ニ乗リ申候[36]」とあり、半年後に検事局に拘引されることになる北の国家と対峙する姿勢が改めて窺えるものといえる。

この後満川の手帳で千駄ヶ谷訪問が出てくるのは、大分間を空けた七月二四日である。同日の欄には中谷武世（一八九八～一九九〇）、笠木良明（一八九二～一九五四）、高村光次の三人が行地社を脱退したことと嶋野三郎（一八九三～一九八二）が数日前に脱退していることも記されていた。[37] 恐らくこの時点で満川も脱退の意思をすでに固めていたと思われる。但し実際に彼が行地社脱退の通知書を発送するのは三週間以上も経過した八月一七日である。[38] 脱退した理由に関しては、直接的には宮内省怪文書事件であるが、前年の安田共済生命事件以来の大川の行地社の運営と政策にあったと同年一一月に満川が発行した不定期刊行物『鴻雁録』（第一）では述べていた。[39]

北が当局により拘引されたのは満川の行地社脱退の表明から一〇日後のことである。満川の二七日の手帳の欄には唯一行「北君収容」と記されていた。この後満川は裁判所と刑務所の間を往復して面会の手続きを求めた上、九月七日に市ヶ谷刑務所において北との面会に漕ぎつけている。

なお北が起訴された宮内省怪文書事件に関連した記述としては僅かに九月四日の欄に「中谷君ヨリ問題ノ三千円及沼波氏手紙預ル」とあるのと九月一六日に前記の三千円の件で検事局に召喚されたこと、また一〇月一四日には前年の安田共済生命事件について取り調べを受けたことなどが記されているに過ぎない。

北は結局翌一九二七（昭和二）年二月一五日まで拘留された。[40] 北が保釈されてから満川が北宅を訪れている日数についてみると同年内は三日のみであり、また翌一九二八年は前述したように五日である。丁度北が保釈された頃の前後に満川は一新社を結成し、新たな展開を求めて全国各地を講演して回るなど活動を活発化させて多忙を極めていた時期であった。この時期の満川と北が一九二四（大正一三）年の場合のように何らかの国内の政治的脈絡に係る共同行動をした形跡はない。

6　晩年の二人

一九三〇（昭和五）年以降の両者の交友だが、満川の手帳を見る限り先に触れた一九二四（大正一三）年と一九二九（昭和四）年を除いた期間と同様、実際に会しているのが平均すると年に数回程度という頻度を維持していた。勿論手帳に記されていない北との面会も相当あると考えられる。例えば一九三二（昭和七）年の手帳では北宅訪問を含めて彼に関する記述は全くない。しかし北のいわゆる「霊告日記」の三月九日付には「朝　経　満川同席」(41)とあり、明らかに満川が北宅を訪れていることが示されている。

殊にこの一九三三（昭和七）年は血盟団事件、五・一五事件と両者の旧知の関係者によって起こされた事件が立て続けに起きているが、満川は全くといって良いほど沈黙しており、関係する記述は意図的に控えたと考えられる。五・一五事件前後では僅かに事件勃発当日の五月一五日の欄に「此ノ日夕刻犬養首相射殺セラル。帝都ノ異変ヲ知ラズシテ就寝。西田君射撃セラル」とあるのと翌一六日の欄で「刑事二名来リ余ノ身辺ヲ警戒スルコトトナル」と記されているに過ぎない。この他の関連記事では六月一六日の欄に一行「大川周明君検挙セラル」(42)とあるだけである。

一九三二（昭和七）年の一連の事件の外にも、一九三〇（昭和五）年のロンドン海軍軍縮条約反対運動、一九三一（昭和六）年の三月事件、満洲事変、十月事件等大きく変動する国の内外の状況の中で次々と勃発する事件について満川の手帳は全く言及しておらず、北と政治上の行動を共にした痕跡を辿ることも出来ない。ただ先の手帳の記述にある西田税（一九〇一～一九三七）が血盟団の残党川崎長光（一九〇九～二〇一二）によって狙撃された件に関して、病床にこの時ずっと付き添った北が満川に宛てた書簡において「西田君ノ様態益々好良何人モ奇蹟ト云ハザルモノナシ。刀杖不加毒不能害ヲ彼自身ニ見、神仏ノ加護アル者ノ生クルモ死スルモ断ジテ邪悪ノ者共ノ企望ト一致セザルコトヲ示シ候コト等難有存候。始メ小生モ宋教仁ノ時ノ悲痛ヲ再ビスルカト考ヘシモ、西田ニ与ヘタル法案ノ序文ニ明記シタル通リ偽非革命者ガ真乎ノ力ヲ亡ボシテ取ッテ代ハル歴史ノ常態ヲ繰リ返ヘサントシタル者ト存ジ、人間の邪悪限リナキヲ悲シミ候。足下亦此ノ悲ヲ同フスベク存候。封入ノ者ハ御子供様用トシテ当方ノ女房ヨリ御方ノ女房様ヘナリ」[43]と述べていることからして、少なくとも依然として家族ぐるみの親しい交友関係にあったということを窺うことはできる。

一九三〇（昭和五）年以降の両者の交友が具体的にどのようなものであったのかは十分な史料が存在しないこともあり定かではない。但し満川の残した若干の史料からすると、彼にとって北との交友関係がどのような意味をもっていたのかについてある程度の推測は可能である。

満川は一九三〇年一一月に「人種平等ノ大義ニ則リ亜細亜自彊ノ聖業ニ従事スベキ内外ノ人材ヲ養成」[44]することを目的として興亜学塾を設立し、自らその塾頭に就任する。しかし大いなる志と希望をもって始めたこの興亜学塾も一九三二（昭和七）年九月に全ての地位から退くに至る。[45]すでに一九三〇年の設立の段階から塾舎を提供した人道徳光教会（ひとのみち教団、のちＰＬ教団）より受け入れた塾役員との間で軋轢《あつれき》があったと見られ、この件で北に相談していたことを窺わせる記述が「霊告日記」の中にある。[46]またこれより先一九三〇年六月には次男建を疫痢により亡くしている。北もこの時は弔問に訪れ満川を慰めているが、[47]遺族によれば次男を失ったことは彼に相当の精神的ダメージを与えたということである。さらに一九三二年五月に満川は佐々一晁（一八八三〜一九七三）らと「建国ノ本義ニ基キ搾取ナキ新日本ノ建設ヲ誓フ」とする盟誓を掲げ、天皇政治の徹底や国家統制経済の実現を綱領にした「新日本国民同盟」を結成し中央委員として活動するが、早くも同年一〇月中旬に中央委員辞任を表明した。[48]そしてついに一九三五（昭和一〇）年に満川は新日本国民同盟より全面的に脱退するが、その脱退通知書にある「同盟本部内に捲起された紛争の醜体到底見るに忍びずして、一日も長く留まることの快しとせざる」、「一日も早くかゝる醜争の渦中から脱し、全く別個に――魂の革命の上から御奉公がして見たい」[49]という文章からは、当時の心境の一端を垣間見ることが出来る。

すなわち国家主義者として老壮会、猶存社、行地社などこれまで多くの組織や団体を結成すると同時にその組織内の抗争、醜態を幾多となく経験してきた満川にとって、そうした場面にこれ以上直面することに嫌気がさしたものと思われる。まして元来人格円満、温厚で調和的人柄と国家主義者間で定評があった満川である。次男を失い、志を抱いて青年の教育に臨もうとして創立した興亜学塾及び新日本国民同盟から離脱したことは、確実に満川の組織を通じた活動の在り方や心境に変化をもたらしていったと考えられる。こうした脈絡でみると死の前年一九三五年九月に「惟神顕修会」を設立し、「惟神の大道」を説くと共に靖国神社における修行に勤しんだ[50]ことも首肯できるものといえる。

従って以上のような満川の晩年の状況からすると北の存在は、満川にとって人生の節目において何らかの示唆を与えてくれる兄的存在の友人という意味合いがあったのではないかと考えられる。最初に触れた北が満川に『国体論及び純正社会主義』の自筆修正版を託し続けたという点についての謎も、このような交友関係にあったのではないかと考えれば納得できるものといえる。

一九三三（昭和八）年以降の満川手帳の北に関する記述には、比較的穏やかでのんびりとした交遊が多く綴られている。一九三三年九月二九日付の手帳の欄には、かつて佐渡中学時代に英語教師として北を指導した長谷川淑夫（一八七一～一九四二・当時函館新聞社長）の来訪とその後長谷川を同道して北を訪ねる模様が記されている。また翌日の欄には長谷川と二人して「赤坂白水ニ招カル――墨田公園ヲドライブシテ帰ル」[51]とある。さらに一九三五（昭和一〇）年三月六日の欄では「北君ヲ訪問、『成長の家』三月号ヲ貰テ帰ル」という記事の後、妻逸子もこの日外出先で「成長の家」の話を聞いて帰宅したことに触れ「奇蹟ナリ」と結んでいた。また同年五月二八日の欄には「午後北兄ヲ訪ネ、村山貯水池ニドライブシテ夕刻帰ル」[52]と再びドライブの記事があり、東京近郊まで足をのばして時を過ごす二人の様子が窺い知れる。

他方大川周明との関係においても満川の心境の変化をみることが出来る。満川の手帳の記事に再び大川が登場してくるのは、五・一五事件の翌年一九三三（昭和八）年一月からであった。一月一八日の欄に「大川周明君ノ留守宅ヲ見舞ウ」[53]とあり、五・一五事件に連座して市ケ谷刑務所に収容中の大川の留守宅をこの日を境にしばしば見舞っていることが記されている。一九三四（昭和九）年一一月に大川が一時保釈となると、満川は早速大川宅を訪ねている。さらに翌年にも大川宅を訪問して面談したり、また共に渥美勝（一八七七～一九二八）の慰霊祭に参加したりする様子が手帳には残されている[54]。このように満川は晩年のこの時期かつての猶存社時代を思わせるかのごとく、北との交友を続けるだけでなく大川との関係も復活させていたのである。

ところで北と満川の交友関係を中心に見て来た本章を結ぶにあたって、両者の長い交友を可能にした要因ともいうべきものについて若干考察しておきたい。

北と満川の長きに亘る交友を可能にしたのはまず何よりも猶存社の同人の中谷武世が「人柄が良く、円満でいかにも『天神様』らしい人物」[55]と評した満川の性格、人柄に負うところが大きい。満川ほど当時のアジア主義的ないしは国家主義的団体の多くに役員として迎えられる者は少なかったが、それは偏に彼の調整型の人柄に帰することが出来る。猶存社においても個性の強い北と大川との間を取り持ったのは満川であった。

次に両者の共通する経歴も見逃すことは出来ない。佐渡中学中退後上京し、ほとんど独学で『国体論及び純正社会主義』を著し、中国革命運動に飛び込んだ北と早稲田大学中退後、政友会系の『民声新聞』、『海国日報』、『大日本』などの記者や編集者としてやはり独学で国際関係や地域事情を研究し論説を書き続けて糊口をしのいで来た満川は、例えば東京帝国大学、満鉄東亜経済調査局といういわばエリートの道程を歩んできた大川などとは異なった生活観を有していたと考えられる。さらにこうした非エリート的経歴での共感に加えて両者の間には或る種の相互補完的な側面があったといえる。すなわち北はジャーナリスト的背景を持つ満川の情報力を重宝する一方、満川はカリスマ的要素を備えた北に魅力を感じると同時にその時局に対する分析や洞察に期待し、早い段階から彼の主張や見解を広く関係者に伝える役割を担ったのである。

勿論両者の相違点も存在する。すでに触れたようにヨッフェ来日をめぐって一時交友関係において距離をとる場面があったことから分かるように、ソヴィエト・ロシアに対する見方などはその最たるものであった。また天皇観においても両者は全く異なっている。基本的に天皇機関説の立場に立つ北と「錦旗革命」を唱道し天皇主義とでもいうべき立場に立つ満川の距離は、相当開いているというべきである。[56]さらに国家改造のための具体的な方法論においても両者の色合いは相当差異があるといえる。北がクーデターにより国家改造を目指すのに対して、満川の場合は全国的な講演活動や様々な雑誌への論説の発表による国民に対する啓蒙を通じた相対的に緩やかな国家改造の道程を歩んでいたと考えられる。これは昭和初年以降の満川の手帳に、かつて彼に接触した青年将校などの軍人が登場しないことからも裏づけられるものといえよう。つまり満川は旧知の関係者が計画した血盟団事件や五・一五事件はもとより、北や西田の構想する国家改造計画についても圏外にいたということである。

しかし以上のような相違点を超えてなお交友関係が続いたところに北と満川の友情を見ることが出来る。満川が生前最後に北と面談したのは一九三五（昭和一〇）年一一月二九日であった。同日付けの手帳には「北一輝兄ヲ久闊振リニ訪問」と記されていた。

さて一九三六（昭和一一）年に入り、満川は二月一四日から九州旅行に出発する。最大の目的は衆議院議員に無所属で立候補している友人の中野正剛の応援であった。福岡に到着すると二月一六日から一九日にかけて連日中野の応援演説に立った。因みに中野は二〇日の総選挙において最高点で当選した。[57]そして満川が東京に戻って来たのは事件発生当日の二月二六日の朝であった。満川の手帳にはその日の記述として「午前六時半阿佐ヶ谷ニ帰ル。二・二六事件勃発。[58]」と記されているに過ぎない。この後三月一八日と二五日の欄に北の留守宅を慰問する記事を見ることができるのみである。

満川は同年五月三日に入浴中脳溢血にて倒れ一二日に死去した。享年四八歳。他方二・二六事件に連座した北一輝は、翌一九三七（昭和一二）年八月一九日刑死した。享年五四歳であった。

注

（1）一九三六（昭和一一）年三月一七日の「警視庁聴取書（第一回）」において北は、「同年一二月末、上海を立ちまして翌大正九年一月一日長崎に着きました」と陳述しているが（『北一輝著作集』第三巻、みすず書房、一九七二年、四四九頁）、一九二〇（大正九）年一月一日付けの満川亀太郎宛書簡（「満川亀太郎関係文書」所収）では「昨日長崎着　只今大正九年を祝ひました」とある。ここでは満川宛書簡の方を採って、北の帰国日を一九一九（大正八）年一二月三一日と推定した。

（2）満川亀太郎の略歴について触れておく。一八八八（明治二一）年、大阪に生まれる。京都の清和中学を卒業後上京。早稲田大学を中退し、『民声新聞』、『海国日報』、『大日本』などの記者や編集を経て一九一八（大正七）年老壮会を結成。翌一九一九年八月には国家改造運動の実践的組織として猶存社を設立し、大川周明と共に北一輝を迎える。猶存社解散後は大川らと行地社結成に参加。一九二八（昭和三）年に一新社を設立、また一九三〇年には興亜学塾を創設する。さらに一九三二年には新日本国民同盟設立に参加、翌年には下中彌三郎らと大亜細亜協会を結成する。一九三三（昭和八）年四月、拓殖大学教授に正式に就任。一九三六（昭和一一）年五月一二日、脳溢血のため死去。享年四八歳。著書としては、『列強の領土的並経済的発展』（廣文堂書店、一九一八年）、『奪はれたる亜細亜』（廣文堂書店、一九二一年）、『黒人問題』（二酉社、一九二五年）、『世界現勢と大日本』（行地社出版部、一九二六年）、『ユダヤ禍の迷妄』（平凡社、一九二九年）、『日本外交史』（受験講座刊行会、一九三〇年）、『東洋問題十八講』（白鳳社、一九三一年）、『激変渦中の世界と日本』（先進社、一九三二年）、『太平洋及び豪州』（平凡社、一九三三年）、『三国干渉以後』（平凡社、一九三五年）等が挙げられる。

（3）満川と猶存社、行地社等において行動を共にした中谷武世（一八九八〜一九九〇）は、猶存社時代北に『国体論及び純正社会主義』を読みたい旨持ちかけると「牛込の天神さん（満川のこと）のところに一本在る筈だから、読みたければ満川君に頼んで読んで見なさい」との答えがあり、その後満川を訪ねると「実はこれは北君から厳しく言われていて門外不出だから、なるべく此処で読んで下さい」と言われて短時間にて目を通したという趣旨の話を述べている。中谷によれば、北が青年学生や若い将校達が同書を読んで余計な誤解や幻滅を抱かないように自分の手元に置かず満川に預けたという（中谷武世『昭和動乱

期の回想　上　中谷武世回顧録』泰流社、一九八九年、一四三―一四四頁）。なお中谷が目を通したというその本が、北が手を入れた自筆修正版の本書であったかどうかは不明である。中谷の記述の中では自筆修正版であるかどうかは全く触れていない。自筆修正版は原稿用紙などの紙を貼り付けたり、本文中への書きや込み削除などの部分が相当多く、簡単に読めるような体裁にはなっていない。手を入れていない別の原著が存在していたことも考えられる。また「門外不出」の文言だが、現在満川家には「門外不出」云々ということは伝わっていないという。しかも遺族の下で現在も保管されている原著には他の満川の蔵書と同様、彼の蔵書印が押されている。このことからして満川は北から預かって保管していたというより半ば贈与されたものと解していたのではないかと考えられる。いずれにしても「門外不出」云々については若干不明な点が残る。

（4）満川亀太郎（長谷川雄一編・解説）『三国干渉以後』（覆刻版）論創社、二〇〇四年、二一六―二一七頁。

（5）現在北が自筆修正した『国体論及び純正社会主義』と若干の満川関係史料は早稲田大学に、またそれ以外の満川宛書簡、満川の日記・手帳及び満川作成の原稿、檄文、パンフレット類は遺族から国会図書館憲政資料室に寄贈されている。

（6）前掲『三国干渉以後』（覆刻版）、一四一頁。

（7）同『三国干渉以後』、一七四頁。北一輝「ヴェルサイユ会議に対する最高判決」『北一輝著作集』第二巻、みすず書房、一九五九年、二〇七―二一三頁参照。

（8）満川亀太郎宛北一輝書簡（一九二〇（大正九）年四月三日付）「満川亀太郎関係文書」所収。

（9）満川亀太郎宛北一輝書簡（一九二〇（大正九）年一二月三一日付）「満川亀太郎関係文書」所収（以下取り上げる満川宛書簡は全て「満川亀太郎関係文書」所収を指す）。

（10）永井和『青年君主昭和天皇と元老西園寺』京都大学学術出版会、二〇〇三年、第二章、一二三―一七二頁参照。

（11）久邇宮宛北一輝書簡（下書きか？）（一九二一（大正一〇）年二月四日付）「満川亀太郎関係文書」所収。

（12）田中惣五郎『北一輝・増補版』三一書房、一九七一年、二四二頁。

（13）床次竹二郎宛北一輝書簡（写しか？）（一九二一（大正一〇）年一月二九日付）「満川亀太郎関係文書」所収。

（14）満川亀太郎「東宮御渡欧之延期を祈願する七大理由」「満川亀太郎関係文書」所収。

（15）満川亀太郎「流水日記」（一九二一（大正一〇）年四月四日）「満川亀太郎関係文書」所収（以下取り上げる満川の日記は全て「満川亀太郎関係文書」所収を指す）。

(16) 満川亀太郎「流水日記」(一九二一(大正一〇)年四月二六日)。
(17)「福田徳三氏書簡」『北一輝著作集』第三巻、みすず書房、一九七二年、五八〇頁。
(18) 満川亀太郎宛北一輝書簡(一九二一(大正一〇)年一二月一〇日付)。
(19) 桝本卯平「アントーノフとの会見記」『東方時論』一九二三年九月号、七四―八二頁。
(20) 満川亀太郎手帳(一九二四(大正一三)年一月一五日)「満川亀太郎関係文書」所収(以下取り上げる満川の手帳は全て「満川亀太郎関係文書」所収を指す)。
(21) 同(一九二四(大正一三)年一月三〇日)。
(22) 同(一九二四(大正一三)年二月七日)。
(23) 満川亀太郎手帳(一九二九(昭和四)年六月三日)。
(24) 伊藤隆・広瀬順晧編『牧野伸顕日記』中央公論社、一九九〇年、三四〇頁。なお「満川亀太郎関係文書」に収められている田中、久原、山口に対する告発文書(下書きか?)ではこの謀略の概要が次のように記されている。すなわち「昭和四年三月二十一日(繰上テ三月一日トナレリ)ノ南京全国大会ノ折、南京政府要人全部ノ集合セル機会ニ反国民軍タル段祺瑞、呉佩孚以下ト連絡ヲ取リ便衣隊ヲ組織シ南京市中ニ潜伏セシメ大会当日日本人側ノ合図ニ依リ、支那人ノ手ニ依リ蔣介石以下南京要人全部ヲ暗殺セシム、コノ計画成功シタル節段祺瑞ヲシテ大総統令ヲ布カシム、而モ其事成ラザル間ニ広西派(最左傾派)ヲシテ段ヲ仆サシム、斯テ一時支邦一帯ノ赤化ヲ見テ赤化支邦人ノ手ニヨリ日本人及日本領事館ガ危害ヲ蒙ル結果ニ導キ其ノ結果我日本ノミガ支邦ニ対シテ出兵ノ権利ヲ得ベク斯テ支邦全土ニ亘リ日本兵ヲシテ占領セシムルコト、而モ其軍資金トシテハ支邦各地ノ流通紙幣ヲ偽造シテ之ニ充ツ」というものであった。
(25) 前掲『牧野伸顕日記』、三四〇頁。
(26) 満川亀太郎手帳(一九二九(昭和四)年四月二一日)。
(27) 一九二九(昭和四)年五月二九日の北の「霊告日記」には、「〔コノ〕時ニ前夜ノ夢ハッキリ思ヒ浮ブ。阿辺〔安部〕義也ナル者ノ書類ヲ奪ヒ、更ニ阿辺〔安部〕ヨリ奪ヒ廻サレントシテ逃レタル妻ノ夢」と安部義也の名前が出ている(松本健一編『北一輝　霊告日記』第三文明社、一九八七年、一四頁)。
(28) 満川作成の安部義也、小森雄介から矢印が発せられる陳情先・連絡先一覧表(「満川亀太郎関係文書」所収)による。この一覧表によれば、安部を実見した者として小森、満川の外に壬生基義伯爵、一條実孝公爵、岩下家一子爵、近衛文麿公爵、江木翼元法相、中野邦一元秋田県知事、降旗元太郎衆議院議員などの名前が挙げられている。また小森は安岡正篤、大川周明、平生釟三郎（床次の後援者で関西経済界の有力者。なお平生と床次の関係については滝口剛「床次竹二郎と平生釟三郎（一）（二）──一九二〇年代の政党政治をめぐって」『阪大法学』第五二巻二号及び六号参照）、濱口雄幸（主として中野邦一を介して）などにも連絡をとっていることが分かる。

(29)満川亀太郎手帳（一九二九（昭和四）年三月五日）。

(30)『東京日日新聞』（一九二九（昭和四）年七月一四日）。

(31)『函館新聞』（一九二九（昭和四）年六月四日）。

(32)濱口雄幸の日記には、二月二三日から六月一八日までの間、小森、満川の意をうけたとみられる中野邦一が一二回ほど訪問していることが記されている（池井優・波多野勝・黒沢文貴編『濱口雄幸　日記・随感録』みすず書房、一九九一年参照）。

(33)満川亀太郎手帳（一九二九（昭和四）年六月一九日）。

(34)満川が一九二六（大正一五）年一一月に発行した『鴻雁録』（第一）では行地社の設立を前年四月と明記している（「鴻雁録」（第一）、前掲『三国干渉以後』（覆刻版）論創社、二〇〇四年、三〇八頁）。また行地社の前身である行地会については、満川の手帳の一九二四（大正一三）年一月二八日に行地会例会の記述があるが、それ以前の史料がないので正確な設立年月日は不明である。

(35)「笠木良明先生追想座談会（一）」永井正編『笠木良明遺芳録』笠木良明遺芳録刊行会、一九六〇年、四〇八頁及び『東京朝日新聞』一九二六年八月二八日付参照。

(36)満川亀太郎宛北一輝書簡（一九二六（大正一五）年二月一三日付）。

(37)高村光次の回想では、まず西田が行地社を脱退した後笠木と高村が脱退し、その後満川、綾川武治、島野、中谷が続いたとしている（高村光次「渡満するまでの笠木良明」前掲『笠木良明遺芳録』、二一〇頁）。

(38)満川亀太郎手帳（一九二六（大正一五）年八月一七日）。

(39)前掲『三国干渉以後』（覆刻版）三〇八―三一一頁参照。

(40)満川亀太郎手帳（一九二七（昭和二）年二月一五日）。

(41)前掲『北一輝　霊告日記』一四一頁。
(42)満川亀太郎手帳(一九三二(昭和七)年五月一五日、五月一六日、六月一六日)。
(43)満川亀太郎宛北一輝書簡(一九三二(昭和七)年六月九日付)。
(44)『興亜学塾要覧』一九三二年一月、「満川亀太郎関係文書」所収。
(45)満川亀太郎手帳(一九三二(昭和七)年九月三〇日)。
(46)前掲『北一輝　霊告日記』七三頁には、「中村新八郎ノ為メニ満川君カ苦シメラレルダロウ夢」とあるが、中村新八郎とは興亜学塾の常務担当総務委員で人道徳光教会(石川龍星『日本愛国運動総覧』東京書房、一九三二年、一三四—一三五頁、では「人の道教団」としている)からの役員と思われる。
(47)満川亀太郎手帳(一九三〇(昭和五)年六月三〇日)。
(48)満川亀太郎宛佐々一晃書簡(一九三二(昭和七)年一〇月一七日付)。
(49)満川亀太郎「新日本国民同盟脱退通知書」「満川亀太郎関係文書」所収。
(50)「惟神顕修会要覧」「満川亀太郎関係文書」所収。なお満川の友人である綾川武治(一八九一～一九六六)は追悼文の中で満川が惟神顕修会に没頭する様を「靖国神社に於て、禊を行って心身を練磨し惟神道に参ずるという趣旨の『惟神顕修会』の理事長であり、一週一回水を浴びて行をしていた。それが死因となったのではないかと言われて居る程、その会に熱心であった」と述べている(綾川武治「満川さんの諸印象」『維新』三巻六号、一九三六年六月、一〇一頁)。
(51)満川亀太郎手帳(一九三四(昭和九)年九月三〇日)。また手帳ではこれ以降長谷川淑夫との交遊がしばしば記されている。
(52)満川亀太郎手帳(一九三五(昭和一〇)年五月二八日)。
(53)満川亀太郎手帳(一九三三(昭和八)年一月一八日)。
(54)満川亀太郎手帳(一九三五(昭和一〇)年二月六日、二月二〇日)。
(55)前掲『昭和動乱期の回想　上　中谷武世回顧録』、一〇五頁。
(56)前掲『三国干渉以後』(覆刻版)二二九頁。
(57)猪俣敬太郎『中野正剛の生涯』黎明書房、一九六四年、三七二頁。
(58)満川亀太郎手帳(一九三六(昭和一一)年二月二六日)。

第五章　排日移民法と満洲・ブラジル

1　対米移民の方向転換

一九二〇年代の米国における日本人移民排斥運動は一九二四年移民法の成立によって頂点に達した。このいわゆる「排日移民法」の成立により、一九〇八（明治四一）年の日米紳士協約に基づく自主規制以来細々と続いていた日本人移民の対米送出の息の根は完全に止められたのである。一方同法の成立は日本国内において反米気運を昂揚させたことはもちろんだが、(1)同時に送出移民の新たな方向に関する論議を改めて活性化させることになった。

すでに一九二一（大正一〇）年に内務省に社会局が新設され、同局による移民奨励援護策が北米大陸への移民に替わるものとして南米殊にブラジル移民を主たる対象に強化されていたのであるが、(2)当時主流になりつつあったそのブラジル移民も一九二三（大正一二）年には最初の日本移民排斥法案が議会に提出されるなど前途に暗雲が漂い始めていた。また同時に移民論議においては、ブラジルが移住地としては遠隔であることや排日移民法に反発する当時のアジア主義的風潮が作用して、従来の定着失敗から一時停滞していた満洲方面への移民論が徐々にだが再び勢いを得て展開される様相を見せ始めたのである。

総じて排日移民法の成立した一九二四（大正一三）年前後は、ブラジル移民の拡大と中国大陸等「西への移民」論の再活性を促す正に近代日本の移民史における大きな転換期にあったということができる。

そこで本章では、満洲及びブラジルという当時模索された移民の新たな方向についての論議を、千葉豊治（一八八一～一九四四）と永田稠《しげし》（一八八一～一九七三）というそれぞれ移民事業に関わり、しかも一部共通する経歴を持った二人の人物を通して考察することとしたい。

千葉と永田は同じ一八八一（明治一四）年に生まれ、共に早稲田大学に学んだという経歴を有するだけでなく、おのおの渡米しサンフランシスコを中心に生活しながらカリフォルニア州（以下加州と表記）在住の日本人農民のための月刊誌『北米農報』(3)の編集発行に携わったり、また加州日本人中央農会の設立にかかわるなど共通の背景を有している。いわば在米日本人移民社会の中心的位置で仕事をしていたといえる二人であったが、一九二〇年代前半における排日状況のなか、千葉は日本人の活路をあえて再び満洲に見出し、永田は方向を基本的に主流であるところのブラジルに求めるという対照的な立場を示したのであった。

以下では千葉、永田それぞれの排日移民法前後における対米移民問題認識を含めた移民論を中心に検討するが、本論に入る前に二人の経歴について簡単に触れておきたい。

まず千葉豊治だが、彼は宮城県志田郡古川町に油商・材木商を営む千葉愍治の三男として生まれた(4)。実家の近所に居住していた吉野作造（一八七八～一九三三）とは竹馬の友であり、交友関係は上京後も続く。その後千葉は台湾官費国語学校をへて宮城農学校に入学するが、同校在学中に洗礼を受けキリスト教信者となる。一九〇二（明治三五）年に同校を卒業し上京、早稲田大学政治経済学科に入学し島田三郎（一八五二～一九二三）らに指導を受ける傍ら、海老名弾正（一八五六～一九三七）の本郷教会に所属、海老名の発刊した月刊誌『新人』の編集同人として活動する。また早稲田在学中には、「早稲田清韓協会」の設立に参加するなど彼が元来保持している海外進出の志向は一層強まることになった。[5]

一九〇五（明治三八）年早稲田大学を卒業し東京府農会書記となるが、安部磯雄（一八六五〜一九四九）の勧めもあって翌年六月渡米、カリフォルニア州立大学で学びながら安孫子久太郎（一八六五〜一九三六）が経営する日刊邦字紙『日米新聞』[6]の編集に携わる。日米新聞社においては社説、産業・経済欄を担当した外、『日米年鑑』の編集発行に従事すると共に州内における日本人移民の状況の調査にあたる。

その後、『北米農報』をへて、一九一六（大正五）年には加州在住日本人農民の組織化のために設立された加州中央農会の専務理事（一九一八年には理事長）に就任し、農業経営の発展に大きく貢献することになる。しかし一九二〇（大正九）年の加州新土地法成立にみられる排日運動の激化を契機に、千葉は米国における日本人の発展を断念し、朝鮮、満洲、沿海州等における開発及び日本人移住の可能性を模索する方向に転じ、同地域を調査するべく一九二一年離米に至ったのである。渡満後は満鉄、東亜勧業の嘱託を歴任し、満洲農業開発の計画等にあたる。排日移民法成立当時は、大連模範共同果樹園の理事の地位にあった。[7]

一方永田稠は、長野県諏訪郡豊平村下古田に農業を営む永田久左衛門の三男として生まれた。[8]一九〇一（明治三四）年に諏訪実科中学校を卒業し、島木赤彦（一八七六〜一九二六）が校長であった同郡玉川小学校の代用教員を四ヵ月程つとめるが、同年八月早稲田大学政治経済学科に入学する。しかし経済的理由から翌年中退を余儀なくされ帰郷、再び小学校の代用教員の職に就く。

そして一九〇二年末、志願兵として札幌歩兵第二五連隊に入隊、さらに日露戦争勃発により出征する。この渡道と満洲への出征が永田に移民に対する関心を抱かせる最初の契機となる。一九〇六（明治三九）年に復員し札幌郊外山鼻村の屯田に入植するが、渡米の志から一九〇七年に上京、苦学生の「霊肉救済」を目的に創立された日本力行会に入会。キリスト教信者になったのもこの入会後のことと思われる。

一九〇八年に渡米、サンフランシスコを中心にして製塩所、鉄道工夫、デイワークなど各種の労働に従事した後北米農報社に勤め、千葉豊治の指示の許、『北米農報』の編集発行に携わる。(9) さらに千葉と同様加州中央農会設立にも関与する。また同時に在米力行会の会員として会員専属の教会であるサンフランシスコ第一リフォームド教会の創立のため尽力する。

しかし一九一三(大正二)年、日本力行会の創立者である島貫兵太夫(10)(一八六八〜一九一三)の死去の報に接し翌年帰国、島貫の遺命に従い第二代の会長に就任するに至る。その後、横浜の海外渡航者講習所の仕事に就く傍ら、長野県における移民運動の組織化に奔走、信濃海外協会の設立(一九二二年一月)の過程において大きな役割を果したことはよく知られるところである。

そして永田は排日移民法成立当時、信濃海外協会によるブラジルサンパウロ州における移住候補地の選定及び購入の任を帯びて同地に派遣されていたのである。

2 千葉豊治の移民論

千葉豊治は渡米以来、『日米新聞』の記者としてまた『北米農報』の編集者として加州日系人社会を啓発し、さらに加州中央農会の専務理事あるいは理事長として日本人農民をリードし深刻化する排日運動に取組んできたが、同州での排日運動が終熄することはなかった。そして一九二〇(大正九)年には、農地の賃借権さえ禁止される新土地法(加州第二次排日土地法)が成立するに及んだ。もちろんその間千葉は一時帰国し政府に排日阻止の陳情をしたり、(11) サンフランシスコ滞在中のウィルソン大統領に請願し、いかに日本人移民が加州農業に貢献しているかを訴えるなど新土地法成立を阻止すべく努力を重ねていたのだが、その努力も空しく同法案は十一月二日の一般投票によって圧倒的多数の票をえて通過してしまったのである。

こうした結果に千葉は大きな挫折感を覚えることになるわけだが、そこに至る排日移民問題を在米日本人社会に精通していた者としてどのように認識していたのであろうか。

千葉は排日の原因について第一次世界大戦を境として大きく様相を異にしていると見ていた。まず大戦前の日本人移民に対する土地所有の制限を内容とする加州第一次排日土地法が成立した一九一三（大正二）年当時の排日論者の主張に関して、次のように経済、道徳、社会・人種的理由に分類して列挙している。

経済的理由においては、①低賃金に甘んじ長時間労働を厭わない日本人移民は仕事の標準及び生活程度を下落させ白人労働者を駆逐してしまう、②労働者としての地位に甘んずることなく企業家志向であることにより白人の事業分野を侵し、これを駆逐してしまう、③利益を母国に送り米国社会に何ら還元しない、④自国人や自国品のみを使用し米国人や他国人に労働商売の機会を与えないなど党派的傾向が強い、等が主に指摘されているところであるとした。また道徳的理由では日本人移民の契約観念、男女間道徳観念、金銭に関する観念等の欠如、復讐的傾向や賭博好きなどの点が批判されているとしていた。さらに社会的人種的理由としては、文明、風俗、習慣において全く相容れないため相互理解は不可能であり、地域社会に対する無関心や没交渉的態度と相まって日本人は米国に同化不能と見なされているとしていたのである(12)。

このように列挙された排日理由は、この一九一三年当時に限らず米国西海岸における日本人排斥運動の歴史過程の中で強弱こそあれ一貫して見られるものであったといえるが、千葉の排日問題認識が先駆的でユニークなのは以上のような従来からよく指摘されている経済的及び人種的理由に加えて、日露戦争後の極東における日米の新関係という国際関係的要因をもあげていることであろう。要するにハワイやフィリピンを併合し極東経営に乗り出そうとしている米国にとって、日露戦争後の陸海軍の拡張や大陸への勢力の扶植など強国として台頭してきた日本は脅威となり始めており、こうした日

米の新たな緊張関係が米国の世論を排日に傾かしめる有力な要因の一つとなっていることを示唆したのである。(13)

千葉のように移民問題を極東における国際関係に結びつける論者はこの時期においては比較的稀であったが、彼がそのような認識に至った背景には米国の世論の動向に敏感な在米生活者であるという状況も作用しているといえる。この在米日本人の排日認識という点に関連していうならば、千葉と同じ様に移民問題と極東における日本の政策を関連づけて論じた数少ない論者の一人として早稲田大学（東京専門学校）と本郷教会での先輩にあたり、やはり在米歴の長い歴史学者朝河貫一（一八七三〜一九四八）が想起される。

朝河は一八九五（明治二八）年に渡米、ダートマス大学を卒業、イエール大学大学院で博士号を取得した後、一九〇七（明治四〇）年以降は母校イエール大学で教鞭をとっていたが、一九〇九年に出版された『日本の禍機』を始めとして以後日露戦争後の日本の大陸政策の在り方、殊にロシアの諸権益を継承しての満洲への積極的進出に対して厳しい批判を加えていた。朝河によれば日露戦争後の満洲経営に見られる日本の覇権主義的或いは侵略主義的ともいうべき大陸政策は、中国の門戸開放、領土保全を旨とする米国との間で必然的に軋轢を生ぜしめるものであった。そしてさらにこのような中国大陸をめぐる日米の軋轢《あつれき》が米国西海岸における排日運動を激化させる大きな要因であると説いたのである。(14)

このように朝河や千葉のような日本本国と空間的に距離をおき、外から日本を眺めうる立場にあった者からすれば逸早く移民問題を日米関係全体の中で位置づけることができたのだといえる。

ところで一九一三年成立の加州土地法に見られる排日移民運動は、大戦中は一時的に緩和の傾向を示した。それは千葉によれば在米日本人が米国軍人として、または食糧供給を担う農民として、あるいは自由公債や赤十字の募金などに応じる一市民として米国に貢献したことや従来に較べ日本人が同化に努め、また労働賃金及び生活水準が向上したことなどのためであった。(15)

しかし大戦終了後排日運動は再び激化することになる。こうした動きを千葉は「曽て経験したことのないやうな異った意味の排日運動」[16]であると捉えている。すなわち日本人排斥の主たる動機が大戦前の場合と異なり、従来は経済的、人種的要因と並列されていた国際関係的要因と捉えられたためである。

それは主に大戦中の大陸進出の積極化を含めた日本の政策に対する米国人の反感が噴出したものと解された。具体的には①中国に対する二一ヵ条要求、②山東省のドイツ権益継承問題、③米国の要請してきた兵員の数を大幅に上回ったシベリア出兵の強行、④大戦終結の翌年に勃発した三・一独立運動、⑤パリ講和会議における人種差別撤廃要求の提案、⑥国内における軍事的施設と文化的施設の不権衡などが対日観を悪化させ排日運動を再び激化させる動因とされた。[17]

また排日運動の担い手もこれまでの労働団体から選挙での人気獲得を意図した政治家や政治団体に変化していると捉えられていたのだが、その排日派が日本を「アジアのドイツ」になぞらえて反日宣伝を行ない、「東洋ニ於ケル日本ノ野心日本ノ軍国主義的政策ニ痛撃」を加えていることを日本側としては十分に注意しなければならないとしていたのである。[18]千葉は米国人の日本に対する軍国主義批判をそのまま受け入れているわけではないが、自身も日本国内において軍事的施設に比し教育、交通、上下水道、衛生保健等いわゆる社会基盤が著しく貧弱であることや名分も判然としないシベリア出兵に巨費を投入している点などを批判的に取り上げており、米国側が警戒感や危惧を抱くことに対し一定の理解を示していた。[19]

そしてこのような米国の対日観を踏まえた上で排日風潮を転換させるべく対米宣伝の充実を説いたのである。さらにまた「将来日本の国策を樹立するに当り、日本は世界から孤立して、国をなすことが出来ぬ以上は、今少し国家の為政者の間に、世界的気分が充溢せられ、文化的施設事業が改善せられ、世界の平和人類の幸福の為めにも、大いに貢献すると云ふことにならねば、世界と共に国を樹てゝ行くことが益々難くなるばかりでなく、日本及日本人に対する排斥は、一層世界的に拡大せられて行く」[20]とも述べ、日本が国際的視野に立って行動すべきことを説いていた。

ただしこのような積極化する日本の大陸政策を移民問題に投影させた見解は、一九二〇年の加州第二次排日土地法成立をみて翌二一年に離米し満洲に渡ってから以後は少しづつ後退することになる。渡満後に発表された論説においては排日の根本的理由として米国側の日本の過剰人口問題に対する不安恐怖と人種的感情をあげており[21]、自身の大陸政策に対する批判をにじませた国際関係的要因を従来のように前面に出すことはなくなる。

また一九二四（大正一三）年の排日移民法制定に対する見解でも、「斯る無礼なる法律を成立せしめた重大なる原因」として人種的僻見と関東大震災の打撃をうけた日本が見くびられたことをあげた上で、「若し法律案が欧州大戦の最中日本が太平洋上の制海権を掌握して居った頃に問題となったならば、決して通過すべき筈の法律案ではないのであった[22]」と述べるなど当時の多くの論者と同様ナショナリスティックなものに堕してしまっている。このことは渡満以降日本の大陸経営に加担している関係上、従来のように大陸政策を批判的に取り上げることができなくなり、排日の分析をごく一般的なものにせざるをえなくなっていることを物語っているものといえる[23]。

しかし改めて付言するならば、朝河貫一程強烈ではないにせよ千葉が日露戦争後の排日問題を一貫して日本の大陸政策とその日米関係への反映という枠組の中で捉えていたことは、当時の排日問題分析論議の中で特筆に値するものであったことだけは間違いない。

さて先述したように千葉は、一九二〇年の加州第二次排日土地法の成立と排日風潮の全米への拡大という状況を目の当たりにして、これ以上米国に留まって排日に抗することを断念する。いうまでもなく加州中央農会のリーダーとして排日運動に対し様々な策を講じて闘ってきただけに、日本人の「定着ト蕃殖ノ土台デアル土地ト婦人トヲ得ル道ヲ全ク杜絶[24]」せしめる新土地法の成立は大きな衝撃と深い挫折感をもたらしたからである。そして「もう少し日本の国権の及ぶ所、国旗の翻る所日本の本国にその生産物を以て貢献出来る所で働きたい[25]」という観点からついに満洲に渡る決断を下すに至ったのである。

そこで次に千葉の満洲に対する見解について触れることにする。まず最初に明確にしておかなければならないのは基本的に彼は、日本の「過剰人口の捌け口としての満洲移住」を提唱していたのではないという点である。すなわち過剰人口を海外に送出するという意味での満洲移民ではなく、日本の国内人口を養うために日本人による満洲農業開発を奨励していたのである。

そもそも千葉は、当時ベルギー、オランダに次いで人口密度が稠密でしかも毎年約七〇万人が増加している日本の人口食糧問題の解決策として、①「過剰人口ノ海外移住」、②「国内人口糧食ノ消極的調節」（産児制限及び雑食奨励による主要食物節約等の方法）、③「拓殖開発生産ノ増殖ヲ計リ内外ヨリ多量安価ニ物資ヲ供給スル方法」の三策が考えられるとしていたのであるが、現実的には③の方策以外には採るべき道はないと断じていた。[26]というのも①は世界的排日傾向と過去五〇年間の海外移住日本人の総数が五八万余人という一年間の人口増加数にも充たない実績の点から排除され、[27]また②の内産児制限については過去の諸外国の実績や日本の国情という点から、[28]そして米食等の主要食物節約のための雑食奨励については集約的耕作により畑作はすでに増収の面で限界に達していることや国民の嗜好という点から解決策と見なされなかったためである。[29]

このように消去法によって拓殖開発による生産増加の方策だけが残されることになったのであるが、具体的には可耕未墾地二〇〇万町歩と見積られた日本内地の外に、朝鮮（可耕未墾地二一八万町歩）、満蒙（同一、一五〇万町歩）といった日本の接壌地域が人口食糧問題を解決すべき地盤として対象視され、官民が同地域の開発経綸に全力を傾倒すべきであると説いたのである。[30]またさらに対象地域としては日ソの友好関係を前提とした上でシベリア、沿海州をも視野に入れていたのであった。

ところで朝鮮と同様「労働者ノ移住地ニハ非レトモ拓殖農牧者ニハ土地資本労力ヲ便利ニ得ラルヽ有意義ナル企業地」[31]と一九二一（大正一〇）年の現地踏査の報告書で位置づけた満洲への進出に関して、千葉がどのような姿勢を保っていたのかは興味深い点である。満洲開発論の内容に入る前に簡単に触れておく。

まず千葉が排日移民法制定前後から日本国内で台頭してくる「国際的土地再分配論」的主張に批判的であったことは明らかである。この主張は社会主義の階級闘争理論を国民国家間の関係に当てはめ、日本をして土地や資源を有さない「国際的プロレタリアート」と位置づけるものであったが、折からの米国の排日運動の激化を契機に日本の過剰人口の活路としての満洲進出を正当化する根拠を裏付ける役割を果たした。[32] 因みに後に「満洲開拓の父」と称される日本国民高等学校長加藤完治（一八八四～一九六七）などはこの国際的土地再分配論に基づく満洲進出論者の典型であった。[33]

千葉は、米国を非難し大陸進出正当化を唱えるこうした国際的土地再分配論的主張に対して「日本国民は対内的には財産や富源の独占も柔順に承認して居るのに、対外的になるとコミュニスムを主張する。これは自分の梁をとらずに他の眼の塵を払はむとするの類である」[34]との見解を示し、批判的立場に立っていた。さらに国際的土地再分配論から発する満洲進出論は、後藤新平（一八五七～一九二九）以来の広義の国防的観点からする満洲移民論とも深く結びついていたが、千葉はこのような国防的視点からの満洲移民及び開発論に立脚していたのでもなかった。

彼は直接的には、排日運動により窮地に陥っていた在米日本人農業者の救済を念頭においていたのであり、さらに日本の人口食糧問題解決のための食糧・原料の供給地として満洲農業開発を提唱していたのであって、抽象論に終始する当時の満蒙移民論者と異なり、農業技師の経歴と米国における農業経営の知識及び経験を生かしながらきわめて経済合理的で具体的な方法論をもって満洲にアプローチしたのである。しかも満洲における日本の特殊権益を一応是認するに至っていたとはいえ、千葉は基本的に満洲が中国の領土であると明確に認識しており、中国の領土、主権、国旗を尊重し日本人一切の活動を満洲の利益と一致せしめるべきであるとして「共存共栄」を強く主張していた。[35] この点でも過剰人口の捌け口と国防的観点からする勢力扶植を構想していた多くの満蒙進出論者とは満洲に対する姿勢を異にしていたといえる。[36]

さて千葉の満洲開発論の概要に移りたい。まず後藤新平の一〇ヵ年五〇万人移植構想や小村寿太郎（一八五五～一九一一）の満韓移民集中論の提唱以来進展してきた日本人の満洲進出が未だ在満邦人数一九万人余の域を出ず、しかも農牧経営の面でも「其発展状態に何等見るに足るべきものが無い[37]」という状況を示していたことに対して、彼は「邦人の満蒙開発に関する見識と能力の如何を事実に証拠立てるものと曰はねばならぬ[38]」と指摘し、当時の多くの識者同様従来の満洲開発、満洲移民が失敗であったと認定していた。この原因については中国現地側の問題として、土地商租権設定の否認、防穀令の存在、課税誅求の頻繁過重など中国官民双方による圧迫の外、治水灌漑排水等施設の未整備、治安の劣悪性、交通網の不備などの諸点をあげていた。他方日本側の問題としては遠大な見識による徹底した満洲拓殖経営方針及び政策の欠如、在満邦人の野戦的・投機的・一時的・出稼根性的傾向、移住農民の監督・指導啓発及び低利融資等金融の便をはかる機関の欠如、採用すべき農法の誤りなどを指摘していた[39]。

このような分析をした上で、日本国内一般において特に土地商租権の不安定性と生活費の低廉な中国農民との競争の点から将来的展望においても不可能視されるに至っていた満洲農業開発及び満洲移民の局面を打開する具体的方策を提示していたのである。

それは短期的には、邦人の完全に土地所有と一切の企業をなす権利が認められている唯一の地域である関東州を満洲拓植の足場として再度充分に開発するというもので、関東州には堅実な邦人の農牧その他の企業者を招致して模範的経営をなさしめるというものであった[40]。さらに加えて畜力および機械力を利用した大陸的農法を採用して大規模な農業経営の実施を主張していたことも当時の満洲農業開発論における漸進な点であった。ここでいう大陸的農法とは米国やカナダ等で行われている農法で、一農場において一、〇〇〇町歩から二、〇〇〇町歩を耕作し、また農耕に牧畜をも兼ね大量生産により生産費削減を可能にする経営合理的な農法である。

そしてこうした大陸的農法を導入する上からもまた堅実な農業者の導入という点からも米国において十分な知識と経験を有していて、しかも排日運動により窮地に陥っている在米日本人農業者を活用すべきことを説いていた。千葉は、一九二四（大正一三）年当時における排日による加州の失業日本人農業者を約一万戸六万人と見積っているが、この内満洲に移住し経営を希望する農業者も少なくないと見ており、満洲側に在米邦人を招致する準備があれば相当資本を有する優秀な農業者を誘致することも至難の業ではないとしている。特に千葉より若干早く関東州大連郊外に移住し短期間で果樹園経営の成功を修めた元在加州農園主粟屋萬衛の例は、在米日本人農業者の招致を企画する上で一つのモデルとなっている(41)。

このような在米邦人農業者及び内外企業家の招致と招致のための移住用地確保、資金調達、技術指導などを担当する半官半民の拓植会社的組織の設置等を計画案のキーポイントに据えた上で、二〇年間に関東州の全農耕地の半分に当たる一〇万町歩に対し約三万戸の日本人自作農を創定するとしていたのである。この内訳は棉花五万町歩(生産額一、二〇〇万円)、果物一万五、〇〇〇町歩(同六、〇〇〇万円)、酪農及び養豚養鶏一万五、〇〇〇町歩(同三、〇〇〇万円)、蔬菜《そさい》及び種苗一万町歩(同一、〇〇〇万円)、水田及び桑園その他一万町歩(七〇〇万円)というものである(42)。

千葉はこの計画案に基づく関東州の農業開発が成功をおさめれば、そこを基盤に余力をかって満蒙奥地に農牧開発の事業を拡大させていくという構想を立てていた。もちろん商租権問題の解決など土地購入が可能であるという前提に立っての構想である。

その長期的な展望に立つ開発構想によれば、農業発展上最も可能性があって期待できる地域は人口密度が低く、可耕未墾地が多いソ連極東部の沿海地方(可耕未墾地二六七万一、〇〇〇町歩)と北満洲特に黒龍江省(同六五八万町歩)であるとされた(43)。その土地利用の内容について見るならば、吉林省や黒龍江省等の北満洲は、小麦の反当たり収量が南満洲の約二倍と評価されていることもあって主として小麦生産の適地と位置づけられ、また沿海地方では小麦、大麦、ライ麦、燕麦等の麦作の外、治水・灌漑《かんがい》の施設の整備と日ソ両国の了解協力を前提とした上で約一六五万町歩の水田開耕が可能であると見積られていた(44)。

これに対して日本人の農業発展の上で不適地もしくは期待できない地域とされていたのが、中国本部や奉天省などの南満洲さらに東部内蒙古であった。これらの地域に共通しているのは莫大な治水・灌漑のための費用を投下しなければ利用できないという点である。また中国本部の場合は防穀令が存在していること、南満洲及び東部内蒙古の未墾地の場合は交通不便、治安不備の辺境地域に散在しているという状況が開発の障害となっていた。したがって気候の点から適しているとされた水田経営においても南満洲と東部内蒙古では案外狭小の面積しか得ることは難しいと予想され、せいぜい二〇万町歩から三〇万町歩程度と見られた(45)。そこで千葉は関東州を含めた南満洲殊に遼陽以南の地域で日本人が農場経営を行なう場合は、果樹を主作として高価作物である棉花を間作とし、養豚、養鶏を副業とするのが最も有利な方法であると主張している。もちろん水利の便のある地方では大規模に水田経営を行なうことは有利であるとして奨励していることはいうまでもない(46)。

全般的に千葉の開発論の中では満洲の主要農産物である大豆、コーリャン、粟、玉蜀黍《とうもろこし》等の普通作物は反当たりの収益がきわめて少ないため中国人農家との競争の点から邦人の農業経営の対象とするわけにはいかないとされていた。一方苹果などの果樹、棉花、甜菜《てんさい》、煙草等の特殊作物を大規模に耕作経営することは相当に有利であると位置づけられており、特に南満洲を中心に千葉はこうした農業経営を推奨したのである。

ところで長期的な満洲開発の展望においては諸障害が除去されれば満洲全体で日本内地の米不足を補給して余りある約六〇万町歩（約九〇〇万石）の水田の確保が見込まれるとし、これに対して約三〇万戸余の朝鮮人の移植を構想していたのであるが(47)、この朝鮮人移植問題は満洲の米作に関連する問題としてだけでなく、当時大きく浮上していた満洲及び沿海州在留の朝鮮人の窮乏化の救済とさらには朝鮮統治にもかかわる問題として重要な意味をもっていた。

当時満洲及び沿海州に移住した朝鮮人の数は千葉によれば九〇万人を超えると見られていたが(48)、彼らは中国官民の直接間接の圧迫の許で悲惨な生活を強いられていた。また一方で三・一独立運動、琿春事件の勃発の背景となった民族独立への気運の高揚は満洲や沿海州在住の朝鮮人間にも波及し、日本側でも「不逞鮮人」問題としてその対策に追われる状況下にあった。

千葉は在満朝鮮人を治安等取締りの見地からばかりではなく、保護扶掖の見地に立って対応する必要もあるとして具体的な救済策を提唱している。すなわち水稲耕作に長じているといわれる朝鮮人農民を援助するため、勧農機関特に在満朝鮮人救済保護策の一環として設立されたばかりの東亜勧業株式会社が中心となって資金貸与や一戸当たり二〜三町歩の小作地の貸与を行ない、模範的団体植民地を建設すべきことを説いていた。[49] この外医療機関や教育機関を設置し彼らの積極的な保護も提唱していた。さらに朝鮮人移住者が中国に帰化してその国籍を取得することにより土地所有ないし賃借等の便宜を得られるとするならば、朝鮮人の福祉の点から日本側はむしろ極力中国国籍の取得を奨励すべきであるとしていたが、[50] この主張は米国における日本人移民の経験が反映したものであると見ることができ、正に朝鮮人移民当事者の利益に立脚した見解として注目すべきものであったといえる。

またこの在満洲・沿海州の朝鮮人救済策に関連するが、千葉は一九二五（大正一四）年一月の国交回復（基本条約締結）によってソヴィエト・ロシアとの新たな関係が開始される状況のなか、後藤新平が打ち出した沿海州拓植構想の原案を作成している。[51] 後藤は千葉の在米時代の地己で、千葉の離米渡満について松岡洋右（一八八〇〜一九四九）と共に大きな影響を与えた人物である。

この千葉が原案作成をし後藤がソ連側に打診した沿海州拓植構想とは、現在残されている史料からすると一九二五年の「極東拓植会社」設立案と一九二七（昭和二）年の「沿海州開墾会社」設立案の二つであると思われる。[52] 設立される会社名は異なるが、両者とも同趣旨の計画案である。これら後藤の沿海州拓植構想の概要は、ハンカ湖以南の沿海州に主として水田開発の事業を行なう拓植会社を日ソ共同で設立し、過剰人口問題に苦しんでいる日本国内の失業者を移住せしめ富源の開発に当たらせると同時に、会社の財源の余力をもって「極東露領」に先住する多くの朝鮮人に保護と援助を与えるというものであった。

ただ右構想のなかでは極東拓植会社の設立案において「此ノ会社ヲ現在極東露領ニ居住スル朝鮮人救済ヲ理由トシテ設クルコトハ却テ露国側ノ嫌悪ヲ招ク惧レアリ」[53]と述べられていることから分かるように当時問題になっていた朝鮮人の救済を前面に出すことを避けてはいるが、実際には後藤が立案に先立って専門家の調査隊編成派遣を委ねた石黒忠篤（一八八四～一九六〇）の回顧談が示すように、当時巷間では一五〇万人ともいわれまた水田耕作に実績のあると評されていた「極東露領」在住の朝鮮人を「善用する」という観点から、水田開発のための大規模な開拓植民の地域を設定するというところに計画目的のかなりの重心があったのではないかと思われる。[54]もちろんその水田開拓計画が日本の食糧問題の解決策ともなると目されたことはいうまでもない。

後藤のこの沿海州拓植策は、満鉄総裁就任時以来の持論である広義の国防的見地に根ざす大規模大陸移民論と日中ソ提携乃至は日独ソ提携といった構想やアジア主義的国際政治観の延長線上で基本的に構想されたものである。一方、後藤の意をうけて原案を具体的に作成した千葉にとっては本来的には後藤の膨張主義的な国防観や植民観とはかなり隔たっていたが、国交回復により日ソ協調の曙光が見え始める状況下で政策としてソ連側に提案できることは、すでにソ連との共存共栄を前提として立案していた農作用未墾地二、五〇〇万町歩と推算されるシベリアの糧食基地化構想を意外にも早く実現できるチャンスであった。[55]しかも排日移民法制定後の日本人移民の新たな方向の模索と在満洲・沿海州における朝鮮人の救済問題の解決に直面していただけに、自らのグランド・デザインであるところの朝鮮人や中国人を労働者として使用し、日本人を経営者として推進するという企業的農業経営と寒地開発を後藤の意図するソ連との共同での拓植会社構想の中で発揮することが可能であったことは、大きな期待を抱かせるものであったといえる。

しかし結果は、後藤の度重なるソ連側との接触にもかかわらず、[56]極東地域の当局者の強い抵抗もあってソ連政府を動かすには至らず、計画が実現されることはついになかったのである。

以上排日移民法成立前後の移民問題、人口食糧問題に対する千葉豊治の所論や見解を検討してきたが、北米大陸に替わる日本の活路を満洲や沿海州に求めて彼がいかに実践的かつ経済合理的な農業開発計画をたてていたのかが分かる。そしてそれは米国の排日に反発するだけで結局は掛け声倒れに終わってしまうような一九二〇年代半ばにおける空疎な満洲移民論や満洲開拓論の中で、ほぼ唯一といってよいほどに科学的で具体性をもつものであった。このような千葉の実践的な方法論であったからこそ、後藤はソ連側に提示する拓植計画の実際のプランナーとして彼を起用したのだといえる。

3　永田稠の移民論

永田稠《しげし》の移民論ないしは植民論を考える場合一ついえることは、苦学生の「霊肉救済」策として開始された海外渡航、殊に北米移住を強力に推進した日本力行会という団体のもつ性格によって規定されているということである。

日本力行会（当初、東京労働会）は牧師島貫兵太夫によって一八九七（明治三〇）年に苦学生の「霊肉救済」を目的に創立された。そしてその実際的な救済策を模索するうち、同年一一月から約半年間に亘る米国視察旅行で「日本の苦学生を苦学せしむるには米国に行かしむるに限る事」(57)を確信した島貫は、会内に渡米部を設けて本格的に北米移民に取り組むに至り、次第に苦学生のみでなく一般の渡米希望者まで含むようになっていく。その後、力行会は米国における排日運動の進展と日本政府による自主的な移民制限政策の中、密航してまで北米移民を送出したため世間から「密航会」と称されるまでになる。(58)それ故に、島貫の海外発展主義と基本的方針を受け継いで第二代会長に就任した永田は、折からの日本国内の人口問題の深刻化を背景に民間団体として積極的な北米移住策を推し進める力行会を、より拡大発展させる使命を帯びていた。

次にこの日本力行会の指導者という社会的立場に加えて、彼自身の思想の根底にある皇国主義的な色彩をもった膨張主義的な植民観についても若干触れておかなければならない。

最初に、永田は日本建国以来の国是が開拓・植民にあったという前提に立っている。さらに神武天皇を建国史上つまり開拓・植民史上における理想的移住指導者として捉えていた。(59)永田によれば、神の選民たる大和民族が「宇内に冠たる」を確信していた神武天皇は大植民主義者、大膨張主義者であり、歴代の皇室は神武天皇の抱いていた使命を受け継いできたという。(60)また「三百年太平の夢をむさぼり、其間世界の邦土をして、徒らに欧米人の領有に帰せしむるの愚挙」(61)である鎖国の時代を除き、日本民族の伝統的な拓植精神は生きつづけていたとした上で維新以降明治天皇が海外発展の経綸を復活させ、北海道の開拓、樺太・台湾の領有、朝鮮の併合、満蒙の経営、南洋の統治という具合に経綸を展開してきたのだと述べていた。したがって「生を日本に亨けたるもの」は、民族の伝統的精神である拓植精神を振り返ると共に「(明治)天皇の大精神に生き、天皇の御足跡を歩み、益々海外経綸の業に励まずして可ならんや」(62)として、海外に積極的に進出すべきであると主張していたのである。

ところが現状はといえば永田からすれば決して満足すべきものではなく、国民の多くが例えば「郊外にささやかなる文化住宅を得て、密柑箱に胡瓜を植え、筆先きに石鹸水をつけて油虫を殺し、白指細腰にしてヒステリックの妻が、悲鳴の如き音楽を聞いて楽園と心得ふる」(63)といった類いのいわゆる小市民的生活に憧れをもっているという有様であった。これは都市における市民的生活が大正時代に入ってささやかながらもようやく成熟してきたことを示す光景であったといえるのだが、永田はそれを国民精神特に開拓精神の萎靡と捉え危機感を募らせていたのである。

こうした危機意識を抱く傍らで、彼は太平洋文明の到来と太平洋帝国の建設を示唆していた。すなわち今日太平洋地域には地中海文明、大西洋文明、インド洋文明を代表する世界の各文明国が進出してきて相対峙しているが、いずれ交渉――競争（戦争）――理解――協力等の過程をへて世界最高の文明である太平洋文明が成立するというものである。(64)その場合、日本を文明の中心とした上で(65)「我等大和民族の使命は、東洋の盟主たるの実を挙げ、以て太平洋の治乱を活殺するの権を握り、幾千年渝らざる王道を千里の外に布くにあり」として、台湾人や朝鮮人と同様「支那人、馬来人、エスキモー人を化して、以て我等の同胞となす」と述べるなど理想帝国である「太平洋帝国」を建設することが日本国民に課せられた責務であり、使命であると強調していたのであった(66)。

永田が島貫の遺命によって日本に呼び戻されて以降、日本人の海外発展を強く主張し移民運動を鼓吹しアジテーター的役割を果たすに至った背景の一つには、このような皇国主義的で大日本膨張論とでもいうべき太平洋帝国建設への強い使命感があったといえる。そしてその使命感には島貫以来の日本力行会の特色であるキリスト教の伝道の使命感が多分に重なりあっていた。

ところで永田によれば太平洋帝国の建設は、日米関係の解決を前提としていた(67)。そこで次に永田の排日移民問題認識に移りたいと思う。

まず世界大戦の最中、米国内の排日の動きが一時緩和した時期の論説において永田は、一般的な米国人の排斥理由として日本人を不良劣等の国民だとする人種的偏見をあげていた。ただし排斥の観念は米国市民の各階級によって異なるとしていて、実際には人種的、経済的、政治的背景等複数の要因にまたがるものであることを示唆している。例えば、下層の労働者階級では日本人に職を奪われるという経済的危惧から、また中流の市民層では日本人が戦いを好む侵略的な国民であるという恐怖感からの排斥であるとしていた。他方上流階級では日本人が白人社会に同化不能であることをもって、その移住が米国国家社会の組織に禍害を及ぼすとの危惧を抱いているとしていた(68)。

さらにこの米国内の日本人移民問題が日米間の国際問題として大きく浮上してきている背景には、東洋に向いつつある米国の膨張主義の問題と日本側における官民双方の軟弱姑息なる対米態度、殊に日本外交が他国本位の受動的態度を持していることの二点を挙げていた。このうち自主的態度を欠き退嬰萎縮しているとされる日本外交については、米国人に日本人組み易しとの感を抱かせ軽侮を買わせるものと位置づけている。それ故に永田は正義の遂行には常に「力」を要するとして、以前テキサス州におけるイタリア人移民排斥問題でイタリア政府が艦艇を派遣した例を引きながら、対米外交においては「力」によって断固たる対抗をすべきことを主張したのである。(69)

この世界大戦中の排日問題認識は基本的にその後も継続していくが、加州第二次排日土地法成立以降連邦レベルでの排日法の制定の動きが活発になるにしたがって彼の米国に対する憤りは次第に頂点に達していき、それにつれて排日問題の根幹が日米両国の勢力の衝突にあるという見方は徐々に強まっていくことになる。

まず日本人の帰化権を否定した一九二二（大正一一）年一一月の米国最高裁による判決が下された直後の段階で永田は、神によって創造された世界の人類は本来的に「其移動・居住・参政の大権を享有す。若しこれに妨害を與ふる者あらんか、之れ正に逆天の賊徒なり」として今回の判決が「実に神人の共に許す能ざる悪逆にして、吾等の共に天を戴くをいさぎよしとせざる所(70)」と断じた。ついで一九二三年後半における米国高裁による加州排日土地法に対する判断や連邦議会に対する排日を目的とする憲法修正案の提出等排日状況の進展については、在米日本人の移住・教育・結婚・企業・参政等の自由と人類の生存権を否定するもので実に黒人以下の待遇とした上で、このことは日本人の世界的生存権の否認につながるとして怒りを顕わにし、米国救援物資を関東大震災で供された羅災者や、親米的な貿易業者等に呼びかける形で「（米国が）我が民族の迫害者であるぞよ!! 嗚呼、剣を抜いて起たん哉」と糾弾していた。(71)

このように永田は在米日本人の生存権を否定するだけでなく世界における日本人の移住・植民の否認に連動しかねない米国の排日に強く反発し憤慨していたのであるが、一九二四年に排日移民法が制定された後には、これまで世界で一番自由平等博愛文明の国であると心得て兄事していた米国が今や「我等の兄姉にもあらず、却って敵国であることが明瞭になって来た(72)」と述べると同時に、この際日本民族の新たな活路や世界における使命の自覚をむしろ重視すべきことを示唆するに至っている。

ところでこの時期強めていた排日運動の本質が日米の国際関係にあるとする見解だが、これは米国という国家を基本的にどのように見るかという永田の認識にかかわっていた。

永田は建国以来の歴史を振り返りながら米国が侵略主義、膨張主義の国家であると論じていた。そして清教徒の理想を建国の国是として正義・自由・平等・博愛の精神に生きているというのはあくまで米国侵略主義の仮面であり、その仮面の裏では日本人の想像を超えた世界的野心を包蔵しているのだと指摘している。(73) すなわち米国の侵略主義・膨張主義の歴史は先住民族（インディアン）殺戮《さつりく》に始まり、メキシコの領土奪掠、アラスカ購入、ハワイ併合、イスパニア侵略（キューバの保護国化、グゥム・フィリピンの強奪）、パナマ奪掠という具合に進展してきたのだと断ずる。

さらに近年はペリー以来のアジア政策を活発化させ、①米国―アラスカ―露領シベリアの対アジア北線と②サンフランシスコ―ハワイ―フィリピン―中国の対アジア幹線と③パナマ―サモア―フィリピン―インドの対アジア南線の三線を相呼応させながら、日露、日中両国間を離間し漁夫の利を得るべく焦慮しているとしてそのアジア進出に強い懸念を抱いていたのである。(74)

他方国内面においても歴史的に黒人を奴隷として売買酷使し、奴隷解放後は安価な労働力として移入した中国人が徐々に地盤を建設しつつあるとみるや、あらゆる手段をもってこの西部諸州開発の貢献者を排斥するなど異人種排斥が顕著であったとし、二〇世紀の今日においてもなお黒人に対する私刑《リンチ》が行われていることを取り上げて「何たる野蛮の国であるか」と米国を論難していた。(75) ただし同時に近年における異人種排斥殊に日本人移民排斥の根底には、ユダヤ人による経済的基盤の建設、黒人種の増大、東欧及び南欧からの移民の増加によりノールディック（Nordic）と称されるアングロ・サクソン、チュートン、スカンジナビアン等のいわゆる旧移民の優位が脅かされている状況があることをも指摘しており、(76) 当時の日本国内の感情的に反発した論者の多くとは異なり、千葉豊治と同様在米経験が長いだけに米国社会の構造を比較的正確に捉えていたことは注目しておかなければならない。

しかしながら全体としてはこのような異人種排斥の土壌をもちアジアにまで膨張してきた米国と日本との衝突が排日問

題の本質であると分析していたのである。つまり「西漸する米国の力」と「東漸する日本の力」が太平洋岸において移民問題という形で爆発したという一種宿命論的対決の構図を日米関係において見ていたのであった。そして前述したように太平洋帝国の建設もこの日米の衝突の彼方に展望されるものであった。さらにその日米の力の衝突という視点を前提とするならば、当時米国世論の一部や排日派が日本を軍国主義と宣伝していることも、インディアンや黒人や中国人と違って強い国家的後援がある日本人に対しては、世界に向けて宣伝すべき排日の口実を造らねばならなかったということで説明がつくとされたのである。そしてこの米国による日本の膨張発展への警戒に起因する排日運動は、今や米国内にとどまらず漸次拡張して朝鮮、中国、ラテンアメリカなど世界的規模における排日の傾向を助勢しているという。しかも米国の世界的排日宣伝の影響はきわめて大きく、前述したように正に日本人の世界的生存権にかかわるものとの認識であった。(77)(78)

結局のところ、米国廃日派の目的はアジア大陸からさえも一切の日本人を排斥しつくすというところにあるのだというのが永田の主張であった。したがって排日移民問題は、日米両国が太平洋を隔てて相対峙している間は消滅することがなく、「日米何れかが劣敗する時迄完全に解決は出来ない」とする見解に辿り着くことになる。(79)

ここで永田の排日移民問題とそれにかかわる植民観を千葉豊治の場合と少し対比させて考察しておく。まず排日の背景として比較的早い時期から濃淡の差こそあれ日米間の国際関係的要因、政治的要因をあげているのは両者の共通した点である。これは両者共に在米期間が長くしかもジャーナリストとしてまた在米日本人社会の仲介役的立場にあって米国の国内政治事情に通じていたということに由来していると思われる。だがその基本的なスタンスは多分に異っているといえる。それは千葉の場合すでに述べたように、日本における人口問題の存在を認めるものの過剰人口を海外に送出する策をとらず、また国防的な見地からする膨張に否定的で、したがって日本の大陸政策に対しても批判的であり米国の主張にもある程度理解を示したのに対し、永田は「過剰人口は我が国唯一の富源である」という観点から世界に対する積極的送出による勢力膨張策を、その皇国主義的思想傾向と相まって是とし、結果として日米それぞれの膨張主義の衝突を必然とし(80)

ていたからである。

ただ永田は日本の朝鮮に対する政策については批判的であった。それは朝鮮が日本にとっての「アイルランド化」の道程を歩んでいるという危機認識に基づいていたからである。[81] 永田はいう。「英国の対アイルランド政策は英国史の最大汚辱にして、米国の対比律賓政策は近代人道の敵である。而して『日の国』の対朝鮮政策は彼等と其軌を一にして居る所、我国青史の汚辱にして近代人道の欠陥暴露と云はねばならない」[82] と。

具体的には、日本が「兵力を挙げて亜細亜大陸の経綸に努力し（中略）亜細亜民族を武力に依って征服せんと試みた」こととまた同時に「愛情を以て神の王国を建設するの努力を欠いた」ことが、併合された朝鮮人に癒しがたい魂の傷を与えると共に日本に対する「心服し能はざる主因」となったという、いかにもキリスト者らしい分析によっていたのである。[83] すなわち本来的に異民族統治には精神文明が伴わなくてはならないとしていたのだが、その場合神道や日本仏教のような国家主義化した宗教ではなくキリスト教的愛の精神が日本の対亜細亜政策の根本思想に据えられるべきであったと主張していたのである。[84] かくしてその精神文明を欠落した朝鮮統治は、W・ウィルソンの民族自決主義の提唱もあってナショナリズムの一層の昂揚を見るに至り、今や大きく揺らいでいるというのが彼の観察した末の結論であった。

永田はこうした状況に対して「朝鮮の解放」を唱える。それは「虐げられたる亜細亜の同胞を援け起さねばならない」とするアジア主義的「善意」からというよりもむしろ米国の排日に対する反発と植民地支配への批判から出発したものであったという感が強い。そのことは朝鮮解放の世界的宣言をした後でフィリピンの独立を直ちに米国に勧告すべきことを主張していることからも十分窺える。[85] この朝鮮解放という見解の真意がどの程度のものであったかは彼の基本的な膨張主義的立場との兼ね合いから測りかねるが、少なくとも排日移民法成立前の時期における論者の主張としては稀有な立場であり、ある意味で千葉の朝鮮政策論よりもリベラルなものであった。

さらに千葉との関連で植民論を見る場合付け加えておかなければならないのは、千葉と同様に合理的経営方法による農業の鋭利事業化[86]と排斥されている在米日本人の資本、知識、技術の活用[87]をも提唱していることである。この内農業の合理的経営についてはただ掛け声だけでその具体的内容については殆んど触れていないが、在米日本人問題は多くの力行会会員を含んでいるだけに永田にとっては深刻な問題であり、その救済に関しては後述するように南米への移住を奨励するだけでなく、千葉と同様に満洲、朝鮮において資本や知識等を活用すべきことを説いていた。特に朝鮮への移住に関しては同地を力行会会員の移住訓練の練習地として捉えていたこと[88]と、従来の日本人移住者の質が劣悪であったことが朝鮮の「アイルランド化」を招いた一因であると認識していたこともあって、力行会会員を中心とする在米日本人を積極的に送出し、キリスト教の伝道、資本、米国流の新式の農法を伴った文化的移住の効果を上げるべきことを主張していたのである。[89]

さて米国の排日問題に対して永田がどのように対応しようとしたのかについて考えてみたい。

彼の対策論をまとめるとおよそ次の二つに整理することができる。第一は米国に対する強い感情的反発からでた「対米具体案」とされるもので、主として米国により抑圧・圧迫を受けている国家もしくは人種との提携・連帯を内容とする主張である。第二はいうまでもなく移民の新たな方向に関する見解である。

まず第一の「対米具体案」だが、永田が提唱しているのは、①英米との競争を三、四〇〇年間継続していく覚悟を持すること、②フィリピン独立の支援、③グァム島周辺における海軍演習の日常的実施、④パナマ独立の取消しを目的としたコロンビアへの支援、⑤南米における反パンアメリカニストとの連携、⑥日墨攻守同盟の締結、⑦在米一、二〇〇万人の黒人との連携などであり[90]、主に被圧迫者との提携によって米国に対抗していくというところに特色があった。だがいずれも現実の国際政治の状況のなかで直ちに実行可能というような方策であるとはいえず、むしろ排日の鬱憤を晴らすという性格が強い主張であったといえる。

このうちとりわけ「日墨攻守同盟論」は提携策としての代表的な主張で、排日移民法の成立直後、以前書き上げていたものを再び発表したものであった。永田はこのなかで「トルコが欧州の勢力東漸を亜細亜の西端に於て支え且つ苦闘して居る様に、メキシコは北米合衆国がラテンアメリカ併合の野心を、其北端に於て支へ且つ苦闘して居る」[91]と述べ、メキシコを米国にとってのトルコと位置づけている。そしてこのことは「アングロサキソン民族の世界覇業に異議ある者の看過すべからざる所」[92]とした上で、この地政的に米国の咽喉元すなわち死命を制する位置にあってしかも親日的でもあるメキシコと同盟を結び、海軍同士の提携を視野に入れながら日本人移民を送出して棉花耕作に従事させ、資本投下を含めた日墨経済関係の増進を図るなど日墨間の関係を密接にし、外交政策において米国の対アジア野心を牽制するのに資するべきであるとしていたのである。[93]

この日墨攻守同盟論は一見すると一種荒唐無稽の感を与えるが、この時期における主張は必ずしもそうであると言い切れない面をもっていた。というのも一九一〇年代に米国内で流布されたウォー・スケア（War Scare）は一九一二年のマグダレナ湾事件から一九一七年のチンマーマン事件[94]に至るまで大なり小なり日墨の提携乃至は同盟を話の骨子としており、しかもそれは一般大衆ばかりでなく政府筋や軍部の高官にさえ浸透していて一定の脅威を与えつづけていたからである。

もちろん永田は第一義的には米国に対する面当てとして提唱したといえるのだが、一方において右のウォー・スケアの内、日本に対するモンロー主義の最初の適用という副産物をもたらしたマグダレナ湾事件のキー・パースンである日米勧業社の安孫子久太郎、野田音三郎[95]（一八六八～一九一五）らの下で働いていた関係からして、「日墨の同盟」が米国民に予想以上の恐怖感をもたらすことを熟知していて、効果的な方策として同盟論を主張したと考えることもできるのであった。いずれにせよこの日墨攻守同盟を前提にした上で、さらなる策として米国内の黒人種との提携や南米の反米熱の利用を提唱していたのであった。[96]

ところで以上のような日墨攻守同盟論に代表される主張は抽象的内容でしかも現実の国際政治のなかで直ちに対応でき

るという種類のものではなかったのに対し、排日対策の二つ目の問題である北米にかわりうる移住地の模索は多くの渡航希望者を抱えていただけに急を要する深刻な問題であった。

永田は排日移民法が成立する前年の段階でアジア大陸に二〇万人、南洋に一〇万人、南米に二〇万人の移民を送出するという大雑把な計画を示していた。(97) しかしアジア大陸と南洋への大量移民計画はこの段階では未だ机上の論というべきで、彼自身その実際的方法を含め具体的内容については全く言及していなかったのである。特に満洲移民については、従来の試みがことごとく失敗に帰しているという現実があったが、彼は満洲に対する投機的経営が日本人の土着化を阻んだと述べるだけで詳細な分析と従来の失敗を止揚する方策を示さず、利益保護と満洲における日本人の地歩の確立という観点から日本人農業者を不動の勢力として扶植しなければならないと強調するに過ぎなかった。(98)

またさらに満洲だけでなく地理的近接性、地質の肥沃性、寒冷な気候ではあるがウラジオ北方一帯に日本の耕作面積の三分の一に当たる約二〇〇〇万町歩の米作可能地があることなどから、日本民族移住の好適地としてシベリアをもあげて、その移住実現に向けての第一歩が日本のソ連承認にあることを示唆したのであった。(99) 千葉が関与した後藤新平の構想の場合と同様、逼迫する人口食糧問題と米国排日運動の激化に対処するため永田も将来的活路を日ソ接近による極東シベリアの開放に求めようとしたのだといえる。ただしこの場合もまた危機意識が先行しているのみで具体的な内容にまで踏み込んでいるわけではなかった。

このように移民実施機関の指導者としての永田は日本人の移住の展望が少しでもある地域に対しては未だ移住可能の段階ではなかったにもかかわらず、移民送出の実施を鼓吹していたのである。

他方この時期永田が現実的に主目的地と定め力を注いだのは南米ブラジルであった。具体的には彼のブラジル移民推進は、一九二二（大正一一）年一月に彼自身が中心的な役割を果して設立した信濃海外協会(100)による「アリアンサ移住地」入植事業を背景としていた。

信濃海外協会の設立目的は長野県の人口増加の解決策としての海外発展にあったが、設立の翌年五月に早くも代議員・支部長の会合においてブラジルへの移住地建設が決議された。同協会としては当初から移住地をブラジルに絞っており、シベリアや満洲等は同協会総裁の本間利雄知事の幹部会における発言が示すように「安全に移り住む事は出来ない」地と認識されていたのである。また本間総裁は実施するブラジル移民について「移民は決して徒手空拳にて、行かしめてはならない」として、資本の後援がある確実な計画の下に送出すべきことを主張していたが[101]、これまた協会の方針であったのである。

こうした方針のもとに「信濃海外協会所属ブラジル移住地開設計画」が立案されたが、その内容は長野県に関係する有志から一口一、〇〇〇円の出資金計二〇万円を資金として、ブラジルサンパウロ州内に約一万町歩の珈琲栽培可能地を購入し、移民を入植させるというものであった。土地利用は長野県民が優先だが、県外の入植希望者にも開放されており[102]、計画実施以降は実際に力行会関係者なども多数入植していくことになる。さらに移民の渡航に際しては旅費の支給を始め種々の便宜を供与しており、本間総裁の言の通り移住に対する十分な配慮がなされたものであった。

このような実質的に県を主体とする直接的な海外移民事業は当時の日本国内においては未だ例がなく、信濃海外協会による県民の海外移住地設定事業はその後の各県海外協会の移民事業の先鞭をつけたという点で注目すべきものであったといえる。永田は自らがかかわったこの事業計画について、南米への移民送出や移住地経営を国家がやらねばできぬものだと思い込むのは一種の誤謬であると述べ、「近代の海外投資や移住地の経営は、民間の営利事業として成立する筈のものである」[103]と自負したのであった。

移住地建設が決議されてから一年後、ちょうど米国では排日移民法が成立した直後、永田は信濃海外協会の命をうけて土地の選定、購入のため日本を出発した。八月一三日サンパウロに到着、以後本格的に移住候補地の視察に専念したが、一〇月一日ついにサンパウロ州アラサツーバ郡サン・ジョアキム耕地内にあった約五、五〇〇町歩の土地を五五〇コントス（約一八万円）で、購入契約するに至ったのである。[104] そして翌一九二五年五月までに彼が「アリアンサ（ブラジル語で一致・協力・和合の意）移住地」と名づけたこの入植地の開設準備がほぼ終了し、同年八月から第一次移民が入植することになる。[105]

以上のように米国における排日移民法制定への動きを目の当たりにする中で一九二三（大正一二）年から二五（大正一四）年にかけて永田は信濃海外協会を基盤にブラジルへの移住地設定とその入植実施に全精力を傾けていたのであった。彼がブラジル移民に踏み切ったのは、第一にブラジルが当時ほぼ唯一日本の移民を相当程度受け入れた国であったこと、第二に日本国内でも主流となりつつあったブラジル移民に対して内務省社会局を中心として政府が渡航費を負担するなど保護奨励策を講じ始めていたこと、第三に信濃海外協会という半官半民ながら海外発展に意欲的な組織を設立し移住の基盤としえたこと等の要因が揃ったためであったといえる。

ところがそのブラジルでも一九二三年には日本移民排斥を内容とする「レイス法案」が連邦議会に提出され、また翌二四年にはリオデジャネイロ医科大学からの排日法案が提案されるなど徐々にだが排日の動きが昂揚しつつあった。この排日の動向に対して永田は、現在のブラジルにおける排日運動の過程は日露戦争前の北米の運動と殆ど同程度で、未だ組織的排日専業の機関ができてはいないが、一部のブラジル人の間にすでに排日運動が職業化され始めた段階であると分析すると共に、ブラジル人は米国民と異なって教育程度が低く付和雷同的であることから形勢如何によっては急転直下し排日法が成立する危険性があることを指摘していた。[106] そしてその対策として、①「緩和」「延期」「握りつぶし」程度ではなく必ず排日を根絶せしめる目的を立すること、②外交官による運動とは別の有能な人材を起用した排日対策班の組織化、③十分な運動費用の供給、④対策の眼目を政治家、記者その他の排日論者及び朝野の人士の「教育」におくこと、⑤在留邦人の帰化運動の助成などの点を主張したのである。[107] 特に最後の点については、北米やペルーの失敗をブラジルで繰り返してはならないとして、市民権の獲得が急務中の急務であると位置づけていた。そのために彼はこの邦人市民権獲得運動に対して日本政府当局または有志が年額三、〇〇〇円から五、〇〇〇円を支出して機関を設置して組織的運動を展開すべきことを説いたのであった(108)。

一方ブラジル移民における在米日本人の役割も永田にとって重要な問題であった。先に朝鮮移住における在米日本人の役割について述べたが、実は当然ながらブラジルの方が遥かに彼らの果たすべき役割の大きな地とされていたのである。すなわち在米日本人は米国での経験を通じて開拓者として最良の訓練を得たとして、キリスト教、西欧文明、自治、異民族との対応、米国式大農組織及び農業経営に精通し資本や企業的能力を有する点をもって高く評価されていた。したがって米国で排斥されて途方に暮れているこうした力行会員を含めた在米日本人を救済する意味からも、彼らをブラジルに入植させ日本人移民の「指導者」として活用し、ブラジル人との「共存共栄」の中で発展をはかるというのが、長年北米へ移民を送出しつづけた力行会会長永田稠の最大の関心事であった。こうして彼は在米日本人の南米殊にブラジルへの移住を積極的に奨励し、これに対する日本本国からの援助の充実をも高唱することになったのである(109)。

以上永田稠の排日問題認識や移民論あるいは移住事業について見てきたが、米国への反発から表面的には日墨攻守同盟論に見られるように米国から抑圧されているとされる国との提携策等実効性の伴わない主張をもしていたが、同時に当時置かれた状況の中で最も現実的で妥当な方策を選択し推進するに至ったのは、民間移民団体の指導者という彼の置かれている重い立場からであったといえる。永田は排日土地法により土地の所有や賃借さえ不可能になった在米日本人の救済のためと、過剰人口を抱える日本の海外発展のために主流となりつつあったブラジル移民策に転換した。自らの故郷の長野県にも全国で七番目の海外協会を設立するのに奔走し(110)、同協会を動かしてブラジルに大規模な入植地を設定させたが、その果断な行動力は当時の移民関係者のなかで注目に値するものであった。

4　その後の二人

最初に述べたように千葉豊治と永田稠は背景や経歴において多くの共有点を有する。しかしこれまで考察してきたことから分かるように少なくとも米国における排日運動が排日移民法成立に向けて推移する一九二〇年代前半から中盤にかけての時期に限っていえば、過剰人口問題や移民問題への対応の仕方は大きく異なっていたといえる。千葉は、農学校卒業による農業技師としての知識と在米日本人農業者の指導者としての経験から、それまでの満洲開拓・移民策を乗り越えるべく、経済合理的で実践的な満洲農業開発構想を提示し、日本の人口・食糧問題の解決を明確に満洲に求めた。他方永田は一部大陸移民の実施に言及したものの、基本的に当時の流れとなりつつあったブラジル移民を推進する立場に立った。こうした両者の方策の対照性は結局のところ移民送出の新たな方向を模索せざるを得なかった当時の日本の混乱した状況に由来するものであったといえる。

だがこのような千葉と永田の対比も一九三一（昭和六）年九月勃発の満洲事変を境としてそれ程意味はなくなる。何故なら永田自身が「満洲国」の建国により「今後満洲は、日本農民の移民については、大に有望なものの一つと考へらる」[111]という認識を得ることで積極的な満洲移民実施論に転じたからである。このことは元来日本人移民送出の可能性がある地域にはどこであれ送出したいとする永田の基本的姿勢からすればある意味で当然であった。ましてや満洲国建国という日本人にとって好都合な事態の到来であれば尚更であった。この新たな状況の展開によってこれまで信濃海外協会設立により長野県における移民運動を組織化してきた永田は、今度は同協会を南米への移民運動から満洲国策移民への転回をさせる上で主導的役割を果たすことになる。[112]

こうして表面的には移民や開発の方向に関する限り、永田と千葉の差異はなくなったかにみえる。但し満洲開発への取組みやその後の経移について一歩踏み込むならば、そこには二人の対照的な姿があった。

千葉は満洲事変や満洲国建国以降の状況の中で一定程度日本の国策に沿うという姿勢は示したものの、彼本来の主張である経済的に採算性のある農業経営論を依然として堅持していた。[113] それは、農業経営上の採算性より国防的色彩が強く、正に関東軍と拓務省の妥協の産物として遂行された「武装移民」とは本質的に矛盾するものであった。かくして満鉄地方部の保々隆矣（一八八三～一九六〇）の言が示すように、千葉の経済合理的な大規模農業経営策は最後まで満洲開発の「正統派」として位置を占めることはなく、経済的採算を度外視し古神道を背景とした精神主義的な日本国民高等学校長加藤完治（一八八四～一九六七）式の満洲移民策に圧倒されたのである。[114]

一方永田は事変勃発の翌年の一九三二（昭和七）年三月に満洲愛国信濃村建設委員に就任したのを始め、関東軍嘱託として特務部内に新設された移民部における活動など関東軍と拓務省による満洲移民国策化の動きの中で推進役の一人として大きな役割を担うことになった。[115] 特に永田の満洲移民運動における活発な宣伝活動は加藤完治のそれと並んで注目すべきものであり、千葉とは異なって戦前の日本の満洲農業移民史において華やかな足跡を残すことになったのである。

注

（1）拙稿「一九二〇年代・日本の移民論（二）」『外交時報』一九九〇年一〇月号、七二―八五頁、拙稿「一九二四年における脱欧入亜論の浮上」『国際政治』一〇二号（一九九三年二月）九九―一一三頁。
（2）原口邦紘「移民の歴史――日本人海外移民の展開」『歴史と地理』一九九一年六月号、二六―二七頁。
（3）『北米農報』は、一九〇九年の加州在住日本人農家による最初の大会における月刊刊行物発刊の決議をうけて、翌一九一〇年に日米勧業社の株主であった野田音三郎を発行人、千葉豊治を編集責任者として発行された月刊誌（ユージ・イチオカ「安孫子久太郎――永住を主唱した在米日本人先駆者」田村紀雄・白水繁彦編『米国初期の日本語新聞』勁草書房、一九八六年、二一〇頁)。
(4)千葉の年譜については、鎌田彌助「略伝」『千葉豊治追憶録』(私家版)一九四五年、五―八頁参照。
(5)木村健二「戦前期の海外雄飛と思想的系譜――千葉豊治の足跡と著作をめぐって」東北大学経済学会編『研究年報経済学』通巻第一八六号(一九九二年)三〇―三二頁。
(6)安孫子及び『日米新聞』については、ユージ・イチオカ前掲稿参照。
(7)なお千葉の思想並びに生涯の軌跡を概観するには、木村前掲稿の外に、伊藤卓二『天開の驥足――千葉豊治物語』大崎タイムス社、一九八七年を参照されたい。
(8)永田の経歴に関しては、長野県開拓自興会満洲開拓史刊行会編集・発行『長野県満洲開拓史　総論』一九八四年、三五―三六頁参照。
(9)『千葉豊治遺稿』下(未定稿)、一九四四年三~九月口述、四六五頁。
(10)島貫については、相沢源七『島貫兵太夫伝――日本力行会の創立者』教文館、一九八六年及び立川健治「島貫兵太夫と力行会――信仰・成功・アメリカ」『史林』第七二巻一号(一九八九年一月)参照。
(11)池本幸三「アメリカ史における日本人移民とその農業コミュニティ――カリフォルニア州と大和コロニーを中心として」戸上宗賢編『ジャパニーズ・アメリカン――移住から自立への歩み』ミネルヴァ書房、一九八六年、一八六―一八九頁。
(12)千葉豊治『米国ニ於ケル排日思想ノ変遷』一九二一年、二一―五頁。
(13)千葉豊治編『排日問題梗概』一九一三年、一〇二―一〇三頁。
(14)間宮國夫「朝河貫一と移民問題」朝河貫一研究会編『朝河貫一の世界』早稲田大学出版部、一九九三年、一八九―一九〇頁。
(15)前掲『米国ニ於ケル排日思想ノ変遷』、六―七頁。
(16)千葉豊治「米国に於ける排日問題」『帰一協会会報』第九号(一九二〇年九月)七頁。
(17)同、一四―二二頁。
(18)前掲『米国ニ於ケル排日思想ノ変遷』、八―九頁。
(19)前掲『米国ニ於ケル排日問題』、二八―三〇頁。
(20)同、三〇―三一頁。

(21) 千葉豊治「排日問題と日本人の世界的適応性」『国際連盟』一九二二年六月号、三五頁。
(22) 千葉豊治「最近の日米関係――大震災から排日移民法の成立まで」『読書会雑誌』第一一巻一二号（一九二四年）一七三頁。
(23) 木村前掲稿、三五頁参照。
(24) 千葉豊治『米国加州及ヒ布哇ニ於ケル日本人問題』一九二一年、六頁。
(25) 前掲『千葉豊治遺稿』下、六一六頁。
(26) 千葉豊治『日本人口糧食問題ト満鮮経綸（要綱）』一九二三年、一頁。
(27) 千葉豊治『日本人口糧食問題ト満鮮経綸（解説参考）』（解説及参考　其二）一九二三年、四頁。
(28) 千葉によれば日本の場合、「産児制限」の宣伝の感化を最も受けやすいのは中流の無産有識階級であり、無教育にして自制心に乏しい下層社会にはその感化は容易に及ぶべくもないという。従って「結果は国民中の優良分子の子孫のみを制限することとなり、日本国民の文化的発達に由々敷損害を招致する」という見地から産児制限は方策として不採用とされた（千葉豊治「日本の人口糧食問題と対満蒙策」『満蒙』第四巻三四号（一九二三年）二三頁）。
(29) 前掲『日本人口糧食問題ト満鮮経綸（解説参考）』（解説及参考　其一）九頁。
(30) 前掲『日本人口糧食問題ト満鮮経綸（要綱）』、二頁。
(31) 同、三頁。
(32) 拙稿「一九二〇年代・日本の移民論（三）」『外交時報』一九九一年六月号、九九―一〇三頁。
(33) 拙稿「満洲開拓論の構造（下）――加藤完治の大陸進出論を中心に」『政治経済史学』一五〇号（一九七九年一一月）一一三―一一七頁参照。
(34) 前掲「排日問題と日本人の世界的適応性」、三七頁。
(35) 前掲『日本人口糧食問題ト満鮮経綸（要綱）』、四頁、前掲「日本の人口糧食問題と対満蒙策」、二六頁。
(36) 前掲「一九二〇年代・日本の移民論（三）」、一〇一頁。
(37) 千葉豊治「満蒙開発に関する一考察」『植民』一九二三年六月号、六頁。
(38) 同、四頁。
(39) 千葉豊治「食糧問題の解決と満蒙の新農業政策創定の必要」『満蒙』第五巻四六号（一九二四年）二〇―二二頁。

(40)同、二二三―二二四頁。
(41)同、二二六頁。
(42)千葉豊治「我が糧食問題の解決と満蒙開発策の更新（下）」『植民』一九二五年二月号、二一九頁。
(43)前掲「食糧問題の解決と満蒙の新農業政策創定の必要」一六―一七頁。
(44)千葉豊治「寒地農業資源開発論（其三）――日本の食糧問題と極東北部大陸の開発」『満蒙』第六巻六七号（一九二五年）二四―二五頁。
(45)同、二二一―二二三頁。
(46)千葉豊治「満洲に於ける邦人の農業経営に関する考察」『読書会雑誌』一九二五年五月号、一八頁。
(47)千葉豊治「我が糧食問題の解決と満蒙開発策の更新（上）」『植民』一九二五年一月号、二三―二四頁。
(48)前掲『日本人口糧食問題ト満鮮経綸（解説参考）』（解説及参考　其四）三二―三四頁。
(49)前掲『日本人口糧食問題ト満鮮経綸（要綱）』、四九頁、千葉豊治「在満朝鮮人の授産保護策」『植民』一九二三年七月号、七頁。
(50)同『日本人口糧食問題ト満鮮経綸（要綱）』、五一―五五頁、同「在満朝鮮人の授産保護策」、八―一〇頁。
(51)前掲『千葉豊治遺稿』下、六一七頁。
(52)両案の詳細は、吉村道男「一九二〇年代後半における日ソ協調の模索――後藤新平の沿海州植民構想を中心に」細谷千博編『太平洋・アジア圏の国際経済紛争史　一九二二―一九四五年』東京大学出版会、一九八三年、一一三―一四一頁参照。
(53)同、一二一頁。
(54)石黒忠篤「植民地農業に残された功績」前掲『千葉豊治追憶録』七八―七九頁。
(55)千葉豊治「寒地農業資源開発論――日本の海外発展と満蒙東露の真価」『満蒙』第六巻六五号（一九二五年）四頁。
(56)吉村前掲稿、一三七―一三九頁。
(57)島貫兵太夫（相沢源七改稿）『力行会とは何ぞや』宝文堂出版販売株式会社、一九八〇年、六〇頁。
(58)『財団法人日本力行会創立五十年史』財団法人日本力行会創立五十年記念会、一九四六年、九二頁。
(59)永田稠『日本植民読本』宝文館、一九二八年、八頁。

(60) 永田稠「太平洋発展と日米問題」『亜細亜時論』一九一七年八月号（第一巻二号）八三頁。
(61) 前掲『日本植民読本』、一五頁。
(62) 同、一七頁。
(63) 同、二五頁。
(64) 同、二二頁。
(65) 永田稠『両米再巡』日本力行会、一九二五年、六五頁。
(66)(67) 前掲「太平洋発展と日米問題」、八七頁。
(68) 同、八四頁。
(69) 同、八五―八六頁。
(70) 永田稠「止むを得ずんばそれ奪掠か」『力行世界』第二一九号（一九二三年一月号）一頁。
(71) 永田稠「剣を抜いて起たん哉」『力行世界』第二二九号（一九二四年一月号）二―六頁。
(72) 永田稠「北米見聞」『力行世界』第二三七号（一九二四年九月号）二頁。
(73) 永田稠「日墨攻守同盟論」『力行世界』第二三四号（一九二四年六月号）二―三頁。
(74) 同、八頁。
(75) 同、九―一〇頁。
(76) 前掲「北米異聞」、四頁、前掲『両米再巡』、一六八―一七〇頁。
(77) 前掲「日墨攻守同盟論」、一二頁。
(78) 同、一三―一四頁。
(79) 永田稠「在米日本人に與ふる書」『力行世界』臨時増刊号（一九二四年六月一日発行）一一頁。
(80) 永田稠「移住省新設の提唱」『東方時論』一九二三年二月号、七二頁。
(81) 前掲「在米日本人に與ふる書」、二〇頁。
(82) 永田稠「『日の国の子等』よ」『力行世界』第二一九号（一九二三年一月号）四頁。
(83)(84) 永田稠「キリスト教徒の海外移住」『力行世界』第二三〇号（一九二四年二月号）三頁。

(85) 前掲「『日の国の子等』よ」、四頁。
(86) 前掲「移住省新設の提唱」、六八頁、永田稠「海外発展主義の国是」『東方公論』第二巻六号（一九二七年六月号）一一頁。
(87) 前掲「在米日本人に與ふる書」、一三―二五頁参照。
(88) 永田稠「大正十二年を顧みて」『力行世界』第二二八号（一九二三年一二月号）六―七頁。
(89) 前掲「在米日本人に與ふる書」、二三頁。
(90) 永田稠「対米具体案」『力行世界』第二三三号（一九二四年五月号）一頁。
(91) 前掲『両米再巡』、二七三―二七四頁。
(92) 同、二七四頁。
(93) 前掲「日墨攻守同盟論」、二二―二四頁。
(94) 一九一〇年代の米国における日本・メキシコの提携をめぐってのウォー・スケアについては、秦郁彦『太平洋国際関係史』福村出版、一九七二年、九三―一〇四頁参照。
(95) 同、九八頁。
(96) 前掲「日墨攻守同盟論」、二八頁。
(97) 前掲「移住省新設の提唱」、七二頁。
(98) 前掲「在米日本人に與ふる書」、二三―二四頁。
(99) 永田稠「日本民族の海外移住と露国承認」『東方時論』一九二三年六月号、六一―六二頁。
(100) 信濃海外協会の設立の過程については、永田稠編『信濃海外移住史』信濃海外協会、一九五二年、四九―五八頁参照。
(101) 前掲『長野県満洲開拓史　総論』、六三頁。
(102) 一万町歩の内、五千町歩は出資者に分配、一、〇〇〇町歩は信濃海外協会直営地、二、〇〇〇町歩が長野県民に売却、残り二、〇〇〇町歩を県外者の加入の便宜のために設立したブラジル土地組合に売却するという計画であった（同右、六三―六四頁）。
(103) 永田稠「対南米の経綸や如何」『力行世界』第二二四号（一九二三年六月号）四頁。
(104) 前掲『長野県満洲開拓史　総論』、六五頁、永田稠「ブラジル移住地を買ふの記」『植民』一九二五年七月号、四二―四六頁。
(105) 前掲『長野県満洲開拓史』、六六―六八頁。

(106) 前掲『両米再巡』、二四三—二四四頁。
(107) 同、二四六—二四七頁。
(108) 永田稠「南米ブラジル国視察の結論」『力行世界』第二四六号(一九二五年六月号)二頁。
(109) 前掲「在米日本人に與ふる書」、一三—一九頁。
(110) 前掲『信濃海外移住史』、六六頁。
(111) 永田稠『農村人口問題と移植民』日本評論社、一九三三年、八三頁。
(112) 前掲『長野県満洲開拓史　総論』、三八頁。
(113) 木村前掲稿、三八頁。
(114) 保々隆矣「思ひ出のまゝ」前掲『千葉豊治追憶録』、四四頁。
(115) 前掲『財団法人日本力行会創立五十年史』、一三〇頁。

第六章　コロンビア移民の父・竹島雄三の移民論

1　人口問題と対外移民の模索

日本において最初の国勢調査が行われたのは一九二〇（大正九）年のことであった。この時の植民地を除いた内地人口の総数は五、五九六万一、一四〇人で、中国、ソヴィエト・ロシア、米国、ドイツに次いで世界第五位であった。さらにこの一九二〇年を基点としてみると、年間人口増加数が七〇万人を超えた明治末から大正初期（一九一一～一九一五年）の一時期を除いて、この年以降確実に年間増加数を上昇させて行ったのである。特に一九二五（大正一四）年以降は八六万から一〇〇万人弱の数を示し、満洲事変勃発の一九三一（昭和六）年には一〇〇万七、〇〇〇人の増加数となったのである。[1]こうした人口問題の深刻さについてはすでに明治期から十分認識されており、その解決策の一つとしての海外への移民の送出も実施されていた。ハワイへの契約移民に始まる米国移民、さらにカナダ移民、オーストラリア移民などがその代表的な移民である。しかし一九世紀末より欧州における世界大戦勃発の一九一四（大正三）年までの時期における移民受入国側の相次ぐ黄色人種の移民制限・禁止政策（一九〇二年の豪の移民制限法、一九〇八年のカナダとのルミュー協約、同年の日米紳士協約、一九一三年のカリフォルニア州排日土地法等）により移民送出は大幅に制限され、加えて世界大戦後は戦後不況も手伝い全般的に受入国側各国の移民制限は強化され、日本における年間送出数を大幅に減少させていったのである。ところで政府はこれまで人口問題の解決策としての対外移民については消極的ないしは抑制的といえるスタンスであったが、米国、カナダ等の移民制限の問題の外に国内的にも明治末以降の労働運動や農民運動などの深刻化する社会問題の進展の中、シベリア出兵最中の一九一八（大正七）年の米騒動の勃発と一九二〇年の大不況に直面するに及んで、大きな衝撃を受けると共に対外移民策に関してもこれまでの姿勢を変化させるに至ったのである。すなわち翌一九二一（大正一〇）年に内務省に社会局を新たに設置し、従来の内務行政の外に一般民衆の生活と密接な社会問題を初めて行政の対象とし、その一環として移民の保護奨励策を同局が担任することになり、南米移民とりわけブラジル移民を対象に移民への補助制度の強化がはかられることになった(2)。

ブラジル移民は一九〇八（明治四一）年に実施された笠戸丸移民が始まりであったが、豪州への移民や北米移民の門戸が閉ざされる中、劣悪な労働条件ながら珈琲農園における契約労働者（コロノ移民）の需要の高さもあって当時ブラジルに対する移民は有望視される状況にあった。例えば一九一四（大正三）年に「邦人移民を移住地に於て安穏に生活するを得せしめ、国民の対外思想を喚起し、之に依りて通商貿易の発展を期する」(3)ことを目的として設立された日本移民協会の機関誌『日本移民協会報告』の記事においてもブラジルを主とした南米移民奨励の主張を多くみることができる。一九一三年のカリフォルニア州（以下加州と表記）における排日土地法への対策の一つとして同年に設立された伯剌西爾拓殖株式会社役員で日本移民協会幹事であった神谷忠雄は、一九一七（大正六）年一二月発足した海外興業株式会社の専務取締役に就任するが、同時期に行った講演を纏めた論説「世界各地に於ける我移植民の現状及将来」において、ブラジルが目下「日本人が発展するには最も有望な土地」(4)であるとした上で、家族連れでブラジルに珈琲園の労働者として渡った日本人が少なからず貯蓄した資金を元に一〇町歩から五〇町歩の土地を購入し地主になっている傾向にあることを高く評価している。実際の移民関係者である神谷はこうした独立経営の農家や複数の家族による組合立の経営に期待を掛けていたのである。さらに神谷はブラジルの外にこれまで日本人が行っていないウルグアイ、パラグアイ、エクアドル、コロンビア、ヴェネズエラ、ボリビアなどにも移民候補地として積極的に目を向けることを奨励していた。(5)また神谷の指摘したブラジルへの家族移民に関しては、同協会の評議員で明治殖民会社の松田順平もやはり基礎の確実な移民事業を実施するには家族を同行した移民でなければならないとその重要性を示唆した上で、ブラジル移民を家族移民の始まりであると位置づけていた。(6)

この家族移民という形態が推奨されたブラジル移民に関連して日本移民協会設立の前年に現地を踏査した京都帝国大学助教授（経済学）の河田嗣郎（一八八三〜一九四二）が報告書的著書『植民地としてのブラジル』を出版している。同書の結論でも、移民は人口問題の解決、或いは民族発展の点、または純経済上の利害のいずれの観点に立つにせよ、どうしても「植民」という形態でなければならないと断じていた。(7)ここで河田が「植民」といっているのは、出稼ぎ労働により数年で帰国する「移民」とは異なり、「永久的に外国に出てしまって其所に土着してしまう」(8)ことを指していた。河田によれば過剰人口問題の解決において人口移出が本国に利益をもたらすのは、移出によって母国の人口過剰を緩和することと、その移出のために本国労働需給関係の調和を得て各人が十分労働能力を発揮し得ることの二つであるとした上で、移民のように再び本国に戻って来る場合はそうした利益を損なうことになるとしたのである。(9)さらにブラジルが日本人移民の適地とされる理由について、河田は同国では国籍の如何に拘わらず誰にでも土地所有権が付与されることの外、帰化権の獲得が容易であること、ブラジル人自体が元来大変複雑な混血人種であり米国の場合のように日本人に対する人種問題が起こりにくいことなどを挙げていた。(10)これらの見通しは当時の日本におけるブラジル移民推奨論者に共通する見解であった。

そこで本章では、以上のように移民そのものに対する考え方が従来の出稼ぎ移民論から移民受入国への定着論に若干ながら変化し、また北米移民論から南米移民論への転換、さらに社会局の新設に見られるようにこれらの移民への積極的な保護奨励策を講ずる方向へと変わりつつある一九二〇年代前半の状況の中、当時唯一の移民送出の民間会社であった海外興業株式会社（以下、海興と表記）の社員としてブラジル移民にも積極的に関与すると共に、国際連盟創立に大きく寄与したW・ウィルソン（Woodrow Wilson：一八五八～一九二四）の理想主義を反映していると思われる移民論を展開した竹島雄三（一八九九～一九七〇）について考察したいと思う。竹島はその後先の神谷忠雄が言及していたところの日本人がまだ入植していないコロンビアへの移民を実施し、「日本人コロンビア移民の父」[11]と称されるまでに至った。

2 竹島雄三の軌跡とコロンビア移住

竹島雄三は一八九九（明治三二）年一〇月二二日東京に生まれたが、長じて東京外語学校西語部拓殖科に進学[12]、在学中は海外移民団体として知られる日本力行会のスペイン語講師などを務めていたという[13]。一九二一（大正一〇）年に外語学校を首席で卒業する。この時駐日スペイン大使より賞を受けた[14]。卒業後は母校のスペイン語講師を務めていたが、この間コロンビアの詩人ホルヘ・イサック（Jorge Isaac）がコロンビア太平洋側の高原ヴァージェ州カリ近郊の牧歌的風景を背景にして描いた恋物語『マリア』（一八六六年出版）に出会ったことによりコロンビアへの強い関心を抱くに至った[15]。竹島は同小説の日本語訳を東京外語の機関誌『新青年』に連載する形で紹介し、これを読んで感激した海外植民学校の六名の青年たちが南米雄飛会を結成すると共にコロンビアへの渡航を志すことになる[16]。

兵役を終えた後、竹島は当時唯一の移民会社で国策会社とでもいうべき海興に入社する。同社は契約労働者や自由移民を送出する移民取扱い業務だけではなく、拓殖や投資、人材育成にまで規模を拡大させており、こうした点でこれまでの移民会社との違いは大きかったといえる。[17] 海興で竹島は通訳兼調査役的な仕事に従事したが、同社の主に手掛けていた移民先であるブラジルや他の南米諸国の事情や元来関心があったコロンビアに関する論説を諸雑誌に発表していった。

さて一九二四（大正一三）年四月、かねてから日本側が危惧していた米国における日本人移民を対象とした「帰化不能外国人」の入国禁止条項を含む新移民法（いわゆる排日移民法）案が上下両院を通過し、五月にはクーリッジ大統領が署名して成立する事態となった。これにより既に制限されていたカナダへの移民を含めて北米への日本人移民は完全に締め出されることになったのである。また北米移民に替わるものとして期待されていたブラジル移民も、[18] 一九二三年一〇月に日本人移民が初めてターゲットとなった黄色人種移民制限を内容とするレイス法案がブラジル議会に提出されたことを契機として前途に暗雲が漂い始めた。但し国内的には先に触れたように内務省社会局によるブラジル移民への保護奨励策が整備され、一九二三年には移民が取扱い業務を独占していた海興に支払う渡航手数料を国庫負担とし、さらに翌一九二四年には移民の渡航費を国が全額負担するという具合にブラジル移民は推進されていったのである。この日本政府による渡航費全額補助によるブラジル移民送出は同年一〇月第一回の送出が行なわれたが、同年一二月の最終便である第五回目の内務省補助移民の移民監督を務めたのが海興社員の竹島雄三であった。[19]

これより前一九二三年に、かつて竹島の訳した「マリア」を読んで感激して結成した南米雄飛会のメンバーのうち島清ら四名が農業実習生としてコロンビアへ渡航、竹島も海興の命を受けて遅れて同国の事情を調査のため渡った。竹島はコロンビアが日本人移住地として適しているかどうか初めての踏査を行った結果、入植地としての将来性があるとの感触を得て一旦帰国するが、当時外務省もコロンビアの移住地としての可能性を探るべく本格的な調査に乗り出そうとしていた時期にあったので、竹島に調査が委嘱された。[20] 竹島は農学士の巻島得寿やパナマ領事と共に一九二六（大正一五）年七月二一日から九月二八日の期間現地調査に当たった。[21]

調査を終えて帰国した竹島は翌一九二七（昭和二）年七月に外務省に「南米哥倫比亜国移植民事情視察報告」を提出

し、コロンビアへの移植民が有望であると結論づけた。すなわち同報告書ではコロンビアにおいては大規模産業が存在せず外国移民を受け入れるだけの農場、工場等がなく、「一般産業ガ今日ノ幼稚ナル状態ヲ脱シ其規模ヲ拡張スルニ至ラサル限リ」契約労働移民の見込みはないが、主にカウカ原野を移住適地とした独立農を目的とする「植民ハ甚ダ好適シ、且ツ極メテ有望ナリト確信ス」[22]と述べていたのである。ここでは植民を集団的植民と散在的植民に分類し、集団的植民は国有未墾地が多く実際に広大なる土地を入手しやすいサンタマルタ港に近いシェラ・ネバダ・デ・サンタマルタ地方を候補の第一とすべきであるとする一方で、散在的植民の候補地としてはカウカ平原中のカリ市近郊の未墾地を挙げていた。[23]

外務省はこの報告を承けて一九二八（昭和三）年に日本人農業者を試験的に移住させることを決定し、海興が移住地の購入、移住者の募集輸送、管理経営等の任に当たることになった。それに伴い竹島は海興の海外業務代理人に任命され、一九二九年四月にカウカ平原中央部にあるブカ市に海興の現地仮事務所を設置し、土地の買収に着手することになったのである。[24]なおこれに先立ち竹島は外務省の委嘱により再度カウカ平原に焦点を絞った調査報告書「南米哥倫比亜国『カウカ』原野地方移植民調査報告」を通商局に提出している。[25]

この結果海興は六月にカウカ県コリント村ハグアル地区に二〇〇プラサ（一二八ヘクタール）を購入し、竹島自身もその四分の一を個人で購入し竹島農場とした。そして同年一一月に外務省コロンビア国家試験移民第一回入植者五家族二五名が、さらに翌一九三〇年四月には五家族三三名が入植したのである。これらの入植者の内八家族が福岡県出身であった。その後も福岡県出身の入植者は同県海外協会の後押しで増加をたどり大規模農化して行った。ちなみに福岡県出身者はコロンビア移民の準備として一家族当たり最低一、六〇〇円の準備金が必要とされる関係で同県の南部筑後川沿岸の中農層が多数を占めていたという。[26]

竹島はその後のコロンビアにおける日本人移民社会において相変わらず中心的な役割を担っていくことになる。しかも竹島はコロンビアを始めとして移民受入国への定着論を唱えるだけに止まらず受入国中心主義、あるいは同化主義をも主張していたが、ある意味そうした自らの思想を実践する形の移住生活となったのであった。

3 「国際正義」観と「理想主義」的移民観念

一九二〇年代前半が日本の対外移民を考察する上で大きな転換期に差し掛かっていたことは先に触れたところだが、従来の移民観念が再検討され新しい移民政策が模索される中、国際連盟創立に大きく寄与したW・ウィルソンの理想主義は当時の国際関係思想に多大な影響を与えただけでなく移民観念、対外移民論に対しても理想主義的空気を吹き込んでいた。日本においては竹島のコロンビア入植前に展開した移民論がその典型であるといえる。

竹島はウイルソン的理想主義を背景として従来の一般的な移民政策論つまり民族観念や国家主義思想に裏付けられた移民論を旧思想の移民観念として斥け、一種の受入国中心主義、受入国への同化主義に基づいた移民論を展開していた。このような移民論は第二次世界大戦以降はともかく、当時としては極めてユニークであったといえる。旧来の移民観念との対照性を見る上からも竹島の移民論、移民政策論を検討したいが、その前にまず彼の移民論の背景にある「国際正義」観について触れておきたい。

竹島は最初に「国際正義観念の進化」を問題にする。彼によればその進化の究極如何を考察することは国家間の関係や移民問題、人種問題といった複雑な問題の解決策を究明する上で最も緊要であるという。竹島は「国際正義」を「人類正義」もしくは「人類相愛の精神の発露」と定義するが、その国際正義に対する観念も著しく時勢の影響を受け常にその解釈の基準に差異があったとする。つまり文明の進歩に伴い人類の認識性あるいは人類の正義観念というべきものも進歩し、これに伴い国際正義観念も進歩して来たのだという。(27) このような前提に立った上で有史以来の大部分の時代は国際正義観念の道徳標準を極端な国家主義に置いていたとし、欧州大戦後今日に至って漸く従来の国際正義観念が動揺し始め、「世界に漲る人類愛に立脚する国際正義観念革命」の黎明期を迎えようとしているのだと主張した。(28)

竹島は「国際正義観念革命」の気運が今日上昇して来ているという論拠の一つに国際連盟の成立を挙げている。勿論現状の国際連盟は多くの欠陥を有し、彼にとって十分満足すべきものとは云えなかったが、その国際連盟でさえも竹島が国際正義観念の進化と密接な関係を認める「国際法思想」の完成過程における重要な「進化的現象」であった。

竹島はさらに国際法の発達の究極の形式は、国家をその下に隷属させ国際法と国家との関係が命令服従の関係にならなければならないと主張する。そこに至って漸く理想的な国際連盟が成立し、人類正義と定義される国際正義観念の究極もこの段階で初めて見出すことが出来るとしたのである。すなわちそのような国際法の完成というべき段階においては法と道徳が一致し、国際紛争を力で解決するということもなく、単なる一国家的立脚点からの正義観念に替わって「常に世界の認めて然りとなす正義そのものを以て唯一標準」とされるのだという。(29)

竹島が「国際正義観念革命」の気運を見出しているもう一つの点は民族自決の兆しである。彼は一九二二(大正一一)年にイギリスから独立したエジプトを例に挙げているが、実際この他にも第一次世界大戦を境として東欧では民族自決主義に基づいて新しい民族国家が多数誕生した。それ故彼によれば列強による植民地の永久領有は時代思想の進化に連れて不可能となり、民族の自決は将来の世界政治上当然来るべき運命であった。

このように竹島は国際正義観念の進化過程において国際連盟の成立を一つの重要な進化現象と捉え、そこに理想に向かう上での希望の光を見出すと同時に国際社会の中で徐々に胎動しつつある民族自決の気運を敏感に嗅ぎ取り、植民地の解放は不可避であるとしたのである。(30)

いずれにせよ国際連盟を中心とする国際秩序や民族自決に積極的評価を与えている点を取り上げれば、それは欧州大戦の処理に当たって自由・正義・人道の精神と国際協調の精神を強調し一九一九(大正八)年一月に民族自決や国際連盟の創設などを含む講和綱領一四ヶ条を発表した米国大統領W・ウィルソンの影響と考えて差しつかえないであろう。

ウィルソンの思想や政策は一般にウィルソン主義として知られているが、そこに内在する理想主義や民主主義は当時の「大正デモクラシー」の担い手達に大きな思想的影響を与えていた。例えば大正デモクラットの代表的知識人である吉野作造（一八七八〜一九三三）は、このウィルソン主義の持つ道徳的価値体系に基礎づけられた普遍主義を高く評価し、国際政治における正義への志向すなわち国際社会を力ではなく理念によって秩序づけようとする考え方に大いに賛同していたのである(31)。

竹島のいう人類正義に裏付けられた国際秩序、理想主義的な国際関係の構築やその普遍主義志向もウィルソン主義の内容と概ね軌を一にするものであった。こうした点からすると竹島の国際認識も当時の大正デモクラシー期の知識人達の場合と同様、ウィルソン的価値観を反映したものといって良いであろう。

次に右のような国際協調主義的な認識に立つ竹島の移民観念を考察して行きたい。竹島は移民政策論の根底に横たわる移民観念を特に重視していた。移民観念とは竹島の言葉を借りて簡単に述べるなら何故移民を必要とするのかということである。すでに触れたように彼は旧来の移民観念に否定的であった。旧来の移民観念においては移民は人口問題の解決であると同時に、それ以上に「移民による国力の伸長、民族の海外発展」という目的が強調されたからである。竹島はこうした国力の海外発展策としての移民観念を時代錯誤であると批判し、海外での日本人移民の不評の遠因もこの点にあるとしたのである(32)。

竹島によればこうした移民観念は民族観念、国家主義観念の支配を強く受けていた帝国主義時代あるいは民族的争覇時代の移民政策思想と根本において何ら異なるところがなく、国際正義を主張する声が高まっている今日、実質において一歩も旧套を脱し得ないことを遺憾としたのである(33)。すなわち民族の膨張発展のための移民は、他国の領土内に自国の勢力を扶植することであり他国内に無形の自国を建設することに外ならず、例え表面的には移民が平和的に実施されたとしても侵略的行為に過ぎないとされたのである。竹島は旧来の移民観念に立脚するとして、特に彼自身が論説を諸雑誌に発表していたのと同時期に発表していた衆議院議員で前早稲田大学教授であった副島義一（一八六六〜一九四七）の移民論を批判の対象に挙げている。

副島は海外への移民送出は公明正大な平和的国勢増進策であり社会政策、産業政策解決の有力な方法と位置付け、一〇年間に一〇〇万から三〇〇万人の移民送出を奨励すべきであると説いていた(34)。彼は一時的な出稼ぎ移民ではなく永住的土着を説いていたが、竹島に批判されているように平和的であると一方で言いながら移民受入国側の意向をそれ程意に介さないという傾向の主張を展開していたのである。それは例えば、積極的移民政策の実行は国際問題の紛糾につながるとする慎重論に対して、副島が「我が正当の方法にて移民を為すに異議を挟む如きは、是れ異議を挟むものが不当なゆえ、斯る事は決して之を恐るるに足らず、我国は常に勇往邁進の方針を採らざるべからず(35)」と反駁していることからも理解できるであろう。

こうした移民論は竹島からすると表面的には「平和」を唱えつつも背後に国家主義や民族主義を伏在させた政策論であり、国際平和に脅威を与える危険因子を内包するものであった。何故なら竹島は国家間の紛争及び民族争覇は偏狭な相互の民族観念の衝突によって発生すると考えていたからである(36)。従って今日そのような移民観念は放棄されなければならないと竹島は説く。

しかし副島義一のような国家主義を伏在させた国家伸長策としての移民論は当時の有識者の間で見られる一般的な移民観念であり、明治末の後藤新平（一八五七〜一九二九）、小村寿太郎（一八五五〜一九一一）等の満州移民論の系譜もこの文脈の中に入るものである。それでは放棄されるべき旧来の移民観念に替わって竹島が唱える新しい移民観念とはどのようなものであろうか。

まず移民送出の目的がその国の人口問題の解決にあることはいうまでもないとした上で、移民自身の幸福や利益及び移民渡航国の利益を主眼とする基礎観念を持たなければならないと主張する。さらに移民は一時的な出稼ぎではなく渡航国に永住同化し、渡航国を利するため「一大勇猛心」をもって同国に献身しなければならないと説く。当然同化するのであるから移民と母国との関係は疎遠になるが、これは真正の意味における移民として免れ得ない自然の趨勢であり、逆に「母国と全く地理的にも、精神的にも物質的にも異った雰囲気の中に生活する自国移民の心を永久に母国のそれに結び付けんと欲するが如きは無謀の極」(37)であり、またそれによって生じる移民自身の不幸や両国間の紛擾の禍根は重大であると竹島は指摘したのである。

こうした竹島の移民観念は概ね第二次世界大戦以後の日本の移住関係者の説く受入国中心主義、献民主義、同化主義に合致するものであった。当時竹島が指摘していたことでもあるが、第二次世界大戦前の日本移民は国家主義思想を背景としていたため諸外国から侵略主義と目されていた。そしてこの国家主義思想の所産ともいうべき終戦直後のブラジルにおける臣道連盟事件にみられるように、渡航国の対日感情をひどく悪化させたことなどに対する反省から、第二次世界大戦後は一転して受入国に貢献することが至上課題となったのである。(38)

このような点からすると竹島の移民思想は国家主義・民族主義を背景とした旧来の移民思想が一般的であった当時の移民思潮の中にあって第二次世界大戦後の移民思想を先取りしたものであったといえるが、但し永住移住という点についてのみいうならば、それは竹島に限られたものではなく一八九二（明治二六）年に殖民協会を設立した榎本武揚（一八三六～一九〇八）や先に触れた河田嗣郎、副島義一を始め少数ながらその主張者は存在した。(39)しかしここまで徹底して受入国中心主義や同化主義を唱えた論者は竹島をおいて他にはいなかったといえる。

ただ国家主義を背景とした国家膨張策の一環としての移民を否定し平和的移民しかも永住的移民を提唱しているという点で、竹島と大きな共通点をもつ論者に日露戦争直後に体系的な南米移民論を最初に著した大河平隆光を挙げることが出来る。大河平は京都帝国大学で新渡戸稲造（一八六二～一九三三）の指導の下で農政学と植民政策を学び、新渡戸の高い評価を得た卒業論文を一九〇五（明治三八）年末に『日本移民論』と題して出版したが[40]、その中において国力の発展策としての大陸進出は巨額の投資を必要とするため、資本の乏しい我が国の採るべき策ではないとして批判し、代わりに平和的に相手から求められるところに赴く平和的移民を提唱していた[41]。もとより大河平は国家の膨張それ自体を否定していた訳ではないが、軍事力による国家の膨張策を排し国防的役割など担わない平和的な移民を重視していたのである[42]。それ故に国勢を発展させるためには日本及びその勢力圏に国民を集中的に二〇ヵ年で一〇〇万人を移住させるとした小村寿太郎の唱えた満韓移民集中論などは当然のことながら批判の俎上に上った。それはいうまでもなくその本質において国防的役割を担うものであったからである。

ところで移民適地について大河平は、人種的憎悪が少ないことや列強の勢力扶植が未だ進行していないこと、また将来の日本との貿易通商などという見地からアルゼンチン、ブラジルを中心とする南米を主張していた[43]。しかも一時的な出稼移民ではなく永住的移民が望ましいとしていたのである。一方竹島の場合も当時の日本移民の置かれている国際的状況から基本的に自らが憧れていたコロンビアは勿論、ブラジル、ヴェネズエラ、ペルーなどを中心とする南米移民を提唱していた[44]。従って竹島の移民論は国際協調志向と移民適地という脈絡において日露戦争直後に発表された新渡戸稲造の門下である大河平隆光の平和的移民論の系譜につながるものであったと理解されるが、国際協調が叫ばれる大正デモクラシーの思潮を背景としているだけに竹島の移民論の理想主義的色彩はより徹底したものであったといえよう[45]。

4　竹島雄三の移民論の現状分析と展望

竹島の移民論の具体的な内容がどのようなものであるのか、次に彼の移民政策に対する現状分析や展望、提言等について検討したい。

最初に竹島は過剰人口問題が社会問題化する中、世論の一部に未だ国内の人口は過剰ではないとの主張があることに対して改めて人口過剰であることの論証から始めている。先ず日本が国土総面積に対する比率では英国、ベルギー、オランダに次いで世界第四位の人口密度であるが、人間可住地面積を基準とした比率で算定し直すと、二位のベルギーの八五六人を圧倒的に引き離す二、〇七二人という人口密度であることを主張する。さらに毎年の人口増加数も六〇万から七〇万人で、これも「列強に比較して遥かに頭角を抜いて居る」とする。[46] これに対して生産土地問題をみると総国土面積中、耕作面積はその一割四分四厘で全農家の内九割五分八厘が三町歩未満の耕作農家であるとし、農家経済上農耕地三町歩は最低限度であることからして「理論上よりすれば我国農家の大多数は経済的破綻に陥れるもの」[47] と結論づけた。また全体的に米などの主要穀物の生産が一九一二（大正元）年から一〇年間の統計にみられる消費の逐年増加に追い付かない状況で、人口に比して生産が不足であることは明確であると断じたのである。

こうした過剰人口の解決策として竹島は一般的に「工業振興による救済」と「海外移住」の二策が挙げられるとするが、前者については「有利なる工業原料を得ることが極めて困難であるのみならず工業の現状を隆興せしむるが如きことは一朝一夕の能くする能はぬ」我が国の実情よりして可能性が低いとした。[48] ここにおいて竹島にとって最も即効的に人口を調節する方策は海外移住を措いて他に求め難かったのである。しかしその海外移住の現況も竹島からすれば頗る不振であった。その原因について彼は次のように分析していた。

先ず農民が生活窮乏化にも拘わらず海外渡航を試みないのは以下の三点であるという。第一は農業が工業労働等に比較して生活の融通性を有し生活面で節約可能であること、第二は農民の土地に対する愛着、そして第三はあらゆる労働階級中、海外知識が農民の場合最も欠乏しているという点である。[49] またすでに海外渡航の意志のある者がそれを阻害されている理由については、渡航費の欠乏、海外思想ないし海外知識の不足より生ずる徒なる不安、移民保護機関の不備、移民に対する法律の不備の四点を挙げている。[50] これらの四点は事実海外移民不振の国内的要因として主要なものであった。

さらにいう迄もなくこの移民不振の背景にある国内における最大の要因は政府の移民政策の混迷であり、竹島も早急な移民政策の確立を主張していた。特に彼は移民拒絶国と許容国の二つに区別して移民政策を取るべきであり、また移民許容国についてもブラジルやペルーのような国内産業事情の異なる国の場合はそれぞれの国内事情に応じたきめの細かい政策を取らなければならないと説いていた。[51] そして確固たる移民政策が樹立されるためには、政策の統一確立を目的とする独立の移民専管機関の設置、現行の移民保護法の改廃と新たに時勢に順応した移民奨励保護法の制定、官民協力による国民の海外思想普及及び発展の助長を目的とする機関の設置等の方策を取るべきであると提案していた。[52]

また竹島は直ちに実行できる比較的簡単容易な移民事業振興策として政府による渡航費問題の解決を提唱している。これは政府が直接渡航者に補助を与える場合と関係機関を通じて間接的に保護奨励する場合の二種類に分けられた。前者の場合は渡航者保護または渡航奨励の名目をもって直接に補助金を移民に下付する方法であり、他方後者の場合は渡航費軽減策として妥当なものとして、現在五割引の内地汽車賃の全額免除、外国航路汽船賃の割引、渡航手数料の免除、乗船港における滞留経費の軽減、渡航支度費の軽減の六つを提案している。[53]

竹島のこの提案は一九二三（大正一二）年五月時点でなされたものであるが、この後前述したように同年中にこれ迄移民取扱い会社が移民より徴収してきた渡航手数料は政府負担ということで全廃され、翌年には渡航船賃も政府が負担することに決定し、また国内鉄道運賃の無料化や旅券手数料の免除等も実現するなど彼の軽減策は次々と現実のものとなっていったのである。また乗船港における滞留経費及び渡航支度費の軽減問題だが、竹島はこれに対して従来から度々関係方面より提案されていた移民収容所の設立を早急に実現して一助とすべきであると説いていた。竹島によれば移民収容所は移民渡航費軽減に資するだけでなく寧ろそれ以上に語学や渡航国事情を学びうる教養機関として重大な使命を有するものであったからである。[54] それ故に一層の効果を上げるためには移民収容所の教養部を渡航途上の海上にまで延長すべきであるとしていた位である。ちなみに移民収容所（のち移民教養所）が神戸に設立されたのは五年後の一九二八（昭和三）年であった。いずれにせよ竹島は移民事業の不振という現況にあって渡航気運の促進には渡航費軽減こそが最も簡易的かつ即効的効果を得られる方法であるとしていたのである。(55)

ところで当時日本において重大視されていた米国の排日移民問題と南米における排日の気運について竹島はどのように捉えていたのであろうか。

一九二二（大正一一）年当時竹島は未だカリフォルニア州（加州）での日本人不加入主義は彼等の自由であって日本側として加州側のそのような態度に抗議する理由を持つものではないという見解を示していた。何故なら加州は日本の加州ではないからであった。すなわち彼の国際正義観念からするとそもそも現世において国家は「人類の最高道徳」であり、それがために国境を設けて各国が自国の存在を明示している以上、この原則は厳として動かすべからざるものとしていたからである。(56)従って米国に対する移民は他日の好機を待つべきであると国際協調の観点からきわめて寛容な見解を示していたのであった。

しかし現実に米国においていわゆる排日移民法が成立する段階になると竹島の論調も多少変化することになる。排日移民法が五月中旬米国上下両院で可決される直前、竹島は「我が移民地として最も重要な位置を占むる北米に於て今回の如く乱暴極はまる排日立法の成立を見るに至った際に於て、我国当面の最大移民問題は何といっても之が対策の講究を措いて他に求め難し」と述べ、南米諸国の政治家に対する悪影響につながるという面からも対米屈従ということに甘んじるべきではなく、日本が今日の対米移民紛争において「決然たる対策」をとることが重要であるという認識を示すに至ったのである。(57)しかし現実には日本政府の意向は帝国議会における松井慶四郎（一八六八～一九四六）外相の答弁にみられるように「極めて微温的消極的なもの」で「只現下米国に於ける情勢を憂慮するのみで別に積極的の対策を有せぬ」(58)ものであったがため、竹島を失望させただけであった。さらに同年一月から六月にかけて清浦奎吾（一八五〇～一九四二）首相を議長として震災恐慌下の日本経済の復興を図るため開催された帝国経済会議における移民関係委員会においても、竹島にとって目下何より重要な排日移民問題がほとんど議論されなかったが、この点についても大きな不満を残した。(59)

ここで竹島が重要視した米国排日移民法成立による南米など他の地域への悪影響の問題について触れておく。この問題は竹島の観点とは別の次元で当時日本において少なからざる論者によって懸念された点であった。第一は、日本の朝鮮、台湾などの植民地統治という見地から排日法による日本の「面目」失墜を危ぶむ見解である。例えば慶應義塾大学教授の堀江帰一（一八七六～一九二七）などは「日本の対外的威が強国に依って、挫かれたという事実が起っては、支那に於ては排日が盛に為り、朝鮮台湾に於ては、是れ亦日本軽侮の思想の鮮満人の間に起ることを免がれ難く、此点に於て、我国の対外統治に困難を惹起」(60)することを予め覚悟しなければならないと主張していた。

第二にこの堀江の指摘と重複関連するが、日本の対中関係における影響である。特に陸軍はこの問題に過敏であった。移民法が成立する前の四月末に中国在勤日本公使館付武官林弥三吉が参謀本部に提出した報告書によれば、米国の排日移民問題は「国際場裡に於ける帝国の態面」と人口過剰より来る植民政策の根本を損なうだけでなく、日本の極東政策とりわけ対中関係に寒心に堪えない影響を与えると捉えていた。すなわち林武官は「既ニ孫文ハ日本ノ二等国墜落ヲ広言セリト云ウ日本ノ実力如何ハ別問題トシテ支那識者ニ斯ノ如キ感想ヲ抱カシムル事夫レ自身カ既ニ本問題ノ及ホス影響ノ重大ナルヲ証明シテ余リアリト称スヘシ」(61)と述べている。そもそも林によれば「日米関係ノ陰影ハ絶ヘス日支関係ノ上ニ投セラレ支那ニ於ケル排日モ其最大原因ヲ此処ニ発シタリト称スルモ敢テ過言ニ非ス」として、当面日本の対欧米関係と対中関係は分離して論議すべきではないとの見解を示していた。

同じく参謀本部内部から提出された時局対策案においても、日本の国力並びに地位に対する「軽侮」となる米国排日法は「米国内ノミナラス世界ノ各方面ニ波及シ帝国ノ外交政策ハ到ル処ニ障碍ヲ増シ各種海外発展ハ甚大且露骨ナル圧迫ト妨害トヲ受クルニ至ルヘシ」とした上で、特に「帝国ノ存立繁栄ニ最モ重大ナル関係ヲ有スル支那西伯利亜方面ニ対スル我発展ニ絶大ナル障碍トナルヘシ」[62]と分析していた。中でも当面の問題として同案では旅順・大連など日本の大陸における既得権益に対する中国側の回収運動に甚大な影響が及ぶことを危惧していた。

このように朝鮮、台湾などの植民地や満州など日本の勢力圏への影響を危ぶむ声が一方で出ていたのに対して、竹島は我国に海外移住地として今日残された唯一の天地である南米大陸に及ぼす悪影響の方を危惧していたのである。勿論米国排日移民法の成立自体については「国民的自負心に痛撃を与えた」[63]と当時の多くの論者と同様の見解は述べていたが、海興の社員として移民事業に直接関わる実践家としては次にどのような展望を開くかということが優先的な課題であった。

先ず竹島がそもそも南米の人種問題についてどのように見ていたのかだが、基本的に彼はブラジルを中心とした南米諸国における多人種雑居の状況を「メルティング・ポット」であるとして、「南米大陸孰れの国に於ても、人種上万民平等の大主義が確立されて居る」[64]と断じていた。竹島は一九二四年末の第五回内務省社会局補助移民の移民監督としてのブラジル渡航を含めた数度に亘る南米渡航の経験により、「少くとも南米に於ける南米人が自発的に、心から日本人の排斥を期念して居る形跡は私には到底認められないのである」[65]との印象を語っており、南米人に人種的偏見は大体において無いとの判断を下していたのである。この南米における「人種的偏見の気風の稀薄さ」の理由については、①南米人自身が殆ど混血人種であること、②南米に在住する白人及び現代の南米人を形成する上で混血の面で寄与した白人が人種観念に比較的超然としたラテン人種であること、③南米諸国の産業状態が過渡期で資本、労働力の需要を極度に必要とし、あえて外来移民の人種的選択の余裕がないこと、④外来移民が独立経営を行う場合も、活動の舞台が広く、相互に衝突または競争の必要が生じないこと等を列挙していた。[66]但しこれら南米諸国が積極的に日本移民を歓迎するのかといえば必ずしもそうではなく、「南米諸国の如く一般各国移民の誘入を歓迎乃至保護、奨励して居るのを見て、半可通の者は直ちに此の歓迎が日本人に対してのみのものであると速断して了ふことである」[67]と竹島は釘を刺していたのである。

当時の状況において南米諸国の中でもブラジルは前述のように日本人移民の残された活路としてほぼ唯一の地域であっ

たが、そのブラジルにおける日本人移民観について竹島は次のような分析を示していた。すなわち竹島からすればブラジル移民とは珈琲園経営のため多くの労働力を必要とするサンパウロ州への移民を指していたが、そのサンパウロ州における対日本人（移民）観は概して三つに分類されるとする。第一に日本人移民は独立精神が旺盛で永く珈琲園労働に従事することを好まないので寧ろ未開国土の開発のための植民として入国せしめ、これを奨励補助するという見方である。第二にこれとは全く反対の立場で、同国は産業の開発維持のために何国人と雖も喜んで入国を許すべく、従って日本人と雖も何ら差別なく入れるべきであるが、但し植民として一地方、殊に海岸地帯に集団的に入植させることは日本人の国民性より見て危険であるという見方である。以上が日本人移民の入植動向に大いなる影響を与えるサンパウロ州内からの見方であるとするなら、第三はサンパウロ州外の諸州から起こった人種差別的排日論であった。レイス法案に見られるこうした排日論はまだまだ影響力を持つものではなかったが、そこでは「邦人の不同化性を指摘し、風俗習慣の極端なる差異を挙げ、更に体格、容貌の醜劣なる点を呼称して、日本人は『好ましからざる』ものなり」(68)ということが強調されていた。

竹島は労働力需要の高さ、未開発の国土開発の必要性、労働者の統一的勢力の欠如といったブラジルの現在の状態とサンパウロ州の移植民受入れ状況が大きく変化しない限り、サンパウロ州外から主に出始めている日本人排斥の理由は薄弱であり、悲観的になる必要はないとしていた。(69)但し米国の新移民法成立にみられる日本人排斥の推移はブラジルにおいてまだ勢力を得ていない人種差別的な日本人移民観だけではなく、サンパウロ州内の珈琲農園主や政治家の日本人観にも悪しき影響を与えるのではという懸念も払しょくし切れないものであった。竹島はこれに対する処方箋は今後の日本の対移民方針の如何にかかっているとした。それは排日論者が挙げる日本人に対するイメージや疑念の多くが誤解に基づくものであることと日本移民の入国が自国の開発繁栄のために資することを説得することの外に、実際日本移民による渡航国発展への貢献を示す以外にはないとの見解を示した。そして日本人移民の労力によって渡航先の国土を開発するためには、すでにみたようにどうしても移民の「永住」と「同化」が必要条件であるとの結論に至ったのである。(70)さらに移民の経済生活の安定化のためには銀行、農業倉庫、各種組合、児童の教育機関、病院、寺院などを設置することを提言していた。竹島からすれば経済生活と精神生活の安定なくして移民の永住同化は望み得ないものであったからである。かくして移民自身の経済生活が安定して渡航国への経済的貢献が可能となるという展望であった。また経済的貢献（さらには文化的方面での貢献も）には移民と同時に母国資本家の活動も必要とされるとの見解を示している。欧米列強が他国に慈善病院や社会的施設の建設して来た例を念頭に竹島は「我国の現状より推して国民の海外移住といふことが緊急の要事であるとしたならば、此の移民問題をして有終の美を済さしむるためには、どの点より見ても労力と資本の併進といふことが絶対に必要であるといふことを切言したい(71)」と強調したのである。

さて竹島は海興の社員として実際のブラジル移民に大きく関与したわけであるが、米国排日移民法成立直後の一九二四年後半において「偏伯主義」の打破を主張するようになる。すなわち当時の移民状況が移住地をブラジル、ペルー、あるいはフィリピンなどの現在渡航の行われている国に限られる傾向にあることと、内務省社会局のブラジル移民補助が発表されるとブラジル以外の方面に渡航する移民に対して従来補助していた渡航手数料、汽車汽船賃、乗船港滞在諸費等の内地経費を再び自己負担とするかのような方向性が出て来たことに危惧を抱いたからである。竹島は「未だ全く世人の閑却して居る方面に好適の移住地が多々あることを忘れてはならぬ。即ち単に南米に於てもコロンビアあり、ヴェネズエラあり、パラグアイあり、ウルグアイありギアナあり、其他アフリカに於ても中米に於ても亜細亜の一部に於ても幾多の絶好の移住地がある(72)」と移住地の可能性をブラジル以外にも広げることを主張していた。

すでに竹島はブラジル以外の南米各地に対する情報、知識等を蓄積し移植民関係の諸雑誌に論稿を発表していた。一九二三（大正一二）年には後に移植民の先頭に立ったコロンビアの産業に関する情報を連載で紹介していたし(73)、米国排日移民法が審議されていた一九二四年前半にはコロンビアと同様日本人がこれまで殆ど足を踏み入れたことのないヴェネズエラについての論稿を複数発表していた。この中で彼は外国人に対する法律、土地所有権、帰化、鉱業特許、移民に対する待遇など様々な点で邦人の発展には好個の国柄であるとしてコロンビアと並んで最も注目すべき未開の富源国であるとヴェネズエラを位置付けていたのである。(74)

竹島自らがコロンビアに入国して日本人の入植事業に着手したのはすでに述べたように一九二九(昭和四)年のことであった。かねてからのコロンビアへの憧れとコロンビア研究家を自負していたことの所産であったというべきであろう。(75)同時に自らが提唱していた日本人移民のブラジル以外の南米における入植地の模索を実践したのであった。竹島はコロンビアで海興の海外業務代理人として現地事務所の運営に従事するだけでなく自身が農場を所有し率先して開拓の労働に携わったが、日本における移植民論者として実際的な範を示すことになったのである。

注

(1)『数字でみる日本の一〇〇年』(改訂第五版)矢野恒太記念会、二〇〇六年、三六~三七頁。
(2)若槻泰雄「移民政策百年史」『歴史公論』一九七九年一月号、五〇頁、原口邦紘「移民の歴史――日本人海外移民の展開」『歴史と地理』一九九一年六月号、二六―二七頁。
(3)「日本移民協会設立趣旨」「移民協会は何をするか」『日本移民協会報告』第一号、一九一四年一〇月、一頁及び三頁。
(4)神谷忠雄「世界各地に於ける我移植民の現状及将来」『日本移民協会報告』第一四号、一九一七年一二月、一三頁。
(5)同稿、一三~一四頁。
(6)松田順平「最近の伯剌西爾」『日本移民協会報告』第一五号、一九一八年六月、二二頁。
(7)河田嗣郎『植民地としてのブラジル』有斐閣書房、一九一三年、二二七頁。
(8)同書、二三二頁。
(9)同書、二三一~二三二頁。
(10)同書、二四二頁。
(11)竹島和彦『THANKS FOR THE MERORY――昭和一桁族の南米一代記』文芸社、二〇〇六年、一一四頁。

(12) 渡辺登「東京外語の同級生」コロンビア日系人協会移住五〇年史編集委員会編『コロンビア移住史　五十年の歩み』、一九八一年、四三頁。
(13) 永田稠『両米三巡』日本力行会、一九三二年、二七九頁。
(14) 竹島和彦前掲書、一一五頁。
(15) 倉富忍「竹島雄三胸像除幕に際して」前掲『コロンビア移住史　五十年の歩み』、一六二頁。
(16) 藤本芳男『知られざるコロンビア――新大陸発見五〇〇年の軌跡』サイマル出版会、一九八八年、二二一〜二二二頁。
(17) 坂口満宏「誰が移民を送り出したのか――環太平洋における日本人の国際移動・概観」『立命館言語文化研究』第二一巻四号(二〇一〇年三月)、五六頁。
(18) 三田千代子「ブラジルの移民政策と日本移民――米国排日運動の反響の一事例として」三輪公忠編『日米危機の起源と排日移民法』論創社、一九九七年、四四七頁。
(19) 原口邦紘「一九二四年の移民問題」三輪同書、三六頁。
(20) 藤本前掲書、二二二〜二二三頁。
(21) 「調査員一行ノ哥倫比亜調査旅行日程」『移民地事情　第十四巻――南米哥倫比亜国移植民事情視察報告』外務省通商局、一九二七年七月、二四五〜二四七頁(アジア歴史資料センター：レファレンスコードB10070585600)。
(22) 同資料、二一八〜二二二頁。
(23) 同資料、二二一〜二二五頁。
(24) 『入植三〇年記念・コロンビア日本人移民史』パルミーラ農業日本人会、一九六〇年、一〇〜一一頁。
(25) 『移民地事情　第二十巻――南米哥倫比亜国「カウカ」原野地方移植民調査報告』外務省通商局、一九二九年四月(アジア歴史資料センター：レファレンスコードB10070599200)参照。
(26) 前掲『入植三〇年記念・コロンビア日本人移民史』、一一〜一五頁、富田仁編『海外交流史事典』日外アソシエーツ、一九八九年、二一七頁。
(27) 竹島雄三「国際正義観念進化の究極」『東洋』一九二二年六月号、四二〜四三頁。
(28) 同稿、四七頁。

(29) 念のために付言するが、竹島雄三が国家否定、国境撤廃等を唱える無政府主義者、世界連邦論者のような立場に立っていないことは、「国際社会の完成は一に国家そのものの完成を先決問題とすべきことは云ふ迄もないことである。而も地理的、歴史的に各々甚だしき差異であり従って民族精神、乃至は人種精神に著しき差ある各国家は各々その特長を発揮して、国際社会に貢献すべき義務あることは自明の理である」と述べていることからも明白であろう（同稿、四八頁）。
(30) 竹島雄三「伝統的植民政策の破綻」『東洋』一九二三年四月号、四一頁。
(31) 三谷太一郎「大正デモクラシーとアメリカ」『デモクラシーと日米関係』（日本とアメリカ――比較文化論2）南雲堂、一九七三年、一四六〜一四九頁。
(32) 竹島雄三「移民問題管見――移民事業の現況とその将来」『東洋』一九二二年一月号、二二頁。
(33) 竹島雄三「民族観念と移民問題」『植民』一九二二年一二月、二六〜二七頁。
(34) 副島義一「移民政策振興の必要」『太陽』一九二二年五月号、三一頁。
(35) 同稿、三〇頁。
(36) 前掲「民族観念と移民問題」、二九頁。
(37) 同稿、三一頁。
(38) 若槻泰雄・鈴木譲二『海外移住政策史論』福村出版、一九七五年、一〇九頁。
(39) 同稿、一一〇頁。
(40) 大河平隆光『明日の満洲』大日本法令出版、一九四〇年、二八〜二九頁。
(41) 大河平隆光『日本移民論』文武堂、一九〇五年、二六〜三三頁。
(42) 小野一一郎「日本帝国主義と移民論――日露戦争後の移民論」小野一一郎・行沢健三・吉信粛編『世界経済と帝国主義』有斐閣、一九七三年、三一八頁。
(43) 前掲『日本移民論』、二七四〜二七八頁。
(44) 竹島雄三「窘窮せる我移民政策問題」『東洋』一九二二年五月号、一七頁。
(45) もっとも当の大河平自身は京都帝大卒業後、軍政下の満洲に渡り営口軍政署での勤務の後、後藤新平に招聘されて満鉄の奉天出張所長、公主嶺産業試験所主事などを歴任したが（前掲『明日の満洲』、三〇〜三二頁参照）、当時の関心は主に移植民のための植民地としてではなく開発植民地ないしは投資植民地としての満洲に注がれていたのである（大河平隆光『支那の真相』大阪屋號書店、一九一七年、四三九～四四〇頁）。
(46) 竹島雄三「我国人口問題の真相に就て」『国際知識』一九二五年二月号、五三～五四頁。
(47) 同稿、五五頁。
(48) 同稿、五七頁。
(49) 前掲「移民問題管見――移民事業の現況とその将来」、一八～一九頁。
(50) 同稿、二〇頁及び、竹島雄三「移民問題管見――移民事業の振興」『東洋』一九二三年六月号、二六頁。
(51) 前掲「窘窮せる我移民政策問題」、一一～一六頁。
(52) 同稿、一七頁。
(53) 前掲「移民問題管見――移民事業の振興」、二六～二七頁。
(54) 同稿、一七頁。
(55) 竹島雄三「移民問題管見――渡航費問題の解決」『東洋』一九二四年二月号、四八頁。
(56) 前掲「窘窮せる我移民政策問題」、一二～一四頁。
(57) 竹島雄三「移民問題管見――帝国経済会議と日本移民問題」『東洋』一九二四年六月号、四一～四三頁。
(58) 竹島雄三「最近の移民問題――労力と資本の併進」『植民』一九二四年四月号、一五頁。
(59) 前掲「移民問題管見――帝国経済会議と日本移民問題」、三六～三七頁。
(60) 堀江帰一「対米移民問題管見」『改造』一九二四年五月号、二八頁。
(61) 支那在勤帝国公使館付武官林弥三吉「米国排日問題カ日支関係ニ及ホス影響ト帝国ノ将来（支特報第六号　大正拾参年四月二五日）」『陸軍省　密大日記』大正十三年五冊ノ内第五冊。
(62) 「米国新移民法ト帝国国運ノ将来（大正十三年四月）」『陸軍省　密大日記』大正十三年五冊ノ内第五冊。
(63) 竹島雄三「移民問題管見――本年度の移民界を回顧す」『東洋』一九二四年一二月号、一三頁。
(64) 竹島雄三「南アメリカの人種と移民問題――南米諸国民は人種平等を理想としてをる」『国際知識』一九二六年四月号、五〇～五二頁、竹島雄三「ブラジル印象記」『東洋』一九二六年二月号、三三～三六頁参照。

(65) 同稿「南アメリカの人種と移民問題」、五四頁。
(66) 同稿、五六頁。
(67) 竹島雄三「排亜細亜主義の新趨勢——羅甸亜米利加の状勢に就て」『国際知識』一九二四年七月号、八六頁。
(68) 竹島雄三「伯国内に潜在する対日感情を考察して」『植民』一九二五年一月号、五〇頁。
(69) 同稿、五二〜五三頁。
(70) 前掲「最近の移民問題——労力と資本の併進」、一六〜一七頁。
(71) 同稿、一八頁。
(72) 前掲「移民問題管見——本年度の移民界を回顧す」、二二頁。
(73) 竹島雄三「西部コロンビアの産業状態」『植民』一九二三年五月号〜七月号。
(74) 竹島雄三「邦人の新発展地　南米ヴェネズエラ国」『植民』一九二四年二月号、六六〜六九頁、竹島雄三「ヴェネズエラの大富源　オリノコ大河の流域」『植民』一九二四年四月号、六六〜七〇頁参照。
(75) 同稿「邦人の新発展地　南米ヴェネズエラ国」、六六頁。

第七章　「満洲国」建国前後の関東軍移民計画

1　満洲事変と満洲農業移民

日本人による満洲農業移民の構想は、既に満鉄初代総裁後藤新平（一八五七～一九二九）以来何度か練られ実施に移されているが、満洲事変以前に国策的意図の下で組織的に行われ、かつ軍人が特に創意したものとして知られるのは愛川村移民のみである。これは民間人川島浪速（一八六五～一九四九）らが日本陸軍の一部と連絡して進めた所謂「満蒙独立運動に」(1)関与した第二代関東都督福島安正（一八五二～一九一九）が、一九一三（大正二）年当時主張し関東州金州付近の官有地に一九一五（大正四）年から入植させたものである。(2)

しかし満洲事変前の日本人農業移民は、この愛川村移民を含めて、満鉄による満洲独立守備隊の満期除隊兵移民、大連農事株式会社による移民など大方失敗に帰している。その原因としては、対華二十一ヵ条要求によって獲得した土地商租権の設定(3)を中国側官民が一体となって否認したこともその一つに考えられるが、最大のものは、生産費の低廉な中国農民との競争が成り立たないという経済的理由からであった。(4)そしてこの点については内外を問わず、日本人の満洲農業移民についての当時における一般的見解であった。[5]従って日本側も以上の移民事業の失敗に懲りて、邦人移民については懐疑的であり消極的であった。

ところが一九三一(昭和六)年の満洲事変以降は事態が大きく変わることとなった。翌年に起こった五・一五事件の背景にみられる農村の窮乏、経済不況による失業者の増加などの国内的要請と、対ソ防衛、治安維持等の満洲側の要請が合致して、満洲農業移民は再考され本格的に実施に移されていくことになったのである。

その最初の送出は、一九三二(昭和七)年一〇月の国策移民としての拓務省による第一次試験移民であった。この第一次試験移民は「武装移民」という形態をとったが、移民不可能論、反対論の強く渦巻く中を実現に至らしめた背景には、主として拓務省側で活躍した日本国民高等学校長加藤完治(一八八四~一九六七)ら民間人と現地側関東軍の強い圧力があったからである。また、満洲の治安維持と対ソ戦略の思惑から、関東軍主導による屯田兵式の武装移民であったということは、ブラジル移民など他方面への移民と異なって満洲移民の大きな特徴をなすものであった。

すでに関東軍は、満洲事変前の一九三〇(昭和五)年九月、関東軍参謀部の「満蒙における占領地統治に関する研究」において、「支那人の農業の発展を助長し、併せて邦人の農業による満蒙進出を促す」[6]と計画案を提示していたが、移民についてはまだ漠然としたものであったといえる。その後一九三一(昭和六)年末から翌三二年当初にかけて新たな胎動を示すことになるが、内地側でも並行する形で加藤ら民間人が中心となって移民推進運動が開始される状況であった。

先の第一次試験移民が実現される直接的契機は、拓務省側における加藤完治の移民案と関東軍の東宮鉄男大尉(一八九二~一九三七)の移民案が合致してからである。また特に対ソ国防と反満抗日軍に対する治安維持的色彩の濃い東宮の移民構想が、関東軍首脳部に提示されてからは、特務部の立案作業に大きく影響を与え、従来の「普通移民」主軸策から「特別農業移民(屯田兵制移民)」主軸策へと政策を転換させた。その意味で東宮案のもつ意義は重要である。

そこで本章では、変転する一九三二(昭和七)年前後の状況を関東軍側、特に統治部(後、特務部)の立案作業や東宮鉄男の移民構想を中心にして論じてみたいと思う。

2　一九三二年当初の移民計画

関東軍参謀部第三課は一九三一（昭和六）年一二月一四日廃止され、統治部が翌一五日付をもって設置されたが、第三課は解散に先立ち廃業開発に関する「満蒙開発方策案」を立案した。移民も同方策案の中で取り上げられ、日本人移民については、「商租権の解決を期し邦人移民を奨励し機関を特設して其実行を期す」(7)と明記されていた。また「鮮人移民に対しては特種の保護を加へて深く満蒙奥地に移住せしむ」と特記しているが、これはこの段階では従来の朝鮮人移民の実績に照らし合わせて邦人移民よりも「鮮人移民」に比重を置いていたことが窺える。(8)それは生活程度や生産費との関係で邦人移民は副次的であらざるをえないという当時の常識的な移民論から演繹《えんえき》されてくるものであった。

一九三二（昭和七）年一月四日、坂垣征四郎（一八八五〜一九四八）高級参謀が上京し満蒙における対策について関東軍の意見を中央当局に開示するという決定に際し、その指示案を関東軍首脳部において審議決定した。この中で「満蒙ノ地ニ集団移民ノ方法ヲ講ジ出征兵卒ニ其ノ優先権ヲ与フルカ如キ」(9)として、軍人に対する社会政策上の観点から集団移民を論じていたのである。これは当時の慢性的な農村の疲弊に鑑み、軍人兵士の基盤である農村の救済を顧慮していたことを窺わせるものであった。

ところで関東軍は、新設された統治部の政策立案作業の参考に供するため、満蒙の法制・関税及び税制・幣制及び金融・産業政策に関し、各界の権威者を招聘して「満蒙政策諮問会議」を同年一月一五日より奉天で開催した。移民問題も産業部会において一月二六日より討議されたが、その諮問事項は「(1)移民（日鮮人を主とす）の招来および設定、(2)移民の保護および助成[10]」というものであった。

右にみるような移民に関する諮問事項は他の事項に比較して極めて問題が単純にとり上げられていたが、これは統治部自体としては移民事業の成否についてかなり疑問視しており、従って問題性を認識していなかったことを示すものといえる[11]。

しかし板垣征四郎、石原莞爾（一八八九～一九四九）ら関東軍首脳部としては、移民の可能性の如何を問う以前に日満不可分という観点から「満洲国」建設の人的主軸として移民は絶対不可欠の事業であり、入植時期を別とすれば断行しなければならないとする前提に立っていたようである[12]。関東軍首脳部のこの諮問会議にかける期待に応えるように、出席者の中で以前から国内において加藤完治らと満洲移民については共同歩調をとる東京帝国大学教授那須皓（一八八八～一九八四）、京都帝国大学教授橋本伝左衛門（一八八七～一九七七）らが、強硬な満蒙移民即時断行論を主張した。那須及び橋本委員の展開した積極論の内容を要約すると、「満洲移民は大和民族の民族運動であり、農村の二、三男を中心とする自給自足的な農業経営を目ざす自作農主義でなければならない。入植形態は集団移民で、移民用地は未墾地を中心とする。また移民の選抜は在郷軍人、除隊兵（特に満洲駐屯部隊除隊兵）から行い、その入植方法は屯田兵制を参考にすべきである[13]」というものであった。

これに対して現地側の委員を中心として、懐疑論、悲観論が多く展開された。特に大連取引所信託株式会社専務田村羊三（一九〇七～一九八一）委員の慎重論は、彼が長年満洲農業に関係していただけあって非常に説得的な見解であった[14]。

しかし那須ら積極論者は、満洲移民は今や可能不可能と議論するべき問題ではなく、直ちに一大国民運動として実行しなければならないと必要性を執拗に強調した。ここにおいて関東軍首脳部の思惑と完全に合致し、内地側の移民推進論者の中心人物加藤完治と満洲側で移民を画策していた石原莞爾、東宮鉄男を結びつける契機となったのである。その点でこの諮問会議は、移民国策化に向けての重要性をもつものであった。

一方統治部は、この諮問会議をうけて翌二月、「移民方策案」、「日本人移民案要綱」、「屯田兵制移民案要綱」の三つの移民計画案を決定案として提出した。(15)「移民方策案」は、「甲、普通移民」と「乙、屯田兵制移民」の二種類の移民については大綱を述べているが、「日本人移民案要綱」はこの内の「普通移民」について、また「屯田兵制移民案要綱」は「屯田兵制移民」について具体化したものである。

そこで最初に「普通移民」について、次いで「屯田兵制移民」について上記三移民案を通して検討することとする。

先ず農業移民の意義乃至必要性についてであるが、「移民方策案」では、「母国生命線の確保」及び満洲国の「産業の開発と文化の進展」のために日本人移民がどうしても必要であるとしていた。(16)更に「日本人移民案要綱」になると「満蒙に対する日本人農業移民は日本の国防上又満蒙永遠の和平確保上最大重要意義をなす」(17)と簡潔明確に述べている。

以上のように両案においては移民の意義について比較的抽象的に述べられていたが、付属の「日本人移民案要綱説明書」においてはその必要性を更に、政治的、軍事的、経済的観点から具体的に論じていた。すなわち国内過剰人口の緩和、日本の権益の一層の伸張、国内の食料問題・工業原料問題の解決となる農牧林鉱等の天然資源の利用、国防という面からすれば軍事上最も枢要となる地勢の把持、経済市場の拡張という以上の観点から、日本政府が「全力を挙げ万難を排して完成するの必要あるものなり」(18)と移民の必要性を強調していたのである。

次に「普通移民」の内容であるが、「移民方策案」においては、「屯田兵制移民」が一〇年間に一万人を募集設定するというのに対し、「普通移民」は一五年間に一〇万戸(一戸は大人三人、子供二人)移植するとしていた。(19)これからも分かるように「移民方策案」では邦人農業移民の主軸を飽くまでも「普通移民」に置いていたのである。これは一九三二(昭和七)年九月特務部決定の「満洲に於ける移民に関する要綱案」において「普通移民」と「屯田兵制移民」との関係が逆転したのとは対照的である。

このような「普通移民」主軸の対満移民政策がとられたのは、この一九三二年二月の段階では関東軍が、後にみるような反満抗日運動の強靱性を予想できず農業移民のもつ治安維持的役割を重要視していなかったことを示すものであるといえる。[20] また「普通移民」の資格は「1、血族又は隣友五戸以上の農業に経験のある者より成れる団体、2、農業学校卒業生の五人以上より成れる団体、3、農業に経験ある除隊兵五人以上より成れる団体、4、農業実習所の修了生五人以上より成れる団体[21]」と規定され、一部に除隊兵を含むも圧倒的に軍隊未経験者を対象としていたのである。さらに「普通移民」の入植先は、「屯田兵制移民」が東支線以北の北満であるのに対し、主として東支線以南の南満であると「日本人移民案要綱」においては決定されていた。[22]

この移民入植に必要な土地獲得は両案によれば、新国家をして旧国有地、官有地及び「逆産地[23]」を無償提供させ、不在地主所有地は報償収用させ、また一般民有地中邦人移民に必要な土地は代償を与えて提供させるとしていた。そして移民一〇万戸のために必要な農業移民用地は、合計一六六万八、〇〇〇町歩（無償提供地一〇三万一、五〇〇町歩、買収地六三万六、五〇〇町歩）と計画されていたが、無償提供地の獲得予定地として「日本人移民案要綱」では鉄道に近い九つの地域が選定されていた。[24] これは鉄道沿線地帯が比較的治安が安定していたためであり、関東軍が後来の移民案にみられるような治安維持的役割を移民に期待せず、ひたすら邦人移民の定着を最優先していたことを示すものと考えられる。[25] この移民保護を重視するという関東軍の視点は、土地分譲方式として長期低利年賦償還方式による有償払下げ方式がとられていたという計画案の中にも見出せる。後来の移民案と異なり、有償払下げといっても土地代金の半額は無償で、残りの半額を移民が長期低利の年賦で支払うことになっていたからである。[26] つまり土地代金の半額は国家財政負担となる訳である。これは明らかに関東軍が移民の保護育成に重点を置いていたことを示すものである。

次に営農形態であるが、移民一〇万戸の内半数の五万戸は水田経営（一戸当たり水田六町歩畑一町歩）を主とする稲作農家であった。以下南満地方に於ける畑作経営（一二町歩）二万戸、北満地方に於ける畑作経営（五〇町歩）二万戸、煙草作を主とする経営（九町歩）五、〇〇〇戸、果樹園を主とする経営（五町歩）五、〇〇〇戸となっていた。[27] 水田経営を主にした理由としては、従来の数少ない移民の成功例として水田経営があったことと畑作でなく水田経営なら生活水準の異なる在満中国人農民との経済競争にもならないという点、また在満朝鮮人農民との競争においても日本人農家の集約経営によって十分対抗できると勘案されたからである(28)。

ところで「普通移民」の営農形態の中でも重要なのは、「自作農主義」を標榜しつつも実際の内容は中国人雇傭労働者に依存した営農であり、「富農経営」的側面が強いという点である。すでにふれたように稲作農家で七町歩、南満の畑作で一二町歩（北満では五〇町歩）、煙草作で九町歩等の経営面積であったが、一戸当たり（大人三人）では到底耕作不可能な面積であった。従って中国人労働者を耕作させるというのは、そのような状況では当然であったといえる(29)。

これは後来の移民案が自作農主義を徹底させているのとは対照的である。しかしこのような営農形態は当時としてはきわめて合理的なものであった。矢内原忠雄（一八九三〜一九六一）や田村羊三を始めとして、資本や技術を大幅に投下した企業的農業なら邦人移民の可能性もあるとしていたからである。その点で関東軍は上記の移民案をみる限り、移民成功の可能性を当時の常識論に沿って追求していたといえるのである。

以上のような「普通移民」に対して「移民方策案」中の「乙、屯田兵制移民」は「屯田兵制移民案要綱」において具体化された。「屯田兵制移民」はすでにふれたように東支線以北の北満に一〇年間に一万人の入植を予定していた。このように入植地は北満に限定されていたが、この地方は次のような点で特徴づけられるとしていた。

第一に同地方は「地広く肥沃而も開拓を待つの余地甚だ大(30)」であるにも関わらず、邦人にとって居住上、日常生活上幾多の困難に逢着するような土地であるという点である。第二に中国人移民の侵入が甚だ迅速に行われているという点である。第三に同地方は対ソ国防上きわめて重要であるとされていた。従って同地方に入植するには気候風土にも馴れた満洲駐屯部隊除隊兵中から優先的に、しかも除隊後満三ヵ年以内の者に制限して選抜するとしていたのである(31)。

営業形態については「屯田兵制移民」は入植後三ヵ年間は屯田兵営に於いて生活し、共同耕作に従事し四年目以降は随時妻帯して一人当たり五〇町を貸与されて独立経営をなすとしていた。[32] なお入植後一〇年を経過して屯田兵の義務を解除され「普通移民村」に編入されるまでは、「屯田兵制移民」という名称からも分かるように組織は軍隊式編成の「屯田兵村」であった。すなわち「十人を以て分隊とし、五分隊を以て小隊とし、十小隊を以て大隊とし一兵村とす」[33]という五〇〇人単位の集団移民であった。また独立経営に移行した後の営農形態であるが、これも「普通移民」の場合と同様、「自作農主義」を標榜しつつも実際は中国人労働者を雇傭した「富農経営」的色彩が強かったのである。[34]

また、「屯田兵制移民」用地の獲得方法は、「普通移民」の場合と同様の方法であったが獲得された移民用地の保管が軍部となっていた点に大きな特徴がある。

以上概略的ながら三移民案について検討を加えてきた訳であるが、上記三移民案は反満抗日運動の動向など治安面を除外した農業経済的見地からすれば、後来の移民案と比較して中国人労働者を大幅に使用するなどきわめて移民定着の可能性を追求したものであった。換言するなら後来の移民案のように治安維持面における関東軍の補助的役割をそれ程移民に要求していなかったといえる。

ところが一九三二（昭和七）年九月一三日特務部決定の「満洲に於ける移民に関する要綱案」になると全く様相が一変する。「日本の現実的勢力を満洲国内に扶植し日満両国国防の充実、満洲国治安の維持竝日本民族の指導に依る極東文化の大成を図るを以て主眼とす」[35]という観点から、それまでの「普通移民」主軸から「特別農業移民（屯田兵制移民）」主軸へと転換したからであった。これには反満抗日運動が活発化してきたという客観的状況もあったが、東宮鉄男大尉の治安維持を目的とした屯墾軍編成による入植案が中央部に提示されたことと、拓務省側での在郷軍人による「武装移民案」が立案されていたことが特務部案に大きく反映し影響したものと思われる。そこで以下では移民計画を大きく転換させたと思われる東宮案を中心に検討してみたい。

3　東宮鉄男の移民案

後に加藤完治と共に「満洲開拓の父」[36]と称される東宮鉄男が「北」に対する認識を深め、北進論によって北満移民を構想するようになったのは一九二〇（大正九）年六月のシベリア出征時からである。東宮の日誌によると、同年九月二八日の項に「西都スパスカヤ及其南方高地を散歩す。ハンカ湖の方面一望千里、我国の殖民地にせばやと食指動く」[37]と記されており、彼の北進論を窺うことができる。

このシベリア時代と一九二二（大正一一）年から約一年余に亙る広東留学時代、そして一九二七（昭和二）年から一九二九（昭和四）年までの奉天独立守備隊中隊長時代を通じて東宮は満洲移民の構想を具体化していく。特に奉天時代[38]には、朝鮮人農民を管理する会社であった勧業公司と連絡を密に交わし、また独自に満洲の農業調査を行ない、満洲農業開拓移民計画としては素人の域を脱していると評価されていた[39]。

この奉天時代に東宮が構想していた移民の内容は、「大陸に於ける大和民族の足場をつくる」という見地から、また満洲の治安維持という点から、在郷軍人による武装満鉄沿線自衛移民案であった[40]。しかしこの時点では、東宮の部下や計画に共鳴する者を主体とするごく小規模のものであった。

さらに一九二九（昭和四）年八月、岡山第一〇連隊の中隊長として内地に帰還してからも、河本大作（一八八三〜一九五五）の言葉を借りれば「亜細亜民族を思想的に日本化しやうといふ根本的基礎観念」[41]の下に武装移民計画を一層発展させていた。東宮は後の一九三二（昭和七）年八月に「第一次吉林省在郷軍人屯田移民実施案骨子」を提出しているが、同案はこの岡山時代に立案したものを基にして修正したものである。同案中、移民の目的の項に「対露国防」、「満洲国内ニ於ケル治安維持ニ関シ関東軍ノ任務ノ一部ヲ担任ス」と謳っており、また「帝国陸軍ト移民隊トノ関係」の項の内容から窺えるように[42]、当初から東宮の意図した日本人移民は、関東軍の補助的な役割を担うという軍事移民であった。

一九三一（昭和六）年一二月末、吉林鉄道守備司令部応聘武官として出張を命ぜられた東宮（当時大尉）は、翌三二年一月長春に着任し、満洲国軍事顧問として吉林軍の指導に当たると共に、掃匪作戦に従事した。この掃匪作戦中に吉林軍の于琛澂と協議の結果、東宮は日本人の在郷軍人を幹部にした吉林屯墾軍基幹部隊編成の計画を樹てるに至ったのである。これは、牡丹江東部の依蘭、富錦、勃利、樺川などのいわゆる江東一二県に李杜、丁超等の反満抗日軍が多数存在していたにも関わらず同方面に出張していた日本軍が撤退するという状況下にあったことで、治安維持が急を要していたからであった[43]。さらに依蘭方面への掃匪作戦中に農耕に適していると思われる移民の入植用地を発見し、于琛澂もこれに同意したことで、東宮は同年六月七日、ハルピンから関東軍参謀石原莞爾に「在郷軍人ヲ以テ屯墾基幹部隊ヲ編成シ依蘭以東ニ永久駐屯セシムル件意見具申」を提出したのである。

同意見具申によると、于琛澂を司令として依蘭北東一〇県に屯墾軍制を布き、「(イ)雑軍（敵、過剰軍、兵匪）の消化化農、(ロ)開拓、(ハ)国防（主として帝国として対露的）[44]」という目的実行のため日本在郷軍人を以て編成する混成大隊を富錦に駐屯するというものであった。

つづいて同年六月一〇日、関東軍参謀長橋本虎之助（一八八三〜一九五二）に対して石原を通じて第二回目の「屯墾ニ関スル意見具申書」を提出したが、先の石原に提出した具申書よりも一層明確にその目的や実施法が述べられていた。先の石原に提出した第一回目の意見具申書と比較して特徴的なことは、すでに述べられた日本軍の任務の代行、吉林軍の屯墾作業（化兵為農資源開拓）実施の可能化、対露国防という目的に加えて、日本人在郷軍人の屯墾基幹部隊の「掩護ノ下ニ多数ノ鮮人ノ移民ヲ行フ[45]」ということを目的とした点、つまり移民の主力は日本人ではなく朝鮮人であると明確にした点である。

これまでも東宮が日本人移民の満洲への扶植を主張していたことは先に述べたところであるが、その実態はこの関東軍首脳部への二回目の具申書に明らかなように、後に実施された集団移民のような日本人の大量移民ではなく、少数の日本人を幹部にしてそのリーダシップによる吉林軍過剰兵及び旧東北軍の帰順兵の帰農と従来から満洲に多く侵入していた朝鮮人移民の組織化を主たる眼目にしていたのである。東宮が日本人の大量移民に殆ど期待せず、同意見具申書においても、「為シ得レバ之ガ掩護下ニ内地人ノ移住ヲ行フ」(46)（傍点引用者）という程度にとどめたのは、おそらく事変前の日本人農業移民の実績を勘案して、当時の常識論であった邦人農業移民不可能論に従ったからであるといえよう。そしてさらに在郷軍人に農業移民として多くを望まなかった点は、義務服役期間を三年と定め、その説明として「日本人ハ移民トシテ恐ラク大ナル期待ヲナシ得ザル可ク、三年ニシテ帰ルモノ多カラン」(47)と東宮自ら明快に述べていることからも一層理解できよう(48)。建前としては「永久駐屯」であったが、実際は三年も持ちこたえればよいという程度に考えていたのである。

東宮が満蒙移民を軍事移民として重要視していたことは、構想の当初から一貫していたことであるが、さらに先に述べた「匪賊」対策という治安維持面に加えて、同案では対ソ戦を想定して「日露戦ノ場合ニハ別動隊ヲ編成シテ関東軍ノ戦闘序列ニ入ル」(49)とされており関東軍の補助的役割を分担させられることが明確にされていた。また入植候補地が牡丹江以東の依蘭以下の一〇県であったことについても国内の治安維持、あるいは未墾地との関係のみで選定されたのでなく、自ら記しているように「対露関係上必要ナルニヨリ」(50)選定されたのである。

この対ソ防衛という点で東宮が把握していたソ連側の情報として「沿海州ニ於ケルソ連赤兵移民」が手記の中にとりあげられている。この「ソ連赤兵移民」は、東宮が満洲移民を構想する際の「立案ノ動機」とされる位、極めて大きな関心を寄せていたものであった。

従来からロシアはシベリア開発のため屯田兵式の移民を実施してきていたが、革命後の「赤兵移民」も目的としては、「遠ク離レタル辺疆極東ノ国防ヲ第一トスルモノニシテ往年ノ『コサック制』ニ倣(51)」って行なわれたものである。しかも

「赤兵移民」は農業に限られ国境付近の戦術上最も重要な地方に配置されたのであった。東宮が関東軍の将校として強い関心を寄せていたのは当然であるが、彼はこの「赤兵移民」の他にもロシア側の植民関係の情報を入手しようと活動している。[52]

以上のように東宮の構想していた移民案は、満洲国内の治安維持、対ソ国防という点を念頭においた軍事的色彩の強い内容であったことが理解できる。また移民となる主体も帰農した吉林軍過剰兵、旧東北軍帰順兵や朝鮮人が中心であって日本人移民は飽くまで付帯的なものであった。その点で東宮は加藤完治のように日本人農業移民論者ではなかったのである。

また従来の関東軍の立案した「満蒙開発方策案」や「移民方策案」をはじめとする三案と比較しても東宮案が軍事移民の性格が濃い特徴をもつことが一層明確となろう。「移民方策案」をはじめとする先行案が満洲事変前の邦人移民の実績を踏まえながら国防的性格の薄い、移民定着の可能性を追求した移民案であったのに対し、東宮案は、当時の満洲の治安の現況に直ちに対処できる「現実追求」の屯墾軍編成による移民案であった点に最大の特色を見い出せる。その「現実追求」性が特務部の立案作業に影響を与え、屯田兵制主軸の移民案作成へ転換せしめた一要因となっていることは明らかである。

さて東宮から屯墾軍編成による入植案の献策を受けた関東軍当局においては可否の両論が展開されたが、結局この時点においては時期早尚ということになり石原参謀の手元で同案は保留されていた。[53]このことは依然関東軍部内で移民懐疑論が存在していたことを示すものであったといえる。

しかし内地側の移民推進論者の加藤完治と東宮が石原の仲介で同年七月一四日奉天において会合することで事態は一転し、結局東宮案が復活することとなる。但し注意しなければならないのは、東宮案が復活するといっても東宮＝加藤会談[54]で合意に達したのは、軍事的色彩の強い屯墾軍基幹部隊としての移民という点であって、移民の主体については加藤案に譲歩したのであった。すなわち移民の主体は飽くまでも日本人であるという点で妥協したのである。

4　武装移民送出へ

東宮、加藤会談で合意に達した事項は、一九三二（昭和七）年度分として在郷軍人を「五百名ヅツ三集団、止ムヲ得ザレバ二集団、九月下旬迄ハルピンニ集合」(55)させるという内容であった。そして陸軍省からは兵器、防寒具、防護材料の貸与、弾丸等の補給を受けるとし、東宮は兵舎の設置や入植土地の準備、加藤は入植者の人選や訓練をそれぞれ担当することになったのである。また在郷軍人の選定の対象は、三〇歳以下の独身者がその基準とされ、彼らは入植三年目に家族を持つことが許されるとされた(56)。

ところで東宮、加藤会談の合意についてであるが、現地側の対ソ国防、反満抗日運動への治安対策を主眼目にした東宮案と農村の経済的窮乏、土地飢餓の打開策としての加藤案の一種の妥協であったといえよう(57)。しかしながら、事態が移民の入植地を選定する側であった東宮ら関東軍の主導権の下に進展していったという点は明らかである。それは東宮が八月七日、関東軍参謀橋本虎之助にあてた具申書「最初移民地ヲ佳木斯地方ニ定メタル理由」(58)からも十分窺える。同具申書によると入植地が佳木斯付近の永豊鎮に決定された理由として先ず「一、屯墾隊ヲ吉林剿匪軍ニ所属セシメシ関係上其ノ警備区域タル旧依蘭道内ニ選定セザル可カラズ」を挙げているが、それよりももっと明確に関東軍側の意図が露呈しているのは、「三、東宮大尉ハ営農上ノ諸要素ヲ殆ド顧慮セズ駐在附近ニテ匪賊多キ沃野ヲ目標トシテ選定セリ」（傍点引用者）という一項であろう。

右の表現をみる限り、東宮、加藤らによって実施されるに至った拓務省移民（第一次試験移民＝武装移民）の性格が如何に国防的色彩の強い、関東軍の補助的役割を担わされたものであったか示唆をうるものである。いずれにせよ、国内においては五・一五事件以後「農村救済」のスローガンの下に事態は大きく変転し、関東軍と提携した拓務省の「武装移民案」（昭和七年度秋入植の五〇〇名）は一九三二（昭和七）年八月三〇日第六三臨時議会（救農議会）を通過し、九月一日から募集が開始されたのである。(59)

同年一〇月三日、三週間にわたって移民訓練所で訓練を受けてきた各地からの在郷軍人四二五名は、東京を出発し一〇月八日大連に到着した。そして北大営にすでに設置されていた日本国民高等学校北大営分校で加藤の直系の六八名が合流し、第一次移民団は総計四九三名（団長市川益平中佐）となった。

一〇月一〇日奉天において関東軍司令官武藤信義（一八六八～一九三三）は、移民団に対し訓示を与えたがその要旨は大体次のようなものであった。すなわち、移民は「大和民族ノ大陸発展竝日満協和顕現ノ将来ヲ左右スル」意味において「満洲国農村ニ派遣セラレタル大和民族ノ前衛」であると意義づけた上で、治安不良な土地に移住するのであるから「且戦ヒ且耕スノ覚悟ト準備トヲ必要トス之カ為居常軍人精神ヲ陶冶シ戦闘技術ニ習熟スルト共ニ不断四周匪賊ノ情勢ヲ詳ニシテ苟クモ不覚ノ譏ナキノ用意ヲ要ス」(60)という、関東軍の政治的軍事的意図や期待のこめられた内容の表明であった。

こうして国内及び現地側の期待を受けて移民団は松花江を下航し一〇月一四日、目的地佳木斯に到着したが、早速「紅槍会匪大刀会匪」等の反満抗日軍の襲撃をうけ同日中に上陸出来ない始末であった。(61)これは正に関東軍の補助的役割を分担させられた日本農業移民の前途を象徴する幕開けであったといえよう。

注

（1）栗原健「第一次・第二次満蒙独立運動」『国際政治』（一九五八年度夏季特輯号）、五一～六五頁。

（2）関東州庁土木課編纂『愛川村――邦人満洲移民ノ魁』（関東洲庁水源水利調査資料）一九三五年、一～三頁。

(3) 信夫淳平『満蒙特殊権益論』日本評論社、一九三二年、三八六〜四〇九頁。
(4) 経済的に移民を成立させるには、自作農経営を断念して中国人を使用した小作経営か企業的営農に活路を見い出さざるをえないと指摘された（木下通敏『人口問題ヲ基調トシテ満蒙拓殖策ノ研究』外務省通商局、一九二七年、三三九頁、矢内原忠雄『満洲問題』岩波書店、一九三四年、一一〇〜一二〇頁）。
(5) 中国側の満洲移民に対する分析としては、例えば国民政府工商部訪問局発刊の『工商経済週刊』誌（一九三〇年九月二七日刊行）などは、「満洲ニ於ケル日本殖民」と題する記事を掲げ失敗理由として、「㈠満洲ノ気候大陸的ナルコト、㈡農夫又ハ職工トシテ支那人ニ及ハス、㈢移民カ政府ニ依頼シ過ギ個性ヲ欠キ創業心ニ乏シキコト」の三点を挙げている（外務省資料「本邦移民関係雑件・満洲国ノ部」）
(6) 関東軍参謀部「満蒙ニ於ケル占領地統治ニ関スル研究」稲葉正夫他編『太平洋戦争への道・別巻資料編』朝日新聞社、一九六三年、九五頁。
(7) 片倉衷「満洲事変機密政略日誌」其三、小林龍夫・島田俊彦編『現代史資料7　満洲事変』みすず書房、一九六四年、二九二頁。
(8)「支那移民」については制限的にすることを明記している（同、二九二頁）。
(9)「板垣参謀上京ニ際シ与ヘシ指示」（一月四日）稲葉正夫編、前掲書、一七〇〜一七一頁。
(10) 満洲開拓史刊行会編『満洲開拓史』（非売品）一九六六年、四七頁。
(11) 同書、四八頁。
(12) それは諮問会議終了後、板垣・石原両参謀が、満蒙移民即時断行論者の那須・橋本両博士の宿舎を訪問し詳細にわたってその意見を聴取し非常に満足していたことからも伺える（同、四九頁）。
(13) 関東軍統治部産業諮問委員会「満州移民諮問議事録」山田昭次編『満州移民』（近代民衆の記録　6）新人物往来社、一九七八年、三七三〜四〇八頁参照。
(14) 同、三九二〜三九四頁。
(15) 三移民案の全容については、満鉄経済調査会（昭和七年一月設置）編『満洲農業移民方策』（立案調査書類　第二編第一巻第一号）一九三六年、三一〜一一六頁参照。

(16) 同、三頁。
(17) 同、一一頁。
(18) 同、二五頁。
(19) 第一年度から第五年度まで毎年五、〇〇〇戸、第六年度より第一五年度までは毎年七、五〇〇戸という移植計画であった(同、六頁)。
(20) 浅田喬二「関東軍の満州農業移民計画(試験移民期)(1)」駒沢大学経済学会『経済学論集』第五巻第二号(一九七三年九月)、七三頁。
(21) 前掲『満洲農業移民方策』、一四~一五頁。
(22) 同、一一頁。
(23) 「逆産地」について「日本人移民に対する応急準備事項」(昭和七年二月統治部)は、「旧軍閥将領所有地及之と姻戚関係を利用し取得せる土地」としていた(同、九九頁)。
(24) 同右、一二頁。
(25) 浅田、前掲稿、六七頁。
(26) 年賦償還の経営形態別の差については、前掲『満洲農業移民方策』一七~二〇頁参照。
(27) 同、一六~一七頁。
(28) 浅田、前掲稿、六五頁。
(29) 同、七四~七五頁。
(30) 前掲『満洲農業移民方策』、一〇一頁。
(31) 同、九頁及び一〇二頁。
(32) なお、昭和七年関東軍司令部作成の「屯田兵式農村設定案」では、入植後四年目以降も分隊を単位とする共同経営が継続されるとしていた点に「屯田兵制移民案要綱」との大きな相違があった(同、一一九頁)。
(33) 同、九頁。
(34) 浅田、前掲稿、八一頁。

(35) 前掲『満洲農業移民方策』、一四一頁。
(36) 藤沢忠雄編『満洲開拓年鑑』(康徳七年版) 満洲国通信社、一九四〇年、一〇七頁。
(37) 東宮鉄男「シベリア時代日誌」東宮大佐記念事業委員会『東宮鉄男伝』一九四〇年、三三九頁。
(38) 奉天時代の昭和二年一一月五日付の項に、「兵器検査、夜秦少将ノ招宴、日支ノ官民ホトンド集ル、飯島様拙宅ニ来リ泊ス、相変ラズ痛快ナル人ナリ。余ノ多年ノ理想タル満洲集団移民ヲ実施スル計画アリト」と記されており、初めて満洲移民問題が日誌中はとり上げられている(「奉天独立守備中隊長時代日誌」、同書所収、三八九頁)。
(39) 「山田与四郎談」、同書所収、七九頁。
(40) 同、八〇～八三頁。
(41) 「河本大作談」同書所収、八二頁。
(42) 「第一次吉林省在郷軍人屯田移民実施案骨子」、同書、九四頁。
(43) 「于琛澂氏と治安維持隊」同書所収、九〇～九一頁。
(44) 満洲開拓史刊行会編、前掲書、五一頁。
(45) 「第一次満洲移民沿革ニ関スル参考資料」東宮大佐記念事業委員会、前掲書所収、六三四頁。
(46) 同、六三五頁。
(47) 同、六三七頁。
(48) その意味でこの東宮案は、山田豪一の指摘するように純然たる農業移民案とはいえない。山田によれば、同案の主眼目は、吉林軍過剰兵や旧東北軍帰順兵の再匪賊化防止のための帰農化であり、日本軍除隊兵屯墾軍の役割は彼らの監視にあるとしている(山田豪一「満州における反満抗日運動と農業移民(上)」『歴史評論』一四二号、一九六二年六月、六二頁)。
(49) 東宮大佐記念事業委員編の前掲書に収載されている「第一次満洲移民沿革ニ関スル参考資料」には、この項が削除されているので原資料を復刻した『満洲開拓史』に従った(満洲開拓史刊行会編、前掲書五二頁)。
(50) 同、五三頁。なお『東宮鉄男伝』では、この箇所は「国防関係上」と修正されており、他の箇所でも「露」の部分は全て伏字になるかあるいは削除されている。
(51) 東宮大佐記念事業委員会編、前掲書、六三〇頁。

(52) 加藤完治との会談後の一九三二（昭和七）年六月下旬松花江上航、露人から北鉄時代に北満開拓を目標とする「北満産業開発計画書」やウスリ江岸の「コサック屯墾案」が存在するという話をきいて直ちに関係方面に捜索させている事実などから東宮がかなり情報収集に力を入れていたことが窺える（同書、八七頁）。
(53) 同書、一〇〇頁。
(54) 加藤完治らを中心とする拓務省側の満洲農業移民についての立案作業と運動の展開については、浅田喬二「拓務省の満州農業移民計画（試験移民期）」『経済学部研究紀要』（駒沢大学）第三二号（一九七四年三月）参照。
(55) 「東宮大尉、加藤完治第一回連絡打合セ事項」、東宮大佐記念事業委員会編、前掲書所収、六三八頁。
(56) 同、六三九〜六四一頁。
(57) この点について、山田豪一は、加藤＝拓務省の移民案は、中身を東宮＝関東軍案にすりかえられたとしている（前掲論文、六四頁）。これに対し浅田喬二は、すりかえられたのではなく両者の合一のもとに作成された合体案であったとしている。そうでないと拓務省の農業移民案が第六三臨時議会（救農議会）に提出され、通過したことの理由が理解できなくなるからであると指摘している（前掲「拓務省の満州農業移民計画」、一二二頁）。しかし妥協案であるにせよ、国防や治安維持面における関東軍の補助的役割を分担することを取り上げれば、加藤の本来の農本主義的立場からの後退であり、現地側で主導権を握る関東軍側が圧倒する結果となったことは明らかである。
(58) 東宮大佐記念事業委員会編、前掲書、六五五頁。
(59) 在郷軍人の選定地域は、満洲の気候風土になるべく似寄った東北、北陸、関東地方とされた（満洲開拓史刊行会編、前掲書、八二一〜八二三頁、及び拓務大臣官房文書課『拓務要覧』昭和七年度版、七五七頁参照）。
(60) 武藤信義「集団移民ニ与フル訓示」満洲拓植委員会事務局編『満洲移民提要』、一九三八年、一一九〜一二一頁。
(61) 「第一次満洲自衛移民輸送状況日誌」（一〇月一四日の項）『拓務時報』第二一号（一九三二年一二月）、四〇頁。

第八章　駒井徳三の中国認識

1　実践的アジア主義の解明に向けて

駒井徳三（一八八五〜一九六一）が歴史の檜舞台に躍り出たのは、一九三二（昭和七）年三月であった。いうまでもなく満洲国建国に伴う人事で初代の国務院総務庁の長官に就任し、その名を馳せたからである。そして同年一〇月、長官の地位を退きその後参議として満洲に留まったが、その地位をも辞し帰国の途に就いたのは翌年七月であった。

参議を辞めた直接的原因について、駒井自らは、満洲国国内諸鉄道経営の満鉄への移管問題に反対したためと述べている。[1]しかし直接的契機が何であれ、満洲を去るという事態に至る背景は、一九三一（昭和六）年一〇月末に関東軍財務顧問に招聘された時点から形成されていたといって差支えないであろう。

関東軍財務顧問、さらに同年一二月一五日、文治主義の方針の下に新設された統治部の部長を歴任する過程において、すでに駒井は周囲と円滑な関係を持っていなかった。[2]そして国務院総務長官の人選をめぐって十河信二（一八八四〜一九七九）満鉄理事を推す和知鷹二（一八九三〜一九七八）参謀と角逐し、また大雄峰会の笠木良明（一八九二〜一九五五）

も駒井に長官辞退を勧告するに至って、彼は一時内地に帰還する決意をすることになる。(3) しかし板垣征四郎（一八八五～一九四八）、石原莞爾（一八八九～一九四九）、さらに本庄繁（一八七六～一九四五）が駒井を推挙したことと、かつて駒井と懇意であった南通の張謇（一八五三～一九二六）の詩友鄭孝胥（一八五九～一九三八）が強く中国通の彼を推したことで結局、駒井が初代総務長官に就任することになったのである。(4)

これらの経緯から、駒井と笠木、和知との溝は一層深まり、旧自治指導部を継承した資政局をめぐって笠木派とついに全面的な対決に至る。(5) 資政局は国務院の外局であるが、その存在が国務院と並んで実質的な行政の二元化を招来することになるため、中央集権制に基づいた近代的法治国家の建設をめざす駒井と衝突することになったのである。(6)

駒井と周囲のこのようなあつれきの中で、彼が次第に満洲国を去ろうと決意していったことは確かなことである。結果として駒井は満洲から「弾《はじ》き出された」、あるいは弾き出される前に自ら「弾き出た」ともいうべき存在になった。すでに友人の鈴木茂三郎（一八九三～一九七〇）は、駒井の総務長官就任当時、「我々は或る個人の善意は組織と権力の前には無力であることを知り抜いている。（中略）巨像の如く万物の視聴のなかに立つ彼の脚下には、入道雲のむらがるあり、雷火の閃めくあり、又激流の流れるがある。とりわけ彼の脚下にはファッショの二つの流れがある」(7) と予言していたのだが、この鈴木の抱いた危惧は期せずして的中したといえる。

駒井は日本の長期にわたる大陸政策において、大正期から一貫して中国全体の「建設」、「開発」を主張し、それを系統的に追求してきた。(8) そのような駒井の先駆的な姿勢の背後にあるものは、科学的実証主義的方法論であり、その基盤は、思想形成期に駒井が出会った三人の人物、荒尾精（一八五九～一八九六）、杉浦重剛（一八五五～一九二四）、南方熊楠（一八六七～一九四一）の思想的影響によって発芽し、開拓者精神に満ちた札幌農学校の学風に育まれ、満鉄時代のフィールドワークによって確立していったといえよう。

したがって日本の大陸政策の意図が、独善性を孕みつつ次第に肥大化していくにつれ、駒井が大陸論者の主流からはずれ、満洲を去るようになっていったのは、必然的な結果であったろう。

帰国した駒井はその「善意」を実現すべく、一九三四（昭和九）年九月、将来の中国の経済建設に役立ちうる人材の養成を目的として、私立学校「康徳学院」を兵庫県宝塚に設立する計画を公表し、翌一〇年四月、一期生一五名を迎え入れたのである。

本論は駒井の事業の集大成ともいうべき康徳学院、さらに興亜時習社、康徳印書館の設立に至る中国への係わり合いの軌跡を辿ることによって、駒井の内面に潜む中国像を検証しようとするものである。それはまた日中関係の谷間に浮遊し、これまでアジア主義者として規定されてきた大陸論者に共通するであろう屈折した中国像を描き出すことにも通じるものと考えられる。

2　駒井徳三の出自と思想形成

駒井徳三は一八八五（明治一八）年六月一〇日、滋賀県栗太郡常盤村字穴（通称穴村、現草津市）に駒井徳恒の二男として生まれた。古代朝鮮の新羅系帰化人・天日槍（矛）の第三子・天三杵命を祖先としているとして、彼は戦前と戦後に公刊された回顧録において強調している。(9) また彼は周囲に「駒井」姓の「駒《コマ》」はもともと「高麗《コマ》」に由来している、と常々語っていたという。(10) このような祖先に対する意識が、彼の大陸観に多少とも影響を与えたとも考えられる。(11)

周知のように天日槍は記紀に登場する垂仁天皇代に渡来した新羅王子であり、古代日本の鉄器文化を論ずる上に欠かすことのできない人物である。(12) 駒井家は、この天日槍父子を氏神として祀る安羅《あら》神社の神官として代々続いてきた名門旧家であり、生国伝来の灸点(13)を主とする医療法をもって家業とし、その繁盛ぶりは評判が京都、大阪周辺まで響いていたため門前市をなす有様であったという。

一方駒井の祖母は大塩平八郎（一八九三〜一八三七）の娘にあたり、大塩の乱の後幕府から逃れて儒者清水雷州の下で養育され、そこから駒井家に嫁してきたのである。家系の上で、窮民救済のため反乱を起こした大塩につながるということは、徳三を含めた駒井家の者に「血統に何か、筋金のようなものが一本入った観」[14]を与えたと意識させている。

また母親のき野は琵琶湖西岸の堅田の出身であるが、その父は少年時代、近藤重蔵（一七七一〜一八二九）の門下生であった。近藤が北方ロシア人対策について幕府に献策し、蝦夷・千島を数度にわたって探検踏査したことは広く知られているが、その後近藤は大塩平八郎に接近し、さらに改易処分に遇った後は近江大溝藩預りとなり、没するまでの三年間は大溝で村塾を開き童蒙教育に当たっていたのである。祖父がこの大溝村塾で近藤から聞いた北方探検談を、き野は受け売りながら幼少の駒井に幾度となく聞かせた。[15]駒井自身が回想しているように、このような幼少時の家庭環境は、彼が中国大陸に関心を寄せるのに十分であったと考えられる。

ところで駒井は少年期においては自由民権思想を信奉し、演説会を傍聴に出かけるなど思想的早熟性を示しているが、少年期から青年期に移行する過程で思想形成に影響を与えたと思われる人物は、先にふれた荒尾精、杉浦重剛、南方熊楠の三人である。

京都若王子の山荘に隠棲していた荒尾精と初めて出会ったのは、駒井が大津の高等小学校に通っていた頃であった。[16]かつて岸田吟香（一八三三〜一九〇五）らの援助で漢口楽善堂に依拠し、「日清提携」を唱えるとともに、東亜同文書院の前身ともいうべき日清貿易研究所を上海に設立し、中国研究の人材を養成していた荒尾は、この当時日清戦争の処理をめぐって盛り上がった領土割譲論に反対して、若王子山荘において「対清弁妄」を執筆し公表した。[17]

荒尾は貿易振興によって富国を図るという立場から、その手初めに人材養成の機関として日清貿易研究所を一八九〇（明治二三）年九月開設していた。駒井が荒尾を知った頃はすでに日本に引き上げていたが、駒井が荒尾から「日清提携」

の必要性を力説されたことは、まだ中国に対して特別な認識を持たない少年にとって印象的なことであったと思われる。(18)

駒井は一八九八（明治三一）年、京都府立一中に進学（後、二中に転校）したが、進学と同時に同郷の杉浦重剛の泊雲塾（東京の称好塾の支塾）に寄宿し在学中をここで過ごした。泊雲塾は杉浦の高弟森祐清が管理を任されていたが、毎月一回入洛する杉浦から駒井は親しく薫陶を受けたのである。(19)駒井は泊雲塾において杉浦から中国問題について一層関心を深められたと述べている。(20)それは杉浦が、一九〇二（明治三五）年から一年間、近衛篤麿（一八六三〜一九〇四）の委嘱で、一時的に東亜同文書院の院長を務め、特に日中間の諸問題に関心を深めていたからである。

駒井の回顧録においては、杉浦との繋がりは中国問題を主としているというだけで、杉浦によるそれ以外の思想的影響についてはふれていない。しかし駒井の中国認識の背景にある合理主義的、科学的・実証主義的姿勢を考えると、中学時代の泊雲塾のもつウエイトが大きいと認めることからしても、(21)塾長杉浦重剛の科学者としての一面を見逃してはならないであろう。杉浦は大学南校に学んだ後、一八七六（明治九）年から一八八〇年まで英国に派遣され、化学を専攻した文部省の第二回留学生である。(22)しかも杉浦は、留学期間中の業績からわかるように、(23)すぐれた化学者であるにとどまらず、生物学をも研究の対象にするなど(24)幅広い自然科学者であった。

杉浦は帰国後教育界に入るが、英国留学中身につけた自然科学的実証主義的思考方法は彼の教育理念(25)の中に生かされ、加藤弘之（一八三六〜一九一六）の宗教教育論に対抗して化学教育の必要性を力説するに至る。(26)生物進化論やスペンサー流の社会進化論が紹介されたばかりの明治一〇年代の日本において、すでに実証主義的思考方法を身につけていた杉浦は特異な存在であったというべきであろう。

以上のような杉浦の背景を考えると、後に師に報いるため顕彰碑を建設した駒井と杉浦との師弟関係から推察して、(27)駒井は中国問題だけでなく科学者としての杉浦からも相当の影響を受けたといえよう。例えば、中学時代に駒井が生物学に関心をもって採集などしているが、これも杉浦の影響ではあるまいか。

京都泊雲塾時代に、駒井の思想形成に影響を与えたもう一人の人物は生物学者南方熊楠である。彼が和歌山県田辺町近くの鉛山《かなやま》温泉（現在の白浜湯崎温泉）で最初に南方に出会ったのは、一九〇一（明治三四）年、中学四年の夏であった。駒井家の別荘が和歌山県白浜にあり、彼が夏休みの間ここに長期滞在して古生物採取をしていたことが知り合う直接的契機となっている。

この時期南方は一四年間にわたる海外生活を終え、英国留学から帰国して一年にも満たない頃であった(28)。英国での学究生活において南方は、杉浦重剛も寄稿したことのある科学雑誌『ネイチャー』の三〇周年記念号（一八九九年）に、日本人としては二人だけ植物学者伊藤篤太郎（一八六五～一九四一）とともに特別寄稿しているほど優れた科学者としても評価されていた(29)。

結局駒井は翌一九〇二年と二夏にわたって、南方から生物学の指導を受けた。駒井が南方の学問的方法論であるエコロジカル・アプローチ(30)に理解を示し、その方法論的な影響を受けたかどうかは明らかではない。ただ留学以前から南方が身に付け、さらにイギリスにおける経験から一層強まった実証主義的な考え方は駒井自身十分感じとったはずである。

南方は生物学に深い関心を寄せていた駒井に対し英国留学を勧めるが、駒井の家庭の事情からそれが不可能になると、日本ならば札幌農学校が良いだろうと、将来の方向に示唆を与えた(31)。

ところで生物学者としての南方以外に駒井が南方に感じた魅力は、「中国革命の父」孫文（一八六六～一九二五）の親友であり、その提携者としての「アジア主義者」のイメージであった(32)。南方は一八九七（明治三〇）年三月一六日、大英博物館の東洋部長ダグラスの部屋で孫文に出会い、この時孫文に一生の所期はと問われると、「願くは我々東洋人は一度西洋人を挙げて悉く国境外へ放逐したき事なり(33)」と答え、彼を失色させている。これが南方のナショナリズムの表明であることは言うまでもないが、この出会いを契機として、「中国革命」に専心する孫文とアジア復興の志を共有することで親密な交友関係を持つに至ったのである(34)。

南方が孫文との交友関係を駒井に語る中で浮き彫りにした中国革命の彩やかな印象は、駒井が南方に魅かれていく重要な要素の一つであったといえよう。駒井は宮崎滔天の『三十三年の夢』等によって中国革命に関心をすでに寄せていたが、南方が語る鮮明な孫文像は、駒井の関心を一層中国に向けさせる結果になったと思われる。[35]

一九〇四（明治三七）年三月、京都府立二中を卒業した駒井は上京し、正則英語学校、外国語学校支那語科に通うともに明治法律学校に入学した。そして中国人留学生と交流を図りつつ、幸徳秋水（一八七一～一九一一）、堺利彦（一八七〇～一九三三）、西川光二郎（一八七六～一九四〇）ら社会主義者とも接触していった。特に幸徳秋水とは親しく、彼と志賀重昂（一八六三～一九二七）から示唆を受けて以前に南方から勧められた札幌農学校進学を強く望むようになったのである。

駒井は札幌農学校進学の動機について、「深く心中に蟠っている中国問題の解決についても、矢張り利用厚生という実学的な物を持っていなければ、単なる空想に終ってただ徒らに空騒ぎをやってみるのがおちだ」[36]（傍点、長谷川）と語っているが、この選択は科学的・合理的性格の色濃い駒井の「実利」志向の発露であったといえよう。

3　満洲大豆＝中国棉花論

一九〇八（明治四一）年七月、札幌農学校予科（一九〇七年の学制改革で東北帝国大学農科大学予科に改称）を卒業した駒井は、本科（農学科）に進んだ。[37]ここで彼は農政学、植民学を高岡熊雄（一八七二～一九六一）の下で専攻し、卒業論文として「満洲大豆論」を提出したのである。

駒井が論文のテーマとして「満洲大豆」を採り上げたのは、日露戦争後の満洲経営によって安価な満洲産大豆が輸入されるようになり、北海道産大豆が圧迫されて農家経営が危機になっていたこと、[38]さらに「去ル千九百〇八年末邦商三井ガ新ニ其販路ヲ欧米方面ニ開拓シテヨリ以来之レガ輸出ノ趨勢ハ滔々トシテ殆ド停止スル所ヲ知ラザルガ如ク既ニ欧米市場ニ於テハ搾油原料トシテ（中略）世界的貿易品ノ一トシテ認メラル、ニ至レリ。斯ノ如ク満洲大豆問題ハ単ニ極東ノ一小問題ニ非ズシテ今ヤ関係スル所甚タ広般ナル世界ノ経済問題トナレリ」[39]とあるように、世界的商品となった満洲大豆の将来の動向について、満洲と密接な関係にある日本は関心を持たざるをえない状況だったためである。

論文を作成するにあたって駒井は一九一〇（明治四三）年、最初の調査旅行に出かける。[40]満鉄理事久保田政周（一八七一～一九二五）、関東都督府民政長官白仁武（一八六三～一九四一）の協力を得ながら、駒井は農商務省監督課長（のち農商務省参事官）勝部国臣に随行して、営口を振り出しに遼陽、奉天、鉄嶺、開原、長春、吉林、ハルビンと満洲各地を回って大豆事情を調査し終え、翌年卒業論文としてまとめ上げたのである。そしてこの論文は、翌一九一二年、新渡戸稲造（一八六二～一九三三）の示唆を受けて東亜経済調査局で研究を補い、『満洲大豆論』として公刊されるに至った。

この『満洲大豆論』は駒井の予期した以上の反響を呼び、台湾総督、大日本製糖、南満洲鉄道株式会社から就職の声が掛かったが、結局一九一二（大正元）年九月満鉄に入社することとなった。ここで彼は地方部地方課に配属され、「産業調査指導奨励ニ関スル事項」[41]を担当させられることになる。満鉄において農学を学んだ者はかつていなかったため、駒井は世界的商品である大豆の品種改良に取り組み、また公主嶺農事試験場の設置計画をたてるなど満洲開発を使命とする満鉄の草創期における農業開発事業に当たったのである。[42]

満鉄社員としての駒井は、同僚が評しているように「天下（満鉄）を取ろうという組」[43]ではなく、もっぱらアイディアマンとして、公主嶺農事試験場の設立や羊毛の増産のためメリノ種の導入を図るなど、数々の企画をたて調査事業を行ったのである。この当時彼は、中国大陸に関する日本の国策や経綸を確保するために、「空疎な論文でなく、このありがたい国策機関勤務を幸いに、コツコツと実際調査を積み上げ……るンだ」[44]と同僚に主張していたという。

駒井の中国に対する科学的・実証主義的アプローチにおいて「満鉄」の占める位置は大きいが、とりわけ満鉄の調査の特色である「フィールドワーク」は、後年の駒井を形成し方向づける最も大きな要因であったといえよう。

事実駒井は、満鉄を辞職する一九二〇（大正九）年までの八年間に計八回の経済調査を目的とした踏査旅行を行っている。そしてその期間も入社直後の六ヵ月に及ぶ満洲里から浦塩（ウラジオストック）までの調査行を手始めとして、一九一八（大正七）年三月から二年三ヵ月をかけた中国全土、いわゆる「四百余州」へのフィールドワーク等、八年の満鉄社員生活のうち、実に五年一ヵ月にも上るものであった(45)。

これらの調査旅行は、満洲、東部内蒙古及び中国全土の奥地まで、存分に馬や馬車を駆使した踏査であったが、ここでは、一九一四（大正三年）四月から九月までの六ヵ月をかけた東部内蒙古調査、一九一八年三月から二〇年六月までの中国全土の調査を採り上げてみたい。

東部内蒙古の調査旅行に先立って、産業調査担当の駒井は、山座円次郎（一八六六～一九一四）中国公使から日中協同事業についての開発調査の依託を受けた(46)。この調査は満鉄、参謀本部、外務省、農商務省の共同調査であり、日本政府の計画した大規模な共同調査といえるが、満鉄としては満洲大豆増産の観点から鉄道敷設をも含めた東部内蒙古の開発調査を目的としていたのである。

駒井はこの調査旅行の結論として、東部内蒙古を縦断する鉄道（後の四洮鉄道等）を二本敷設し、同地域の農耕適地を開墾して大豆の大幅な増産を図り、さらに南満の農業改良によって増産可能となる農作物と併せて新鉄道を東支鉄道に対抗させる、という案を提出し(47)、また山座から依託された件については、後に張作霖（一八七五～一九二八）と土地の取得をめぐる争奪戦が展開されることになる通遼の開発事業を提示したのである(48)。

しかしこの東部内蒙古のフィールドワークが駒井にもたらした最大の収穫は、日本の大陸政策における「二重外交」の実態に接したことと、ベルギーのセツルメントをみて日本の大陸政策の在り方を反省させられたことである。二重外交と駒井が述べているのは、陸軍と外務省の主導権争いを意味しているが、その背景には従来から満洲の四頭政治といわれてきた両者の面目を賭けての角逐があったのである。この主導権争いは調査団が張家口から入蒙して以後も尾を引き、これに閉口した駒井の提案で、経棚において共同調査班を分散して、各班がそれぞれ調査を行ないながら興安嶺を越すという事態になったほどであった。彼の軍不信の念は、これ以降醸成されていくことになる。

また経棚から赤峯への調査の途中視察したベルギーのミッションによるセツルメントの充実した施設及び制度は駒井を驚かせ、それに携わるベルギー人から日本の大陸政策を「砂上の楼閣」[49]と批判されたことも相まって、駒井の大陸政策観を大きく変えるきっかけとなった。彼はこのセツルメントに奉仕するベルギー人のように、日本人にも中国に土着する人材が必要であることを認識するようになったのである。このような認識が後の康徳学院設立の動機となったのは明らかであり、このフィールドワークにおける最大の収穫の一つであったといえる。[50]

ところで共同調査を終えた駒井は、かつて『満洲大豆論』を執筆する際東亜経済調査局で指導を受けたドイツ人顧問カール・チース博士[51]（Dr. Karl Thiess, 一八七〇〜?）の未開発地域に対する調査法に従って、同年秋から翌春にかけて、前回と同じ地域を鄭家屯から東西にコースを選び独自の調査旅行に出かけた。このように同地域に対しても時期を変え、またコースを変えるというチース流の念の入った調査活動を積み重ねることによって、中国の農家経済や産業開発に対する見識は一層高められたのである。

特に満鉄時代の終わりに行った二年三ヵ月にわたる中国全土へのフィールドワークは、後の駒井を形成する上で重大なステップとなったといえよう。中でもこの調査期間中に脱稿した『支那棉花改良ノ研究』は、それまでの彼の調査研究の総まとめであり、自国本位の視点を越えた冷徹な分析は、後述するように、当時上海に雌伏していた孫文を瞠目せしめたのである。またこの期間中に、後に親交を重ねることになる南通の張謇と知り合う契機を持ったのも大きな収穫であった。

駒井が欧米留学を辞退し、個人的に中国全域にわたる調査旅行を満鉄当局に申請したのは一九一七（大正六）年であり、満鉄から「満二ヵ年間農業調査ノ為メ支那内地へ出発ヲ命ス」[52]との辞命が発せられたのは、翌年二月一六日のことであった。出発に先立ち、改野耕三（一八五七〜一九二八）満鉄理事は「独リ弊社直接関係資料蒐集ノミナラス一切国家的調査之所存ニ附……支那官憲ニ接触スル場合至極便利」[53]であるとして、駒井を外務省嘱託とするよう外相本野一郎（一八六二〜一九一八）にはからってくれた。またすでに東洋拓殖会社（東拓）の嘱託であった駒井はさらに農商務省商工局から嘱託となることも認められ、結局、満鉄、外務省、東拓、農商務省の四機関の職務を担って中国四百余州に農業調査研究を目的として旅立ったのである。農業調査といっても、実際には産業全般の開発に関する調査で、「今まで満洲、蒙古を観た眼で『中国を如何に開発すべきか』の問題の解決を目標として、ゆっくり廻って来たい」[54]という彼の念願が実現したものであった。

この旅行における主な調査としては、天津での貿易及び工業事情の調査、中国政府の委嘱による白河右岸の馬廠一帯の大未墾地の踏査、山東各地での労働力と柞蚕繭の調査、山西省における鉄と石炭の調査、黄河の沖積平野である河北・河南における農業調査、陝西省における渭水流域の関中棉に関する調査などがあげられる。そして延安―甘粛―漢口―四川―雲南―香港―上海というコースを経て二年余の中国全域の行程は終了したのである。

しかしこの大旅行で駒井が特に強く認識したのは、中国人農民の生活が極度の貧困状態にあったことである。彼によれば、その暮らしは「全く人類の生活ではなく動物の生活」[55]であった。駒井は、その原因の一つが自然の荒廃、特に大河川の氾濫によるものであり「自然を征服しなければ中国は立ち上れない」[56]という結論を出したのである。

駒井は、中国の数多い大河川のなかでも特に西欧人がChina Sorrowと呼ぶ黄河を重要視し、渭水流域の関中棉（陝西棉）を調査した時伝統的に渭水利用の灌漑施設が充実していたことにヒントを得て、「黄河治水灌漑事業」の大構想を抱くに至る。以後彼は、黄河、淮河などの大河川の治水事業を中国再建の大きな柱として位置づけ、これを中国研究家としての自らのライフワークとして位置づけたのである。事実、『支那棉花改良ノ研究』に続いて、駒井は『支那治水事業ノ研究』を刊行する予定であった。駒井の中国観の原型と産業立国論に基づく中国復興のプログラムが確立されたのは、この二年三ヵ月にわたる調査旅行を通してであったといって差し支えないであろう。

『支那棉花改良ノ研究』は「支那産業研究叢書シリーズ」の第一巻であり、続いて駒井は『支那治水事業ノ研究』、『支那羊毛改良ノ研究』、『支那米改良増殖ノ研究』、『支那肉用獣鳥類改良増殖ノ研究』、『支那ノ鉄及石炭ニ関スル研究』、『支那労働者ノ研究』、『支那内国植民ノ研究』、『支那不動産金融ノ研究』、『支那ノ地租ニ関スル研究』、『対支投資並ニ企業ノ研究』等の刊行を予定していた。しかし、後に刊行されたのは、一九二五（大正一四）年の『支那金融事情』[57]だけで、駒井のライフワークであった『支那治水事業ノ研究』は、研究は続けられたものの遂に刊行されずに終わったのである。この叢書シリーズ第一巻は、「聊カニテモ我邦ノ対支政策並ニ支那ノ富強策及対日政策ニ貢献スル」[58]ことを期して、日中双方の政府、言論及び教育機関等関係者に贈呈するために自費で出版されたものである。

さて『支那棉花改良ノ研究』は、「綿糸紡績業ハ日支両国ニ於ケル最モ重要ナル工業ナリ」[59]という前提から出発して、棉産国として世界第三位を占めるものの棉質劣等なるために優良な綿糸の紡出に適さない中国棉花の改良を意図するものであり、そのため実態を分析し具体的な方策を提唱しようとして書かれたものである。そして棉花改良の意義を、「世界ニ於ケル棉花需給ノ趨勢」との関連、「支那財政経済救済策トシテ」、「日本綿業ノ立場ヨリ」の三点から考察している。紙幅の関係上、要約して述べれば、第一点としては世界市場における棉花の需給のバランスを調節する上から、第二点としては慢性的輸入超過とそれを補うため大幅導入された外債により窮迫している中国経済の再建策として、第三点としては日本の綿製品の市場開発とその原料の供給地という観点から、中国棉花改良事業を急務のものとして位置づけているのである。

駒井は「即チ支那棉花改良事業ハ啻ニ支那自身ノ利益ノ為メノミナラズ近世文明ノ為メニ貢献スル処少ナカリシ支那ガ

世界人類幸福ノ為メニ当然為サザルベカラザル義務的事業ノ一ト云フベシ、従テ又本事業ハ平素支那開発ノ指導者ヲ以テ自ラ任ジツツアル日本ガ支那ノ為メ果又世界人類ノ為メニ率先シテ助力セザルベカラザル誠ニ意義深キ一大事業ト云フベシ」[60]と世界的な見地から述べているが、ここではっきり読みとれるのは「日本」に仮託した駒井自身の「開発指導者」としての自覚と自負である。このように彼が意気込んでいるのは、日本の中国関係者の中でも開発指導者としては先駆的であると自らを意識しているからであろう。

駒井によれば、従来の日本の対中国経済援助が「其声ノミ徒ニ大ニシテ容易ニ其実現ヲ見サル」[61]状態にあるのは、「其眼界甚タ狭少ニシテ先ツ公正ニ支那ノ為メニ棉花ノ改良増殖ヲ図リ然ル後是ガ供給ヲ支那ニ仰グノ順序ヲ忘却シ眼前支那ニ於テ自己ノ為ニ安全ナル棉作地域ヲ獲得セントスルガ如キ過レル観念ニ捕ハレツツアル」[62]日本政府及び棉花関係者の認識の不足であった。これを打ち破ることこそ自らに課せられた使命であると駒井は意識したといえる。

『支那棉花改良ノ研究』の農業経済学史上の位置づけはともかくとして、全体的に同書は、フィールドワークによる実態分析に基づいて、中国棉花改良事業を行う際の道標ないしチャートであるといえる。特に最終章では「支那棉花ノ改良ニ関シ日支両国ノ当事者ニ望ム」として、いくつかの提言を行っている。

まず「日本政府並ニ対支投資家ニ対スル希望」では、日本は棉花も含めて「欧米諸国ノ未ダ深ク染手セザル天然産業開発ノ方面ニ極力援助ノ方針ヲ傾注」[63]すべきであると、日本の採るべき対中国経済援助政策の大枠を示した。それは数十年以前から欧米先進諸国が援助を進めてきた学校・病院などの諸設備の方面において日本は後発であったためである。さらにその援助は、「財的方面ノ援助」と「知識的方面ヨリスル援助」の二方面から行なうべきであるとした。

次に具体的提言として五項目を挙げている。第一に、「政府ガ支那棉花改良事業ニ対シテ与フベキ援助ハ直接支那政府ニ向テノミ致シ而モ徹頭徹尾公正堂々タルモノナラザルベカラズ」ことは自明であるにもかかわらず、「最近我対支事業家中ニハ支那ニ於ケル棉花栽培事業ヲ恰モ利権問題視シ又眼前ノ私利ヲ目的トセル棉作地獲得ヲ非常ナル国家的行為ノ如クニ装[64]」う利権屋が日中両国の妨げになっている状況を指摘し、排日防止の上からもこれら利権屋を排除することを強調している。

第二に、日本政府は「団匪事件」償金残額を中国の産業開発資金に充当することを決定していたが、中国政府が他に流用しないことを条件に実行すべきだとしている。

第三に、日本政府が行った中国産業に関する詳細な調査資料を、「徒ニ死蔵スルコトナク支那政府ニモ分与シ以テ人才ノ欠乏ト経費ノ不足トニヨリ自国産業ニ関スル調査研究ニ専心ナルコト能ハザル支那当局ノ参考ニ資スベシ[65]」と提案している。

第四に、棉花改良事業にあたって、新棉作地開拓は、中国政府の政策及び中国人の国民感情の上から日本人が直接に当たるべき性質のものではないが[66]、日本の対中投資家が団結して、中国に棉花改良に関する有力な会社の設立を慫慂し、社債の引受け、技術員の供給等に配慮を払い開拓事業を援助すべきであるとした。

第五に、在中紡績業者ならびに棉花輸出商が、優良な棉花種子または肥料を中国の地方農家に配給して試作試用を促すことも、棉花改良の有力なる一方法であると提案した。

以上のように駒井は、日本政府に対しては利権屋的対中国投資家の規制、中国当局への資料の提供などを要求する一方で、民間側に対しては棉花改良に関する会社設立など大胆な具体策を提案し、従来の日本の対中国経済政策の流れを転換させようとしたのである。一方中国政府に対しては、初めに「棉花改良ガ支那ノ富強ヲ図ル上ニ百利アリテ一害ナキコトハ嚢ニ之ヲ詳説シタリ、而シテ今日ノ支那ニ在リテハ既ニ是レヲ論議スベキ秋ニ非ズシテ実行スベキ時代ニ際会セリ[67]」と、中国政府がこの事業に必要な資金と知識技術を積極的に外国に求めることを奨励している。駒井は中国がこの資金および知識を世界の何れの国に求めようと自由であるとしているが、将来の日中両国の経済的利害の上から日本の資本を利用することを希望していた。

駒井は、最後に彼の中国問題に取り組む姿勢を如実に述べて本書を結んでいる。「若シ夫レ日本ガ斯種問題ニ籍口シ何等カ別ニ為メニセントスル処アルガ如ク揣摩スルノ徒アラバ畢竟スルニ杞人ノ憂タルヲ失ハズ、又万一日本人ノ或者ガ斯種美名ノ下ニ利己的欲望ヲ逞クセントスルガ如キコトアラバ寧ロ日本全般ノ利益ヲ傷クルモノトシテ吾人ハ之ガ排斥撲滅ヲ図ルニ躊躇セザルベシ、支那政府タルモノ安ンジデ可ナリ」[68]（傍点、長谷川）。

ところで、『支那棉花改良ノ研究』の執筆にあたっては、「自序」にも書かれているように中国農商部当局が研究資料の提供や、農商部の直営する棉業試験場を視察させるなど全面的な協力をしている。中国政府農商部との協力関係は、先の中国全土への調査旅行に際し、農商部が駒井に若手官吏を託して随行させていることからも窺えるが、当局が駒井を高く評価していたことを示すものでもある。

農商部当局は自費刊行と同時に翻訳権をとり、漢訳して『農商公報』に連載し[69]、続いてこれを公刊した。さらに『上海日日新聞』、英字紙『ノースチャイナ・デーリーニューズ』(*North China Daily News*)にも転載され、また駒井は南京大学から招聘を受け一週間の特別講義を行ったが、これほど反響を呼ぶとは駒井自身予想していなかったという[70]。

この頃駒井は、宮崎滔天（一八七一〜一九二二）の訪問を受けた[71]。滔天は、『支那棉花改良ノ研究』を読んで感銘した孫文の使者として彼に会いにきたのである。

当時孫文は、前年の一九一八（大正七）年五月、大元帥の地位を追われて以来上海に隠棲し、「建国方略之一　心理建設」、「建国方略之二　物質建設」等を執筆していた。いわば次の革命運動に向けての内省期であった[72]。

孫文は、駒井の著書が従来の日本人の自己本位な研究と異なり中国のための研究であるという印象をもったというが[73]、孫文の中国建設のヴィジョンが駒井の青写真と一致する部分を有していたことは確かである。例えば孫文は「物質建設（実業計画）」において、中国国土の国際共同開発計画を提案するなど外国の資本、知識技術を積極的に導入することを主張していた。また駒井の提起した「棉花」については、「第五計画・第二部　衣服工業」の「丙・棉工業」において、中国が今や棉花を輸出し逆に綿製品を大幅に外国から輸入している事実を踏まえ、中国人民に安価な綿製品を供給するため棉産地域に国立の大紡績工場を数多く設置することを提唱していたのである(74)。

このように孫文と駒井の構想は合致する部分があったといえるが(75)、それ以上に失意の日々を上海の自宅で送り、また五・四運動にみられる日中関係の破綻情況の中で日本に対する評価と態度を大きく転換した孫文にとって、自国の対中国政策を反省しつつ中国の開発に建設的ヴィジョンを提示した駒井の同論文は、中国革命の模索を試みる上からも注目されるべき価値があったのかもしれない。こうして駒井の『支那棉花改良ノ研究』は、孫文を含めて中国の朝野に一石と投じる結果となったのである。

この調査旅行中、一方で駒井は、前述のように後に大きな影響をうけることになる南通の張謇と知り合うきっかけを得た。それは五・四運動が勃発した頃であるが、駒井はこの時南通に赴き張謇の事業を視察したのである。

周知のように、張謇はかつて立憲派の重鎮として、袁世凱政府の下で農商務総長などを歴任したが、袁の帝制運動に失望して政界を去って以来、南通に紡績事業をはじめとする各種関連事業を興し、その経営と地方自治に専念していた(76)。また、アメリカを相手に導淮治水借款を計画し、紡績、開墾、銀行など「実業立国論」に基づいて各種企業の発展につとめていたが、こうした張謇の実践は、中国経済再建に関して駒井の抱いた構想と一致するものであった(77)。また駒井がライフワークと位置づけた黄河、淮河などの治水事業も張謇の構想の影響によって発展したとも考えられる(78)。

駒井が張謇と提携していく詳細な過程については割愛せざるを得ないが、駒井は一九二二（大正一一）年、張謇財閥借款調査委員として南通に赴き、約三週間張謇の関連企業を実地調査した後、中国側に「中国江蘇省南通州張謇関係事業調査報告書(79)」を提出し、事業の再建及び整理改廃について勧告することになる。

さて一九二〇（大正九）年七月、二年余の産業調査を終えて満鉄に帰った駒井は、彼の調査旅行中に社長に就任した野村龍太郎（一八五九〜一九四三）と提出した調査報告書をめぐって衝突し、遂に同社を退職し帰国するに至ったのである(80)。

帰国後の駒井は、内田康哉（一八六五〜一九三六）外相に請われて、同年一二月から嘱託として外務省亜細亜局に勤務し、対満支投資の監督事務を担当、のち通商局に移った。この霞ヶ関時代に、彼は豊かな経験と知識に基づいた優れた業績をあげるが、それらには、前述の張謇財閥借款調査のほか、在満朝鮮人救済問題の解決策であり、また東亜勧業株式会社設立の直接的動機となった「満洲及沿海州移住鮮民救済案」、「満洲及沿海州移住鮮民ノ救済ト東洋拓殖株式会社」等の意見書や一九二三（大正一二）年、中国の金融事情調査に基づき二年後にまとめた『支那金融事情』がある。

この内在満朝鮮人救済等の二つの意見書は、後の満洲国総務長官当時、日本の「朝鮮統治は失敗」であり「満洲は第二の朝鮮となってはならぬ」(81)と主張する駒井の思想を跡づける上からも、特に注目すべきものであろう。(82)

4　康徳学院の創設

一九二五（大正一四）年九月、駒井は、観戦武官として来日した旧知の郭松齢（当時、奉天軍第三方面軍副司令、一八八二〜一九二五）と山中温泉において会談し、郭の満洲独立運動に参加することを決意した。(83)そのため、駒井は外務省通商局第二課嘱託を辞し、(84)野に下ったのである。しかし郭の反乱は、関東軍の方針が郭排撃に変わったことによって挫折し、駒井も渡満を目前にして憲兵に抑えられ渡満を禁止された。(85)以後駒井は失意の日々を別府、熱海に過ごすことになった。その後駒井は、本章の冒頭で述べたように、関東軍財務顧問、同統治部長（後に特務部長）、国務院総務長官、参議等をへて、一九三三（昭和八）年七月、日本へ帰ってきたのである。

一九三四年九月一八日、駒井は康徳学院設立主旨ならびに計画概要を公表し、翌年四月、兵庫県武庫郡良元村小林字西山一番地の新校舎に、広く全国各種中学校卒業者より厳選した第一期生一五名を入学させた。(86)康徳学院は、三年制の全寮制による「私立学校令ニ準セル私塾[87]」であり、しかも「主宰者タル駒井学院長ノ理想ヲ体シ……（中略）組織ヲ為セルモノ[88]」であった。

駒井はかつて満洲国時代、旧資政局訓練所を継承した大同学院々長を総務長官と兼任した経験をもち、教育に携わることは初めてではなかったが、今回は駒井の理想とする人材を養成する教育機関としての意味が強かった。すなわち中国問題の解決は科学的かつ具体的でなければならないとする駒井の中国問題に対する基本的な姿勢を反映して、「学院ハ日満支三国ノ真ノ融和具現ノ為、之ニ必要ナル基礎的科学ヲ習得シ、支那語支那文ニ長ジ且満支ノ事情ニ通暁、大局ヨリノ実情ヲ把握シ、平時ハ真面目ニ諸般ノ実務ニ従事シ、……品性高潔ニシテ堅実有為ナル人材養成ヲ目的トシ[89]」たのである。

したがって、実践的なシノロジスト、実務家養成の学院の教育方針が、「将来大陸に雄飛し興亜建設の第一線に活躍する青年指導者を養成する[90]」と評されたのも当然であり、大言壮語をはき空理空論を振りかざす「支那浪人」を育成するものではなかった。駒井は、いわゆる支那浪人を嫌い[91]、また当時各地にあって、「神がかり的な弥栄主義の教育方針を取り、恰も神主養成所[92]」のごとき観のあった精神主義的青年訓練所に対して極めて批判的であり、満洲国時代の同僚であった石原莞爾の提唱した東亜連盟運動も「思想運動」であると批判していたという[93]。

康徳学院の教育内容は、前述のように中国語、中国事情、実務に重点を置いた点に特徴があった。特に中国語の習得に対しては力を入れ、週一六～一七時間（五〇分授業）の授業を行い、発音、会話、読方、作文、現代文、尺牘《せきどく》（手紙文）、公文、原書、素読を三年間で履習することになっていた[94]。したがって学院生の中国語の水準は「平均して、東亜同文書院生や東京、大阪の外語生とは比較にならぬ程うまかった[95]」といわれていた。また実務については、簿記をはじめとして接客応待、電話のかけ方、院長当番として交替で駒井の書生（秘書役）を務めさせるなど、実地訓練を積ませた。その他の教科内容は別表に掲げたとおりである[96]。

ところで康徳学院の教育で最も特色あるものは、毎年夏の二ヵ月間を使って行われる学生の自治による調査旅行である。調査旅行は学年によってその対象地域が異なり、一年次は国内旅行、二年次は朝鮮及び満洲、三年次は中国であった。(97)同種の調査旅行は、康徳学院と同系統の学校である東亜同文書院が最終学年に実施して、主として経済事情の調査報告書を提出させていたが、(98)同文書院より緻密な報告論文が康徳学院の調査旅行においては要求されたのである。(99)

康徳学院の調査旅行も経済調査が中心で、特に中国農家経済研究が主なテーマであった。農村調査に際しては事前に調査項目、調査票を作成し、現地農家に平均して一週間の割合で宿泊し次に移るというやり方で、実践的な中国語の修得と中国農民の実態の把握を同時に目的としている。(100)院長駒井の、満鉄時代のフィールドワークに相当する経験を積ませようとする意図があったと思われる。

康徳学院は一九四四（昭和一九）年三月、時局の関係で閉鎖されるに至った。わずか一〇年足らずの学校であった。同学院が東亜同文書院などと比較してどのように位置づけられるのか、その点についてここで検討する余裕はないが、ただ一つ明らかなのは、康徳学院の卒業生は実務の中堅者として活躍することが期待されていたにもかかわらず、その成果が十分実らないうちに学院が閉鎖され、戦争の終結により日中間の人的交流が断絶してしまったということである。

駒井は康徳学院を経営するかたわら、一九三九（昭和一四）年に日満華三国の大学・専門学校をすでに卒業した商社員の共同研修機関である興亜時習社、(101)中国語研修機関の大阪興亜商工訓練所を創立、一九四四（昭和一九）年には中国に対する民間レベルでの文化工作である康徳印書館（出版社）設立へ着手するなど、多岐にわたる活動を展開した。この間、一九四三年には、日中戦争収拾のため、板垣征四郎から和平工作出馬の要請を受けるが、もはや駒井が乗り出す余地など残されていなかったのである。(102)

駒井の半生の軌跡を、彼の科学的・実証主義的側面に焦点をあてて、やや伝記的に追ってきたが、本章を結ぶにあたって、ここでは論じきれなかった、駒井の中国の開発・建設を志向する姿勢と表裏一体をなしている「アジア主義」的側面について若干述べておきたい。すなわち伊藤武雄（一八九五〜一九八四）の指摘する、「浪人修業を十分積んだ大アジア主義者、植民地体制維持論者」[103]としての駒井についてである。

駒井は一九一六（大正五）年の宋社党事件、前述の一九二五年の郭松齢事件そして満洲国の建国に際して総務長官という枢要な地位にあったことなど、大陸政策に積極的に関与していった。その主要な動機は、彼自身が思想形成期から中国革命に積極的に関心を寄せていたことと合わせて、満鉄時代のフィールドワークを通して軍閥の蟠踞と列強の介入を背景とした中国農民の貧困に直面したことであろう。そして軍閥を排除し、満洲に理想的新国家（近代的法治国家）を建設しようというのが彼の主観的意図であった[104]。それは鈴木茂三郎（一八九三～一九七〇）の指摘するように駒井の理想主義的特質であり、特に「乞食も泥棒もいない」という張謇の南通一帯の「理想」を視察してから一層強められた理想郷創造の意欲から発出したものと思われる[105]。

しかし、かかる主観的「善意」が何であれ、最終的に駒井は、日中関係史のダイナミクスでは日本の中国進出に加担した大陸論者、アジア主義者の一人として位置づけられるものといえる。すなわちアジア主義的ヴィジョンについては、駒井も当時日本の満洲領有の正当化を目的として横行した「満洲特殊地域論」の枠内にあったということができ、その点に客観的な彼の限界が認められるのである。

だが以上のような大陸論者、アジア主義者としての文脈でのみ駒井をとらえるとすれば、それは彼の全体像を見失うことになるといえる。駒井は日中戦争以降の日本の中国政策には基本的に反対の立場を貫いていた。また中国の治水事業、各種農業改良事業に対する駒井の取組み方は、「西力東漸」の状況の中で中国の経済的自立を図り、さらに実質的な政治的自立を実現しようとしたものであった。その意味で、彼は単なる観念的理想主義者ではなく、「実践的プログラムをもったアジア主義者」であるととらえられるのではないだろうか。

注

（1）駒井徳三「秘話」蘭交会編『蘭交会会誌』第二号（一九五五年三月）、八—九頁。ここで駒井は、経営移管が満洲侵略の第一歩となったという判断を示している。

なおこの間の経緯については、関東軍司令部付陸軍歩兵大佐後宮淳「満洲国有鉄道諸契約書調印ノ経緯」（「村上義一文書」、慶應義塾大学法学部蔵）昭和八年二月、が詳しいが、これによれば、昭和八年一月一二日移管契約書を国務院会議に提出するにあたり、「午後一時ヨリ駒井参議宅ニ於テ前日決定ノ日系官吏及後宮大佐、加藤中佐、岩畔大尉集合ノ上鉄道問題ノ初期ヨリノ経過ニ就テ説明スルト共ニ今回ノ契約書内容ニ関シ詳細説明シ協議ヲ進メタ」（No.22〜23）とあり、駒井を含めた日系官吏が、契約書の内容について後宮から説明を受けたことが示されている。後宮の作成した「要人説得実施表」（No.89）には説得を要した要人として、移管問題に難色の満洲国側の丁鑑修交通部総長をはじめとして、日本側では筑紫熊七参議（二回の説得）、田辺治通参議がリストアップされており、駒井の名前は表には記載されていない。したがって右の後宮の文書を見るかぎり、駒井が積極的あるいは強硬に反対したという形跡は見当たらない。推測するに駒井のいうとおり、真意が反対であったとしても、親友の小磯国昭参謀長との関係で、表面的には強硬姿勢をとらなかったのかもしれない。すなわち、参議を辞すという形で反対の姿勢を表明したとも考えられる。結局移管問題は要人説得が効を奏し二月八日参議府会議を通過した（No.73〜79）。

（2）満蒙及び中国に対する学殖経験をかわれて統治部の部長に就任した駒井であったが、この駒井に対する最初の反発・反感は一二月一四日廃止された参謀部第三課課員からのものであった（片倉衷「満洲事変機密政略日誌」其三、小林龍夫・島田俊彦編『現代史資料　7』みすず書房、一九六四年、三〇二頁）。そして、元来「満洲事変行政善後処理ヲ指導セシムル為」（同、三〇三頁）設定された統治部の活動が進捗せず緩慢であったことも相まって、板垣征四郎ら首脳を除く幕僚間において次第に駒井の鼎の軽重が問われる事態に至ったのである（同、三八一頁）。

このように幕僚間において不信の念を抱かせた原因の一つは、駒井の天衣無縫で率直な性格にも由来しており、軽率な言動家とかハッタリ屋という評価をも受けていたのである（河相達夫談、永井正編『笠木良明遺芳録』、一九六〇年、四六八頁）。

（3）山口重次『満洲建国』行政通信社、一九七五年、三二〇頁。

（4）元満洲国総務庁秘書処長で元康徳学院教授上野巍氏（一九〇四〜?）談（一九七九年七月一三日、東京都杉並区桃井の上野氏宅における筆者のインタビュー）。

（5）駒井徳三「建国直後の満洲国政府」『大満洲国建設録』中央公論社、一九三三年、一四三―一四五頁。

（6）資政局をめぐる衝突は、駒井をはじめとして法制局の松木俠、民政部の中野琥逸ら「外枠整備」路線と笠木ら「基柢充実」路線の基本的相違による対立に基づくものである（松沢哲成「石原莞爾と笠木良明」竹内好・橋川文三編『近代日本と中国』下、朝日新聞社、一九七四年、二四五―二四七頁参照）。

（7）鈴木茂三郎「満洲国務総庁長官駒井徳三を語る」『改造』一九三二年六月号、八頁。

（8）元来満鉄の研究機関の特質は、初代総裁後藤新平の方針により、文献主義に拠らず「足で歩く」フィールドワークをきわめて重視していたが、この特質は満鉄社員の大陸政策に対する現実的な視点を養う上に大きく役立った。この満鉄の伝統の中から、中国の建設、開発を日本の植民地政策とは一応離れた視点から志向する調査員が、先駆者であった駒井に続いて輩出してくる。

なお満鉄の調査の特質、実態に関しては、伊藤武雄『満鉄に生きて』勁草書房、一九六四年、鈴木一郎「中国農村慣行調査」『東北学院大学論集（法律学）』第六号（一九七三年七月）、野間清「中国慣行調査、その主観的意図と客観的現実」愛知大学『国際問題研究所紀要』第六〇号（一九七七年二月）、山田豪一『満鉄調査部――栄光と挫折の四十年』日本経済新聞社、一九七七年、原覚天「満鉄調査部の歴史とアジア研究（1）」『アジア経済』二〇巻四号（一九七九年四月）、草柳大蔵『実録満鉄調査部』（上・下）朝日新聞社、一九七九年、等参照。

（9）駒井徳三『大陸小志』日本雄弁会講談社、昭和一九年、三頁、及び『大陸への悲願』大日本雄弁会講談社、一九五二年、三〇頁。

（10）前記、上野巍氏談。

（11）古代史における帰化人を祖としている者や、秀吉の朝鮮出兵により強制的に日本に連行された朝鮮人、例えば薩摩焼の陶工の子孫などの故国に対する意識については、National Identityという視点からも研究する必要があろう。なおNational Identityについては、馬場伸也「国際関係の政治社会学」綿貫譲治編『政治社会学』七、東京大学出版会、一九七三年、一九三―二二一頁、小此木啓吾「同一性の探求」『現代のエスプリ』七八号、至文堂、一九七四年一月、参照。

（12）谷川健一『青銅の神の足跡』集英社、一九七九年、参照。ちなみに谷川の研究によれば、天日槍にまつわる話は、金属精錬の技術者が日本に渡来したという事実を説話的に物語っているに過ぎないと解釈している（同、一五七頁）。また天日槍が多く語られている『播磨風土記』の特色は、天日槍ら朝鮮半島からの渡来者と先住者との鉱物資源、特に砂鉄の獲得をめぐる闘争を意味しているとしている（同、一六二頁）。

（13）駒井によれば、穴村の「穴」は灸点の経穴の「穴」であると解釈しているが、谷川は、銅や鉄あるいはその精錬の意味をもつ表音「アラ」と通じるもので、アラを朝鮮古代の国名と見立てて天日槍と結びつけたのではあるまいかと穴や安羅神社を解釈している（同、一八四頁）。

（14）駒井一雄「叔父駒井徳三を育てた環境」蘭交会編『麦秋　駒井徳三』一九六四年、二五五頁。

（15）前掲書『大陸小志』、五―六頁。

（16）『大陸への悲願』（三七頁）によれば、荒尾との出会いは、京都府立一中に入学した当時（一三歳）の一八九八（明治三一）年となっているが、荒尾はすでに二年前の一八九六年台北で没しているので、これは駒井の記憶違いである。荒尾が若王子に隠棲していたのは、一八九四（明治二七）年秋から一八九六年春までの一年半だけである（井上雅二『巨人荒尾精』左久良書房、一九一〇年、一〇三頁）。

（17）井上、同書によれば「闔国の人心激昂して、北京屠るべし、満洲取るべしとて躁言暴議せる間にありて、卓然冷然自説を主持し、東方大局の為め温和の措置を採るべきを以て、世或は君を疑うものあり」（一〇一頁）とあり、当時荒尾の領土割譲反対論は一般には理解されなかったのである。荒尾は、西力東漸に対しては、日清が提携して国力の増強を図ることによる東洋の衰運挽回を意図していた。このような彼にしてみれば、領土割譲を叫ぶことは「即列国が禹域分食の素志を行うの暁にして、我国が一省一郡を領得するの日、即清国が四分五裂して豺狼の爪牙に掛かるの秋也、夫れ清国は已に四分五裂に終れり、赤毛碧眼の異種族は中原に跋扈せり、（中略）東洋の大事業遂に爲す可からざる也」（荒尾「対清弁妄」、同書所収、二〇六頁）に外ならなかったのであり、従って領土割譲が「紛擾を来たす根源」（一〇二頁）以外の何ものでもないと意識したのである。

なお荒尾精の評価については、竹内好「日本のアジア主義」『竹内好評論集』第三巻、筑摩書房、一九六六年、二七二―二七三頁、小島麗逸編『戦前の中国時論誌研究』（中国関係新聞雑誌解題Ⅱ）アジア経済研究所、一九七八年、一二―一七頁、等を参照。

（18）前掲書『大陸への悲願』、三七頁。

駒井と荒尾の中国に対する姿勢および思想を比較する場合、両者が何らかの脈絡をもっていると思われるのは、康徳学院と日清貿易研究所とのアナロジカルな関係だけでなく、共に中国に対する「実地派」であるという点である。実地派というのは、ここでは中国での経験が長く理論より実践を重視する立場をいう（小島編前掲書、『戦前の中国時論誌研究』、一二頁）。荒尾は三年間中国に滞在し、中国各地の商業地理、運輸交通、金融、産業、商慣習、その他の社会風俗などあらゆる事項を実地調査しているが、駒井も満鉄在職期間中三分の二以上の時間をフィールドワークに費しているのである。そして彼らが実地派であることは、日本の大陸政策において共に主流にはなりえないどころか寧ろ体制の圏外に置かれるということになったともいえよう。

(19) 藤本尚則『国師杉浦重剛先生』敬愛会、一九五四年、四九七頁。

(20) 駒井の思想形成期（モラトリアム期）における中国問題についての具体的関心は、荒尾精、杉浦重剛の影響によるが、さらに見逃してはならないのは、一九〇二（明治三五）年に出版された宮崎滔天の『三十三年の夢』であろう。駒井は同書を読んで中国に対する志が明白になったとしている（前掲稿「秘話」、一〇頁）。ここで興味深いのは孫文らの中国革命に対する評価であるが、駒井は「この人達の失敗は、科学的調査研究も満足にしないで、ただ思想的に行動したという根底の薄弱なところに大きな原因がある」（前掲書『大陸への悲願』、四一頁）としており、科学的合理主義的立場から批判的であった。

(21) 駒井徳三「満洲国承認裏面史」『大満洲国建設録』、二四二―二五〇頁。

(22) 杉浦は当初ロンドンのサイレンシストル農学校で農芸化学を専攻し、後に多少方向を転じてマンチェスターのオーエンスカレッヂで化学を専攻するに至った（猪狩史山『杉浦重剛』新潮社、一九四一年、四一―四四頁）。

(23) 英国滞在中、杉浦は「ホフマン氏蒸気密度測定法に対する改良」をはじめとする三篇の論文を共著ながら『ロンドン化学会雑誌』に発表し、同学会の終身会員となっている（藤本前掲書『国師杉浦重剛先生』、五二―五三頁）。

(24) 英国第一の週刊科学誌『ネイチャー』（*Nature*）に生物進化に関する小論文を掲載したときは、ドイツの生物学の権威ヘッケル（E・Haeckel）の注目を引いてその著書に参考文献として引用された（同、六六―六七頁）。

(25) 杉浦の教育理念は「日本主義」に基づくが、その内容は必ずしも閉ざされたものではなく、彼が英国留学で西洋文明の本質に触れただけに、東西両文明の異質性に着目しながらも西洋文明に学ぶべきところは学ぶという開かれた面をもっていたことは注目すべきだろう（小室晃臣「明治二十年代のナショナリズム――杉浦重剛の日本イデオロギー」早稲田大学史学会編『史

観』第六三・四合併号、一九六二年三月、参照)。

(26)自然科学が人間の智識を正確にすることと実業上の便益を図ることの二点において、人間に影響を及ぼすとして科学教育の必要性を主張した(藤本前掲書『国師杉浦重剛先生』、六五頁。

(27)駒井は一九三五(昭和一〇)年、杉浦の出生地である滋賀県大津市膳所町に杉浦の記念碑を建てている(『大阪毎日新聞』、一九三五年七月二二日付)。

(28)南方は一八八七(明治二〇)年一月から一九〇〇年一〇月まで一四年間の海外生活を送ったが、前半の四年を米国で、途中一年をキューバ、ベネズエラ、ジャマイカで過ごし、残る八年間は英国での研究生活であった(笠井清『南方熊楠』吉川弘文館、一九六七年、三五二—三五五頁)。

(29)南方は、英国滞在中『ネイチャー』には実に三六篇の論文を、また週刊誌『ノーツ・エンド・クリアリーズ』(*Notes and Queries*)には一六篇の論文を寄稿するなどの業績を残している(鶴見和子『南方熊楠』《日本民俗文化大系　4》講談社、一九七八年、一三八頁)。

(30)南方は動物と植物との境界領域の生物である「粘菌」の研究を発端として、民俗学と生物学を結合した新たな比較の学としての生態学を確立した。鶴見和子はこれを内発的な「地球志向の比較学」と捉えており(同、一七—一八頁)、また南方を日本における生態学の元祖と位置づけている(同、二〇頁)。

(31)前掲書『大陸への悲願』、四二頁。

前記、上野巍氏談によれば、南方はよほど駒井を気に入ったとみえて彼を自分の養子にしたいと考え、母き野に養子縁組の申し込みをしたという。

(32)この場合「アジア主義者」という言葉を用いることは必ずしも適切ではないが、ここでは大陸論者におけるアジア主義という視点で捉えるのではなく、南方が「西欧」との対決を通して「東洋」の建設、特に「東国の学風」の創出を意図していた(鶴見前掲書『南方熊楠』、二五—二九頁)という点で捉えたい。

(33)飯倉照平編『柳田国男　南方熊楠　往復書簡集』平凡社、一九七六年、一九六頁。

(34)ロンドン亡命時代の孫文について、南方は「当時孫落魄してロンドンで親友とてはアイルランドの恢復党員マルカーンと小生のみなりし」(『南方熊楠全集』別巻一、平凡社、一九七二年、六八頁)と記しており、孫文がロンドンを去るまで南方はほとんど連日のように会っている。

なお駒井は当時の伝説めいた巷説に従って、南方がキューバの独立戦争の最中に孫文と出会ったとか、また孫文がロンドンの清国大使館に拘禁された時は救出に当たったという説（平野威馬雄『博物学者――南方熊楠の生涯』牧書房、一九四四年、等の伝記に記されている）を信じて南方像を形成している面がある（前掲書『大陸への悲願』、四二頁）。事実は周知のように、孫文の香港における医学校時代の師である Dr. James Cantlie の尽力により英国政府と世論が干渉して釈放したのである。

(35) 前掲書『大陸小志』、一〇頁。
(36) 前掲書『大陸への悲願』、四四頁。
(37) 「個人履歴　駒井徳三」赤K707、外務省蔵。
(38) 前掲書『大陸小志』、一四頁、及び前掲書『大陸への悲願』、六〇頁。
(39) 駒井徳三『満洲大豆論』東北帝国大学農科大学内カメラ会、一九一二年、一―二頁。
(40) このとき、満鉄の調査における一つの特質となった「旧慣調査」をかつて後藤新平に発案した関東都督府外事総長大内丑之助から、調査前にあらかじめ仮説を立てて置き、それに基づいて調査を行ない結論を導き出してはならないと、調査方法についての指導を受けている（前掲書『大陸小志』、一六―一七頁）。
(41) 前掲「個人履歴　駒井徳三」
(42) 宮部一郎「駒井徳三君の思い出」、前掲書『麦秋　駒井徳三』所収、一一頁。
(43) 永井洵一「大駒井を偲ぶ」、同書所収、二五頁。
(44) 同、二〇頁。
(45) 鈴木、前掲稿「満洲国総務長官駒井徳三を語る」、四―五頁。なおこれには、一九一二（大正元）年から一九二〇（大正九）年までの八回に及ぶ駒井の踏査旅行が年代順に列記されている。
(46) 前掲書『大陸への悲願』、一〇八頁。
(47) 前掲書『大陸小志』、三四頁。
(48) 通遼（白音太来）をめぐって張作霖と争奪戦を演じた経緯については、駒井徳三「日支外交秘話（張作霖物語）」『中央公論』

一九三〇年一〇月、一一月号、及び駒井徳三調査「東部蒙古達頼罕旗下払下地事情」満鉄地方部地方課、一九一六年、参照。
(49) 前掲書『大陸小志』、三八頁。
(50) 同、三六頁。
(51) ダンチッヒ工科大学教授であったチースは、後藤新平の招聘を受けて来日し、東亜経済調査局において資料収集、分類整理の基礎を築いた人物である（伊藤、前掲書『満鉄に生きて』、二八―二九頁）。チースは後に、離日に際し「日本ノ政治経済及社会的生活ニ就テノ所感」（謄写版全五九頁、永雄策郎家蔵、本書末尾に史料として収録）を東亜経済調査局の依頼で著わし、「日本ノ成功ノ不可思議」をはじめ率直な感想を述べていた。
(52) 前掲「個人履歴　駒井徳三」
(53) 一九一八（大正七）年三月一九日付満鉄理事改野耕三より本野一郎外相宛書簡（外務省蔵）。
(54) 前掲書『大陸への悲願』、一五八頁。
(55) 同、一六九頁。
(56) 同、一六九頁。
(57) 駒井徳三『支那金融事情』外務省通商局、一九二五年。
(58) 駒井徳三『支那棉花改良ノ研究』一九一九年、冒頭部参照。
(59) 同、一頁。
(60) 同、八―九頁。
(61) 同、一七四頁。
(62) 同、一七五頁。
(63) 同、一七七頁。
(64) 同、一七八頁。
(65) 同、一七九頁。
(66) 駒井は、この項でも既に何度も述べられてきた日本人の土地取得について、「日本ノ投資家ガ支那ニ於テ密ニ土地ヲ購入シ直接斯ノ如キ事業ニ当ラントセバ必ズ支那地方官民ノ反感ヲ買ヒ其目的ヲ達スルコト能ハザルハ勿論支那棉花改良ノ大目的遂行上ニ非常ナル障碍ヲ来スコトアルベシ戒メザルベカラズ」と警告している（同、一八〇頁）。

(67) 同、一八二頁。

(68) 同、一八三頁。

(69) 漢訳にあたったのは、調査旅行に随行した農商務省部第一棉業試験場長銭縂孫であった（前掲書『大陸への悲願』、一六四頁、及び『支那棉花改良ノ研究』、「自序」参照）。

(70) 駒井は南京大学での講演の模様を、「『講演者プロフェッサー駒井』と大書してあり、私が講堂に入るや聴取は皆ワーッワーッと拍手、喝采、歓声をあげて迎えてくれた。私は国境を越えて学問の力というものの尊さを、この時ほど強く感じたことはない」と感動的であったことを回顧している（前掲稿「秘話」、一〇頁）。

(71) 年譜によれば、宮崎滔天は一九一九（大正八）年九月一四日神戸を発ち、二七日まで上海に滞在している。駒井に会ったのはこの期間内であろう（『宮崎滔天全集』第五巻、平凡社、一九七六年、七一六頁）。
また『支那棉花改良ノ研究』の刊行は一〇月末以降であろうから、孫文が読んだものは、「農商公報」、『上海日日新聞』に掲載されたものであると思われる。なお上海日日新聞社長の宮地貫道は滔天の親友であり、滔天も一九一八年五月以降、同紙にだけ寄稿し他の出版物には一切執筆していなかったこともあり（渡辺京二『評伝宮崎滔天』大和書房、一九七六年、三一二頁）、このような宮地と滔天の関係からして駒井を滔天、孫文への繋いでいったのは宮地であることも考えられる。

(72) 藤井昇三「孫文と中国革命の思想——『心理建設』を中心として」坂野正高・衛藤瀋吉編『中国をめぐる国際政治』東京大学出版会、一九六八年、八四頁。

(73) 前掲稿「秘話」、一〇頁。

(74) 孫文「建国方略　物質建設（実業計画）」中国国民党中央委員会党史委員会編『国父全集』第一冊、一九七三年、六三八頁。

(75) 一方精神面について孫文は、革命における知と行の関係を論じた「心理建設」において、科学的検証によって確かめられた知識の重視を強調していたが（藤井前掲稿「孫文と中国革命の思想」一〇五頁）、これは駒井の生涯における姿勢である科学的実証主義と方法を同じくするものであった。

(76) 張謇については野沢豊「中国における企業史研究の特質」中央大学商学部『商学部六〇周年記念論集』第二分冊、一九七一年、橘樸「中国資本家階級の発生的考察」『橘樸著作集』第一巻、勁草書房、一九六六年、Samuel C. Chu: *Reformer in*

Modern China, Chang Chien 1853〜1926. Columbia University Press, 1965 等を参照。
(77) 前掲書『大陸小志』、八九頁。
(78) 駒井と張謇の提携への経緯については、駒井徳三「新支那建設秘録」『中央公論』一九三一年四月・五月号参照。
(79) 野沢前掲稿「中国における企業史研究の特質」(二六頁) にあるように同報告書は現在までのところ未見である。しかし事業整理改廃についての駒井の見解の概要については、前掲稿「新支那建設秘録」『中央公論』一九三一年五月号、二八四—七頁に窺うことができる。
(80) 鈴木、前掲稿「満洲国総務長官駒井徳三を語る」、五頁。
(81) 駒井徳三「満洲国経営に就て日本国民に愬ふ」『週刊東洋経済新報』第一五一二号 (一九三二年八月一三日)、三七—四〇頁。これは、一九三二 (昭和七) 年八月四日、経済倶楽部の要請により東京で行った講演会での演説をまとめたものであるが、朝鮮統治方針に対する批判を展開していることなどについて、同誌の編集子は「氏の意見として従来伝えられたもののうちで、最もライディカールなものである」という注をつけている。
(82) 「満洲及沿海州移住鮮民救済案」(外務省記録一・五・三・一五「朝鮮人ニ対スル施政関係雑件」) と「満洲及沿海州移住鮮民ノ救済ト東洋拓殖株式会社」(外務省記録一・七・一〇・三四「東亜勧業株式会社一件」) の二つの意見書は、先の二年余にわたる中国大陸の踏査行で「満蒙に於ける半島同胞の救済」(『大陸小志』、九三頁) を意図したことを契機として提出されたものである。

すなわち駒井が注目したのは、「既ニ朝鮮ノ併合ニヨリ帝国臣民トシテ承認セラレシニ拘ハラス依然トシテ何等国家ノ恵沢ニ浴スル事能ハス其大多数ハ甚タ貧困ニシテ移住地方ノ住民ヨリ絶エス種々ノ圧迫ヲ被リ常ニ不安ノ境ニ彷徨セルカ如キ憐ムヘキ状態」にあった在満朝鮮人の救済問題であった。救済にあたっては、「帝国カ進テ経済上ヨリ彼等ヲ扶掖シ先ツ生活ノ基礎ヲ確立セシムルト共ニ衛生並ニ教育ニ関スル施設ヲモ講シ」と政府の積極的関与を示唆した上で、幾つかの具体的方策を提案していた。

経済的救済の第一として、「満蒙ニ於ケル土地ヲ商租獲得シ無資産ノ移住鮮民ヲ収容シテ経済的保護ヲ加ヘ開墾及農耕経営ニ当ラシメ以テ彼等ノ生計ノ安固ヲ図ルコト」により当面小作農であるが、漸次自作農を育成する。第二に「自ラ土地ヲ商租シテ農業ヲ営メル者」に対しては、「金融組合ヲ組織セシメ各組合ニ対シテ低利且長期ノ農業資金ヲ貸与スルコト」とし、また救済策を実行する主体は満鉄、東洋拓殖株式会社、その他有力な民間実業家が中心となって設立する「一株式会社」であると主張した。

なお駒井は、右会社の設立にあたって「会社ノ当事者カ本来ノ使命ヲ没却シテ営利ニ流ルルカ如キ事ヲ無カラシメムカ為メニ政府ノ厳重ナル監督ヲ必要トスルヲ以テ特ニ外務省内ニ監督機関ヲ置キテ之ヲ取扱ハシムルノ要アリ」(以上、「満洲及沿海州移住鮮民救済案」。なおこの全文は、佐藤元英「東亜勧業株式会社設立の関する駒井徳三の二つの意見書」、中央大学史学会『中央史学』第三号、一九八〇年三月、参照)と留意点を添えていた。

ところで後の「東亜勧業」設立の具体的動きは一九二〇(大正九)年九月頃から、「中日勧業株式会社」あるいは「満洲勧業株式会社」という構想の下に民間レベルで準備が進められていたが、(外務省記録「満洲勧業株式会社一件」)、当時移住鮮民救済に東洋拓殖会社(東拓)を直接その事業に当てるという説も存在していた。駒井はこのような見解に対して「満洲及沿海州移住鮮民救済ト東洋拓殖株式会社」を提出し、中国人の東拓に対する感情を全く無視した説であるとして反対したのである。

なお駒井のこの二つの意見書は、一九二一(大正一〇)年五月一六日から二五日にわたる「満鮮会議」(第一次東方会議)に商租権問題とこれに関連する在満朝鮮人の救済保護及び取り締り問題の具体的解決策として付議され、結局「東亜勧業株式会社」は設立されることになったが、同社は駒井の意図に反し、植民地における土地収奪の機関に堕する結果となったのである。

(83)駒井徳三「独立前史と建国創成期の思い出」宮内勇編『満洲建国側面史』新経済社、一九四二年、一一—一三頁。
(84)「駒井嘱託病気ニ付解嘱方ノ件」(大正一四年九月一五日)、前掲「個人履歴　駒井徳三」。
(85)郭松齢事件の経緯については、とりあえず、島田俊彦『関東軍』中央公論社、一九六五年、四三—四六頁。臼井勝美『日本と中国——大正時代』原書房、一九七二年、二五五—二六九頁、等を参照。
(86)『大阪朝日新聞』(一九三五年三月六日付)によれば、内地はもとより北海道、樺太、朝鮮、台湾など各地から全部で一五三名が、定員一〇名のところに応募したことが記されている。
(87)「康徳学院規程」第二条、『康徳学院概覧』一九四一年、八頁。
(88)「康徳学院綱要」、同書所収、二頁。学院運営上特徴的なことは、学院生の衣食住をはじめ学用品その他一切を駒井の私費でまかなっていたことである。
(89) 同、一一二頁。
(90) 前掲『大阪朝日新聞』（一九三五年三月六日付）。
(91) 前記、上野巍氏談（一九七九年一〇月二八日の筆者とのインタビューにて）。
(92) 前掲書『大陸への悲願』、二八五頁。
(93) 康徳学院第一期生で後に教授を勤めた土岐八郎（一九一七～?）氏談（一九七九年六月一五日、千葉県我孫子市岡発戸の土岐氏宅でのインタビューにて）。
(94) 同インタビュー。
(95) 鈴鹿隆芳「駒井先生の思い出」前掲書『麦秋　駒井徳三』、三二一頁。
(96)「康徳学院学科目及教授時間」（前掲概覧、一〇頁）（表1参照）。
(97) 前記、上野巍氏談（一九七九年一〇月二八日）
(98) 竹内好「東亜同文会と東亜同文書院」『竹内好評論集』第三巻、筑摩書房、一九六六年、三八八頁。
(99) 前記、上野巍氏談（一九七九年一〇月二八日）。
なお東亜同文書院と康徳学院が類似していることについて、筆者は、駒井が修学時代に荒尾精、杉浦重剛から思想的な影響を受けていることからして、彼が学院設立にあたって東亜同文書院を雛型にしているのではないかと考えていたが、この点について設立発起人の一人である上野巍氏は、特にそのような事実はないと否定している（一〇月二八日談）。
(100) 前記、土岐八郎氏談（一九七九年六月一五日）。中国農民の実態把握という点について土岐氏は、一九四三（昭和一八）年夏、駒井の友人小磯

表1

学科目＼配当時間	第1学年 週　29	第2学年 週　32	第3学年 週　33
支那語・支那文	12	14	11
満支事情	1	2	2
東亜経済	0	0	3
満支経済地理	（満　洲）3	（支　那）3	（支　那）3
国史・東洋史・世界史	（国　史）2	（東洋史）2	（世界史）2
法律学	2	2	3
日本経済学	2	2	0
商事要項・簿記	2	0	0
独乙語	2	2	4
軍事教練	3	3	2
研究指導	0	2	3
特殊講義	0	0	月1回

国昭が当時満洲移住協会理事長であった関係で満洲開拓政策の実態調査を命ぜられ満洲に派遣されたが、この調査中に現地農民が強制的に近い形で耕地を収奪されている状況を目の前にして、駒井の批判していた植民地政策の実態を理解した思いがしたと語っている。

(101) 興亜時習社(池田市)の入社資格は、①大学、専門学校出身の商社員、②協和会の職員で大学出身者、③新民会の職員で大学出身者とされた。このうち日本人には中国語及び中国事情、中国人及び朝鮮人社員には日本語及び日本事情を研修するものとされた(前記、土岐八郎氏談)。なお興亜時習社は一九四二(昭和一七)年四月をもって閉鎖された。

(102) 上野巍「鐘鼓の声」前掲書『麦秋　駒井徳三』、三〇九頁。

(103) 伊藤前掲書『満鉄に生きて』、一七五―一七七頁。

(104) 蓑内収「四つの断草」前掲書『麦秋　駒井徳三』、一八八頁。

(105) 鈴木前掲稿「満洲国総務庁長官駒井徳三を語る」、七―八頁。

第九章　中里介山の中国認識

1　日本近代化と危機意識

柳条湖事変が勃発する直前の一九三一（昭和六）年七月から八月にかけて約三週間近く、作家中里介山（一八八五～一九九四）は中国を旅行し、帰国後間もなく「日本の一平民として支那及支那国民に与ふる書」を上梓した。この当時介山は、大長編小説『大菩薩峠』により広範な大衆からの支持をうけた大衆小説家としての名声と地位をすでに確立していた。

中里介山はかつて日露戦争当時、与謝野晶子（一八七六～一九四二）の「君死に給ふこと勿れ」を思わせる反戦詩「乱調激韵」(1)や「予は如何にして社会主義者となりし乎」、「嗚呼ヴェレスャギン」を発表するなど非戦論社会主義者として出発し、堺利彦（一八七〇～一九三三）の『平民新聞』に寄稿する中で、平民社の周辺では幸徳秋水（一八七一～一九一一）らと親交を結んでいた。しかし一九一〇（明治四三）年の大逆事件から辛くも逃れ、その後社会主義離脱後は、トルストイアン・農本主義者としての思想遍歴を歩んできたのであったが、大正末年以降は生地西多摩郡羽村からそれ程遠くない高尾山妙音谷で草庵生活を開始し、のちに「植民地」と呼ぶに至る農業と青年教育を一体とした根拠地において中央の政治や文壇とは距離をおいた思想営為を行ってきたのである。

中里介山の内面の軌跡を追うならば、その振幅は大きく激しいものであったが、彼が常に時局に対して危機感を持っていたことは明らかである。もっと大局的に表現するならば「日本の近代化」そのものの行方に深く懐疑的であったということができよう。

それは幕末維新前後を描いた『大菩薩峠』をはじめとする小説群において「明治維新の否定」という視点からのテーマが作品の底流に大きな主題として横たわっていることからも理解できる。(2) 彼が社会主義や農本主義等どの立場に立ったにせよ、共通していえることは日本近代化に対して常に危機意識を持っていたことである。そしてその介山の危機意識から生まれたものが後に例えば『大菩薩峠』においては、馬大尽の娘お銀さまの「胆吹王国」、あるいは駒井甚三郎の「椰子林共和国」といった「ユートピア」となって現れたのである。また行き場のない危機意識を処理するため、時代閉塞状況における現状否認の想念を『大菩薩峠』の第一の主人公机龍之助の魔剣に表現させたのである。

中里介山の『大菩薩峠』等の作品はすでに述べたように知識人を含めた幅広い大衆から絶大なる支持を受けていたわけであるが、そのことは介山が「草莽」を自任し「民衆」を常に自己の内部に意識していたことの所産というだけでなく、当時の時代閉塞下の「民衆」のルサンチマンを余りに見事に代弁していたことを示すものであった。

その介山が四七歳になって初めて海外に足を踏み出したのだが、その旅行先は排日気運が昂揚していた中国であった。介山の中国に対する知識は、「子供の時分に老先生から十八史略を習ったのが支那の知識の初めでしょう」(3) という程度の、飽くまでも漢詩などを通じた古典中国という像をイメージとして描いていただけのものであって、現実の中国に対する知識はほとんどなかったといえる。従って実際に中国に渡ってみてはじめて、介山は自分が古典を通して抱いていた中国に対する憧憬と現実の中国との間の隔絶がきわめて大きいことに気づいたのである。その隔絶の大きさに驚愕し、衝撃をうけて著わしたのが「日本の一平民として支那及支那国民に与ふる書」、「支那南北私観」、「支那漫遊記」等である。

特に「日本の一平民として支那及支那国民に与ふる書」は、中国との間に長い歴史的関係を有する日本の「平民中の平民として」、中国に対して「已むにやまれぬ心から敢えて」[4]忠告するという形態をとって書かれたものであるが、そこには時代閉塞状況にある当時の多くの日本国民が共通して抱いていた中国に対する「幻想」とでもいうべきものが認められる。従って「日本の平民の最も普通なるレベル以上には一歩も出ていない人間」[5]と自ら述べ、「草莽」と自任して自己の内部に「民衆」を意識していた中里介山の中国に対する認識は、当時の日本における民衆の国際認識を検討する際においてもきわめて大きな意味を持つものといえる。

そこで本章では、一九三一（昭和六）年に著わされた「日本の一平民として支那及支那国民に与ふる書」を中心に、中里介山が中国に対してどのような認識を示したのかを彼の内外の状況に対する危機意識との関連で考察してみたい。

2　中里介山の「民衆」観

中里介山の人生において旅は大きなウェイトを占めてきたが、それはこれまでのところ国内旅行であった。[6]前述したように四七歳にして初めて国外である中国旅行に出ることになったが、介山からするとそれは「日本内地を旅行すると同様な気持」での旅行であり、「日本内地の旅行の延長と少しも変わりなかった」[7]のである。

介山の中国旅行の目的の中には、少年時代から抱いていた古典中国に対する憧憬を充たすことの外に、「時事問題中の時事問題」である日中関係を彼なりに検証しようという希望があった。すなわち「事実支那が増長しているのか、日本の帝国主義が種を蒔いたのか、或は日本の外交に支那を増長せしむべき所謂軟弱振りがあるのか、仮に国際以上に立って見下した場合、その責任何れに在りや(8)」を実際に確かめるための旅行であった。

その結果介山が得た結論は、「も早や日支の交渉は武力的解決の外に術のない(9)」というものであり、それを予言して「日本の一平民として支那国民に忠告せんとする書を起草中、果して満洲事変が勃発してしまった」のである。

中里介山は何故満洲事変を正当化するこのような結論に至ったのであろうか。かつて日露戦争を、日露両国民の意志利害の衝突ではなく両国の帝国主義同士の衝突に過ぎないと断じ(10)、主戦論者を批判して戦争の愚劣と悲惨を訴えた社会主義者の面影はここにはない。旅行の過程で得た中国に対する認識を同書に沿いながら概観してみたい。

七月二三日に上海に上陸してから蘇州に至るまでの間は、介山は古典中国の風物に酔いしれていたが、二七日蘇州から南京に向う列車中でのある不快な出来事によって文人的中国趣味に浸っていた彼は否応なく中国の現実に直面させられてしまう。この事件は国内旅行の延長の気分で中国に旅行した介山にきわめて大きな衝撃を与えた。それは彼が「私の空想を破り去ったことの一つが起こりました。(中略)今迄天の星ばかり見て歩いていたのが、急に一つの穴の破れから地上の現在というものを見せつけられた(11)」と述べていることからも分かる。その事件とは、一等旅客として周遊券を使用して旅行していた介山が、蘇州での下車に際し途中下車のサインをもらわなかったために南京に向かう列車内で車掌に無効だといわれ、いくら釈明しても相手が「喧嘩腰」で通じなかったというものである。

中里介山はこの小事に対して屈辱に近い感情を覚えたとみえ、この「無礼非常識な乗務員」には、「日本人なるが故に排日の悪感情をもって殊更に云いがかりをつけるのだという態度が明らかに見え」るとして帰国後までくすぶりつづける強い不快感を示すと共に、日本人に対する中国人の感情がこのように露骨になっているのを改めて認識させられたのである。

同時にこの件は、一方においてしばしば延着する列車にみられるような「不規律と違約」が日常茶飯の中国鉄道事情があるため一層、中国の「国民性の不足なる部分の一切を説明する有力な材料(12)」すなわち中国人の教養道徳の低俗性を示す材料として象徴的にとり上げられた。そして後述するように介山が中国再建の具体案として「先ず国家を作らずして国民を作れ」と主張している点からして、この出来事は特に介山の中国旅行の重要なポイントになっていた。

この事件を契機として介山は中国の現実に対して批判を開始する。まず第一に、孫文（一八六六〜一九二五）の建国思想そのものとその実践にあたる蔣介石（一八八七〜一九七五）の南京政府の手段方法が問題であるとして俎上にのせられた。介山は孫文を革命家として一定の評価を与えた上で、三民主義は内容の不明瞭な理想主義に過ぎず、要するに中国の結合を鞏固にし、国運を盛んにし、列強と対等に伍してゆくというだけのものであり、「悪くいえば陳套な建国意識をやや嶄新に組織的に説明したに過ぎ」ず「旧来の国家主義思想の外には少しも出ていない」[13]と批判した。これは批判というより寧ろ三民主義を曲解し、その内容を介山が本当に理解していなかったことを示すものであるといえよう。

三民主義は中国革命の試行錯誤の中で醸成されていったのであり、例えば三民主義の内、民族主義は滅満興漢から辛亥革命以後は不平等条約撤廃・民族自立へと変わり、一九一九年（大正八）の五・四運動後は帝国主義反対へと発展していった。また民権主義の基礎をなし初期の孫文の思想には表われていなかった「地権の平均」思想も最終的には連ソ・容共・労農援助の三大政策に発展していたものである。[14]「古典中国」に浸り孫文らの中国革命の現実に展望を持っていなかった介山は、結局三民主義を理解できなかったのである。

ところで孫文の正系である南京政府が、「打倒帝国主義」を叫び「新建を標榜」する政策は、介山にとってまさに「最も陳腐にして且つ最悪なる支那の伝統的政略の以外を一歩も」出ておらず、自ら「帝国主義以上の危険なる国家を作ることに急いでいる」としか理解されなかった。この中国の伝統的政策とは「国民的統一の方便として極力他国の憎悪せしむることを自国民に教え」こむというものであり、彼は中国が「自己の国の多欲怠慢無力にそれが原因しているという部分の自省」は少しもせず、「国を挙げて日本を憎ましむるように全努力をあげている」ことを痛烈に批判した。[15]

次に中国が反省すべき点として介山は、中国の領土が広大過ぎることを取り上げ、その領土に対する中国国民の統治能力に深い疑問を呈する。従って現在の中国は「国家という形骸が体をなしていない」という状態であるとしたが、こういった認識はこの当時の多くの日本の知識人に共通するものであった。(16)

その上で介山は、このような現状では「先づ国家を作らずして国民を作れ」という中国再建の一案を提示する。ここで「国民を作れ」と云っているのは、彼が「無教養で低俗な支那国民」の典型とみなしている先述の車掌との一件を念頭に置いているからだけではない。逆に肯定的に高く評価することができ、しかも中国再建の手掛かりになるものとして「帝力何ぞ我にあらん」とばかりに生き、終始国家とは無縁の「民衆の活力」を介山が今回の旅行で見いだしたからであった。

中里介山は特に印象深く魅了せられたものとして、上海の路上を走る人力車の車夫と黄浦江を往き来するサンパンの船頭達の姿を挙げている。

「上海の車夫は近代都市の中を素裸で車を引いて、跣足で歩いて居る。それが上海市の全面に溢れて五銭でも六銭でも客を乗せて走る。あれが大上海の全面に溢れている。あそこには近代都市であらゆる西洋の人文の生粋が入って来ているけれども、そんなものは、この盛んなる支那の車夫の生活力に比べると全く影が薄いのである(17)」と述べ、「昨日来黄浦江で見たサイパンの船夫、何れも身の丈に余る長櫓を頭上に振りかぶり、縄をつけて無雑作に身を打ち振り打ち振り漕ぎ行くその形、さながら青竜刀を使うのが如く、三国志的野趣が溢れている。上海の如き近代都市に、この野生そのままを活躍せしめている処に上海の特色があり、支那人の生活力の大きな表現がある(18)」と印象を語っているように、介山は近代都市上海の中で、野生そのままの生き方を見せる中国民衆の生活力の逞しさ、バイタリティに強く捉えられたのであった。

この「文明人を圧倒している」中国民衆の「盲目的生活力」の発見こそ、古典を通して描いていた中国像が崩壊し、「バクチに夢中になっている無頼漢たち」や街角に「群れつどう乞食たち」の存在など「ミゼラブルで」矛盾にみちた社会を見せられながら旅行した三週間弱の中国滞在中で、介山が得た最大の収穫であったといえる。(19)

しかし介山は、中国民衆のこの活力の存在が中国が長い文化と歴史を保ちつづけて滅びない一代要因であると認識し、その活力を生かして国家を発展させていくべきであると認めているとはいえ、民衆の潜在的エネルギーの方向性、すなわち反植民地運動を展開する中国の民族主義そのものを正しく見抜くことは出来なかった。

それは現に展開されている中国民族の抵抗運動の主な対象が日本であったため、介山のナショナリストとしての部分が強く刺激され、結果として彼の洞察を曇らせてしまったというだけではない。この時期介山の政治意識の中で「民衆」像が複雑に錯綜していたこととも関連があるからである。

中里介山は「大正デモクラシー」の時代から一方において普選の唱導者でありながら、他方では政党政治と普選それ自体への不信感を抱壊していた。換言すると政治を素人の手中（民衆）に取り戻そうとする志向と民衆の政治的自立に対する懐疑が併存する二律背反の政治観が彼の内部にあったといえる。[20]普選が実施されるに及んで著わした「英雄か民衆か」（一九二六年一一月）の中で、普選が「多数の弱点、雷同、群衆心理の上の勝利」となることを危惧し、「新たなる英雄主義を叫びたい心地がする」[21]と述べているが、これは介山のこのような矛盾する気持を表現していた。ここで彼が英雄主義を主張するのは、民衆は烏合の衆であってすぐれた指導者を持たなければ民衆のもつエネルギーは方向性を持たないまま浪費されてしまうという観点からであった。

こうして介山は既成政治家に対して民衆の立場を提示しながら、一方民衆に対しては英雄主義を提示してきたのであるが、この一九三〇年代前半の時期においては民衆不信の傾向を一層強めていたのである。それは『大菩薩峠』において「デモ倉」や「プロ亀」に代表される民衆が、「ファッショ」へ容易に転化する様を介山が不信感と嫌悪感をまじえながら描いていることからも分かる。

時勢の赴くままにかつぐ対象を変えて行く民衆のこうした無定見、無方向性に対する不信は、すでに日露戦争直後の日比谷焼打事件や米騒動などを契機として介山の内部で次第に形成されてきていたものである。介山はこの時期、『大菩薩峠』の中でこの操作されやすき愚かな民衆を救済するため、お銀さまの「胆吹王国」という全体主義的ユートピアを構想したのであるが、この「胆吹王国」はお銀さまという「英雄」の絶対権力に拠る専制王国であり、K・マンハイムのいう反動ロマン主義的、一種の国家主義ないしファシズムのユートピアであった[22]。そしてそれは、「満洲国」の成立や「新秩序」の模索にみられるごとく、一九三〇年代から四〇年代にかけての日本における超国家主義思想の描く理想国像にきわめて近似していたのである[23]。

ところで前述したように介山の「民衆」像は複雑で矛盾しているものであったが、彼は付和雷同する民衆を愚かなものとしてつきはなすことに終始したわけではない。他方では勿論民衆に対する共感を捨てていないのである。これは介山の「民衆」意識の二重構造であるといえる。つまり政治に対する幻想と幻滅を繰り返す民衆が、ひたすら「生活」に拠りその維持に尽力する限り、介山はそうした民衆に全面的に共感するが、民衆が懲りもせず新たな幻想を政治に対して抱きエネルギーを浪費し放出する場合、彼はその付和雷同性、無方向性、無定見ぶりを嫌悪し反発するわけである[24]。そしてこの二重構造の「民衆」観は、時代状況に応じて交互に出てくることになる。

中里介山が直にした中国民衆にも、この二重構造の「民衆」観が投影されていた。彼は中国民衆の活力に注目すると共に、民衆が「自分達の生命財産を比較的よく保護してくれるものでありさえすれば……(中略)……統治者が誰であろうと一向にそれに無頓着である[25]」ことを是とした。それは無頓着であるが故に統治者が例えば日本であってもよいという文脈の中で評価されているのだが、しかしそのような民衆は逆にいうと介山の反発する「時勢の赴くままにかつぐ対象をかえてゆく無定見で無方向な民衆」にも通じるわけで、こうした矛盾を抱えこんだままの彼が、それ以上、民衆のエネルギーの解放(=反植民地運動)という段階まで踏みこんで評価できなかったのも当然であったろう。それ故に民衆の活力を民衆運動から切り離してとり上げ、これを評価することになったのである。従って旅行の間、抗日や排日のポスターが至る所に貼られる中、首から鎖をまわして捕縛された政治犯らしき若者達が巡警に連行されていく場面を幾度か目撃しなが

らも、その者達が中国民衆の活力を解放しようとする抵抗者であることを介山はついに認識できなかったのである。(26)

さて国土が広大すぎ中国国民に統治能力がないとするならば、彼らは一体誰に救済を求め、誰が統治を担うことになるというのか。介山によるとそれはやはり日本（日本軍）だということになる。

中里介山は先ず「支配と監理」の分業論を展開する。一つの職務として「支配者監理者」を分業とし、「若しあなたの国の鉄道を管理し役所の事務を執り、銀行を扱うこと等に於て、他の国の人が勝って居るならば甘んじてそれに任せて見ることは出来ませんか」と述べた上で、「満洲を日本に管理させることが有利であると見たならば、意地を張らずに日本に任せて見たらどうです、そうした処であなたの国民力はいよいよ発展しようとも決して衰退するものではありません。もしまた、そうして見た上で、日本が愈々増長して、関内も欲しい、北京も取るぞということになれば、それが天意人道でない限り侵略的野心の現われである限り決して世界の人心と天地の法則が許すわけのものではありません」(27)と日本の満洲統治を是認する。

また、地球上の最良部分を多大に領有し、しかも統治もままならない混迷する中国に対して、世界人文開発という立場から力を加えようとするのは決して「侵略」ではなく「開発」というべきで「天に代って人道を行なう」ものであると(28)「開発」という語を強調したのである。彼はさらにつづけて、日本軍が中国にいることについて「侵略ではないのです。日本に与えられた国力の天職なのです。日本はこの長所によって人類としてのあなた方の為に尽さねばならないのです」(29)と述べ中国が日本の「天職」を妨害してはならないと主張した。

日本はアジアの盟主として中国救済の天職を担うという明治以来のアジア主義的見解を示しながら、介山はさらに、周、漢、元、清のように「国家を安んずるの力があり、民生を保護するのが実がありさえすれば」、日本に中国を侵略させて置いたらどうかと臆面もなく述べた。彼は、その「侵略」こそ中国国民が渇望する所の「王道」であると断じたのである。(30)

従って中国は日本に対して「極度の反抗と復習心を貯え」たりせずに信頼し、「相談相手」として頼むべきであるとした。殊に「将校より一兵卒に至るまで訓練せられたる武人として、がっしりと充実している」日本軍を無条件に信頼すべきであると忠告したのである。それは、「あなたの国に於て、わが軍人の姿を見ると一兵卒まで凛々たる守護神の威風を以てかがやいていることをあがめずには居れないのです[31]」と述べていることからも分かるように、介山がこの当時歯止めなく日本軍部に傾斜していたためである。そしてこれは彼が日本の政党政治に対する不信を強め、腐敗する政党政治を打破するものとして軍部に「革新者」の幻影を見ていたからに外にならなかった。五・一五事件の際も、彼は事件に「殆ど日本を救うの緒を開いた程の大きな影響感化[32]」を認めたのであり、軍部への期待は大きかったといえる。

ところでわずか三週間足らずでしかも駆け足での中国旅行で得た結論は既述したように、日中間の交渉は武力解決以外に方策はないという認識であった。「是非を云うのではい、必死の勢いを云うのである。日本は最早や武力によっての外支那を思い知らせることが出来なくなっているのだ。それをしなければ日本は本当に生きられなくなっているのだ[33]」と介山はいう。それ故帰国直後に勃発した満洲事変を当然ながら正当視した。

その背景をもう一度整理してみると、第一に古典中国のイメージしか持たず中国に対する知識に欠けていた介山の直面した現実の中国社会が、混乱していたことと、その社会を統治する政府の政策に展望を見い出せなかったことが挙げられる。第二に民衆の活力こそ発見したものの、その民衆のエネルギーの方向を見抜くことが出来なかったという点、すなわち民族主義（反植民地運動）を理解できなかったことである。第三に広大な国土に対する中国国民の統治能力に懐疑的であったことである。そして第四に抗日運動に日本人としてのナショナリズムが刺激され、中国が増長していると映ったことが挙げられる。

他にもう一つ付け加えるとするならば、中里介山が欧米支配の世界秩序を打破しようとしていたことである。同書の中で、「その時代に時めく御定連の名前を連ねただけの」国際連盟が日中間の交渉に介入してくるのは、「有害無益なる干渉」であり、「日支のことは日支に任せてお置きなさるがよい、生じい手をお出しなさる時ではない」と述べているが、欧米勢力の排除と日本の大陸進出というテーマは彼の中で国民的使命感として深く意識されていたのである。[34]

そしてそれはある意味で明治維新以降の近代日本において民衆が潜在的に意識の中で徐々に培養してきた「幻想」でもあった。実際、すでに一九一〇（明治四三）年の韓国併合により朝鮮を掌中に収めた日本の前には、半島から地つづきの満洲が広がっていたのである。

大正期を通じて幾度か画作された満蒙独立運動や満蒙分離工作にみられるように大陸進出の願望は日本人の中で大変強いものであった。日本が日露戦争以降獲得したいわゆる「満蒙権益」が中国の国権回収運動により危機に瀕し、国の内外の政治経済面で閉塞状況にある一九三〇年代初頭の日本において、その「幻想」が民衆を一層強く捉えたのも当然であったろう。介山が謬見と偏見にみちた認識から容易に「武力解決」という結論を出してしまったのも、彼自身がまさしく「幻想」と「幻滅」を繰り返す「民衆」の一人であったことを示したものであるといえよう。[35]

中里介山が「幻想」から覚醒し、出征兵士とそれを見送る行列を見て「生き葬ひ！」の感想を持った百姓弥之助のリアリズム（『百姓弥之助の話』一九三八年）へ復帰するまでまだしばらく時間がかかったのである。

注

（1）『平民新聞』（明治三七年八月七日号）に掲載された「乱調激韵」において、介山は、「敵・味方・彼も人なり、我も人也。人、人を殺さしむるの権威ありや。人、人を殺すべきの義務ありや。」と結んでいるが、このくだりは、与謝野晶子の「君死に給ふこと勿れ」中の「親は刃をにぎらせて人を殺せとをしへしや、人を殺して死ねよとて二十四までをそだてしや」の一節を思わせる。なお「乱調激韵」の全文については、入江春行「明治期反戦詩についての試論――『乱調激韵』その他」中里介山研究会編『中里介山研究』第六号、一九七四年、二三頁、参照。

（2）鹿野政直「大衆文学の思想」『大正デモクラシーの底流――〝土俗〟的精神への回帰』日本放送出版会、一九七三年、一七五

―一七七頁。
(3) 中里介山「支那南北私観」『中里介山全集』第一八巻、筑摩書房、一九七一年、二八八頁。
(4) 中里介山「日本の一平民として支那及支那国民に与ふる書」(以下「支那国民に与ふる書」と略称)『中里介山全集』第二〇巻、筑摩書房、一九七二年、一七〇―一七一頁。
(5) 同書、一七頁。
(6) 松本健一は、介山と柳田国男との「旅」に対する姿勢の相違について、前者を現実から逃避し解放を求めての旅であるとし、後者を民衆及びその生活(現実)の発見を目的とした旅であると捉えているが、このことは介山が中国民衆の生活力の逞しさを認めるものの、その民衆のエネルギーの方向について見定めることが出来なかったことにつながる(松本健一『中里介山』朝日新聞社、一九七八年、二〇六―二〇八頁)。
(7) 「支那国民に与ふる書」、一七一―一七二頁。
(8) 同書、一六七頁。
(9) 同書、一六八頁。
(10) 中里介山「戦争と宗教家」『中里介山全集』第二〇巻、一五―一七頁。
(11) 「支那国民に与ふる書」、一七三頁。
(12) 同書、一七四頁。
(13) 介山によれば、三民主義の内民族主義は華夷思想からいってそれが示す中国民族というものの内容が不明瞭であり、次に民権についても夢以上に実現困難であるとし、民生主義に至っては孫文も結論に達しない内に死んでしまったということからして論外だとされた(同書、一八〇―一八一頁)。
(14) 尾崎秀樹「時務感とその中国認識」『修羅明治の秋』新潮社、一九七三年、二〇〇―二〇一頁。
(15) 「支那国民に与ふる書」、一八四―一八五頁。
(16) 例えば初期の石原莞爾(一八八九〜一九四九)や中国研究者で京大教授矢野仁一(一八七二〜一九七〇)などはその代表であろう(拙稿『満州国』創建期における政軍関係」『亜細亜法学』第一八巻第二号、一九八四年、参照)。
(17) 前掲「支那南北私観」、二九頁。

(18) 中里介山「支那漫遊記」『中里介山全集』第一八巻、二三九頁。
(19) 前掲「時務感とその中国認識」、一九七頁。
(20) 前掲「大衆文学の思想」、一九二頁。
(21) 中里介山「英雄か民衆か」『中里介山全集』第二〇巻、八三頁。
(22) 橋本峰雄「『大菩薩峠』論」桑原武夫編『文学理論の研究』岩波書店、一九六七年、二五九頁。
(23) 前掲「大衆文学の思想」、二二二頁。
(24) 前掲『中里介山』、一九四—一九五頁。
(25)「支那国民に与ふる書」、一九六頁。
(26) 尾崎秀樹『峠の人中里介山』新潮社、一九八〇年、一六〇頁。
(27)「支那国民に与ふる書」、一九七—一九八頁。
(28) 介山のこの「開発」論には、加藤完治（一八八四～一八六七）の土地再分配思想に基づく満蒙開拓論と類似する部分が見られる（拙稿「満州開拓論の構造」『政治経済史学』第一四八・一五〇号、一九七八年、参照）。
(29)「支那国民に与ふる書」、二〇頁。
(30) 同書、二〇四頁。なお介山が「王道」と述べたことについては、三年後の一九三四年、同書を読んだ魯迅（一八八一～一九三六）により「中国には古来よりそもそも王道などというものは存在しない」として批判をうけたが、魯迅は「支那人の執迷して悟らない」と決めつける介山の抜きがたい中国民衆に対する蔑視に怒りをむけたのであった（魯迅「火・王道・監獄」『改造』一九三四年三月号及び、桜沢一昭『中里介山の原郷』不二出版、一九八七年、二二一頁、参照）。
(31)「支那国民に与ふる書」、二〇三頁。
(32)「時事及び政論」『中里介山全集』第二〇巻、二五五頁。
(33)「支那国民に与ふる書」、一九三頁。
(34) 前掲「大衆文学の思想」、二一一頁。
(35) 中里介山「百姓弥之助の話」『中里介山全集』第一九巻、筑摩書房、一九七二年、八頁。

付録史料　カール・チースの近代日本論

カール・チース稿（東亜経済調査局訳）

解説「日本ノ政治経済及社会的生活ニ就テノ所感」

明治期日本における「お雇い外国人」が近代国家建設の上で歴史的に重要な役割を果たしたことはよく知られるところである。その歴史的役割とは梅渓昇が指摘しているように、西欧列強の東アジアへの帝国主義的進出という国際環境において日本の国家的独立を確保するため明治政府主導の上からの近代化を遂行する上で、政府が採用した欧米先進諸国の近代的な諸制度と資本主義的な生産技術・方法の移植をお雇い外国人がその実際面で知識・技術を提供して指導し、その急速な移植を成功させたという点にある。(1) 勿論彼らは日本近代化政策における助力者、助言者的地位にとどまるものであったが、ともかく日本人自体で近代化の実行過程を担いうるようになるまでの過渡的役割を彼らお雇い外国人が担ったということは明白な事実であった。(2)

本史料を執筆したカール・チース博士（Dr. Karl Thiess, 一八七〇～?）もそうしたお雇い外国人の一人であり、満鉄の東亜経済調査局の設立に際し組織運営や資料の蒐集、分類整理、調査等の方法の指導に当たるべく招聘された顧問として草創期の満鉄に大きな貢献をなしたドイツ人経済学者である。

ところで東亜経済調査局は満鉄初代総裁後藤新平（一八五七～一九二九）の「文装的武備」と称する満洲経営構想に基づき、後藤が逓信大臣に転任し満鉄を去った後、後藤の基本構想を継承した第二代総裁中村是公（一八六七～一九二七）が一九〇八（明治四一）年九月十八日東京支社に設立した調査機関である。すでに大連本社には調査部が設置され、また同年一月には東京支社内に満鮮歴史地理調査部が設けられていたが、これらに次ぐ調査機関の設立であった。

後藤新平がそもそも東亜経済調査局を発想したのは、まだ台湾民政長官であった一九〇二（明治三五）年に新渡戸稲造（一八六二～一九三三）らとパリの国立クレディ・リオネー銀行の経済調査局を訪れ、その分類整理された情報・資料の豊富さを目の当たりにした時であった(3)。その後日露戦争により満洲進出を果たした日本を取り巻く新たな国際情勢の中、単に満鉄会社に止らず世界的視野に立脚して日本の発展の方向を模索すべきことを痛感した後藤は、そのために必要な世界的規模での情報・資料の蒐集とシステム化された分類整理を担当する総合的調査機関の構想を具体化したのである。それが東亜経済調査局の設立となったわけであるが、後藤の基本的な調査についての姿勢である科学的方法に基づく情報・資料の蒐集及び分類整理とその客観的・科学的分析を同調査局において実現するには、そのための指導的な人材が必要とされた(4)。そこで京都帝国大学教授で満鉄理事の岡松参太郎（一八七一～一九二一）をヨーロッパに派遣し、招聘したのがかねて後藤がドイツの経済雑誌に発表した論文で注目していた当時ダンチッヒ高等工業学校教授のカール・チースであった。因みにチースは本史料中において自ら述べているように、本稿執筆の一八年前（明治二六年前後か）東京帝国大学より経済学教授として招聘の打診を受けた経歴をもっている。

チースはダンチッヒ高等工業学校に勤務する以前、ハンブルク・アメリカ汽船会社の調査部の主宰者として貿易経済のための資料作成に携わっていたが、この時の知識と経験を論文にしたのが後藤の注目するところとなったのである。特に後藤は情報資料整理の方法論に示唆を得るところが多かったようで、早速同論文を「大興業における経済調査部」という

タイトルで翻訳し各方面に配布している。(5)

チースは招聘を受諾すると勤務校から賜暇休暇をとり、岡松参太郎と共にベルリン、ブレーメン、パリ、モスクワなどの諸調査機関を視察した後、一九〇八年一〇月末東京に赴任した。主任に任ぜられたチースは赴任後直ちに「パリ・クレディ・リオネー銀行の経済調査局」という調査報告書を提出すると共に、(6)局長を兼任することになった岡松理事と協力の上、後藤が以前より強い関心を寄せ、またチース自身推賞していたクレディ・リオネー銀行の調査局を範にとり、さらにベルリンの諸調査機関の特長を加味しながら東亜経済調査局の組織作りに当たったのである。(7)

こうしてチースは同調査局の当初の目的である情報・資料の蒐集とその科学的でシステム化された分類整理の基礎づくりに従事し大きな功績を残す一方、同局員の調査研究の指導を担った。また彼自身局内において世界の交通、植民、諸般経済問題、日本の鉄道広軌改築問題等の研究にも携わっている。(8)

東亜経済調査局赴任の翌年一九〇九（明治四二）年にはチースは、当時議会でも建議され後藤も強い意向を示した満洲特殊金融機関設立問題に関して意見書を提出している。これは在満邦人の事業の拡大・発展のためには、長期低利の資金を融資する特殊銀行（植民銀行等）の設立が不可欠であるという論議が進展する中提出されたものである。こうした論議に対して大蔵省はすでに満洲に勢力を築いている横浜正金銀行をもってその任に当て特殊銀行設立は不要という結論を出していたのだが、逓信大臣兼鉄道院総裁として満鉄の監督者たる地位にあった後藤は満洲経営の観点から植民銀行が満洲経済の中心的機能を果たすべきだとして大蔵省に反対していたのであり、(9)チースの意見書もこうした後藤の基本的方針に沿った分析をしていた。すなわちチースは「満洲ノ如キ経済的発達尚未ダ幼稚ナル土地ニアリテハ植民銀行ノ設立ハ最モ有益」であると結論づけると共に、これ迄横浜正金銀行に切り捨てられていた在満の小規模事業家のために欧州におけるような信用組合制度の導入をも提案していたのである。(10)

ところでチースの当初の雇用期間は一九一〇（明治四三）年九月までであったが、満鉄当局はチースに対して任期の延長を希望している。これに対してチースは、休職しているダンチッヒ高等工業学校への配慮や本国における将来の地位の確保などの点から翌年三月までの六ヵ月に限ることを条件に受諾した。また当局に彼が申し出た条件の中には、任期終了以前に本人の局務成績良好の証として勲章の贈与なども希望として出されていた。[11] この叙勲とは別だが、チースの誠実な仕事振りに対して満鉄当局は政府に働きかけて鉄道院勅任顧問（少将待遇）に任じている。[12]

このチースの任期延長問題について後藤は一九一〇年五月九日、自ら駐日ドイツ大使と会見し交渉している。ドイツ大使とのこの会見において後藤は「従来日本ニ対スル諸外国ノ非難ハ多クハ事情ニ通セサルヨリ来ル誤解ニ基クモノナリ日本カ戦ヲ好ミ領土ノ拡張ヲ欲スルト云フカ如キハ其誤解ノ最モ著シキモノ」と述べた上で、「此誤解ヲ解キ日本ノ真相ヲ外国ニ紹介スルコト常ニ予ノ希望スル所ナリ（中略）チース博士ヲ聘用シ目下議論ノ焦点タル満洲ニ於ケル日本ノ起業ニ関与セシメ且其見聞ヲ欧米ニ紹介セシムルハ有力ナル一方法タルコトヲ信ス」[13]とチース博士聘用の真意をドイツ大使に示し、チースの任期延長に対する考慮を要望した。また翌一九一一（明治四四）年三月九日のチース博士祖道の宴の席上でも、後藤はチース博士を招聘した理由について同様の趣旨のことをのべている。[14] こうした点からするとチースを含めた外国人顧問の聘用の意図が、すでに述べたように近代化を促進する上での指導的人材の確保という点に止らず、日本の満洲進出に対する欧米諸国の疑惑と警戒を解くための外国人による対外宣伝という点にもあったことが判かる。

後藤が駐日ドイツ大使やドイツ文部大臣の任期延長の承認をとりつけたことによりチースは翌年三月までの半年間引き続き東亜経済調査局での指導と調査研究に当たることになったが、後藤とドイツ大使との会見直後には五月から六月にかけて約六週間に亘り、中国調査のための視察旅行に出発した。視察の目的は、中国経済における欧米の商業組織の実態、中国の銀行及び信用制度、中国貿易港における経済機関や社会的設備等の研究調査にあったが、いずれのテーマも満洲経営との関連で捉えられていたのである。[15]

チースは帰国後間もなくダンチッヒ高等工業学校よりケルン高等商業学校教授に転ずる。しかし日本の経済問題に対しては帰国後もなお関心を寄せていたようで、一九一三（大正二）年には日本で中断したままになっている日本国有鉄道広軌改築問題を「世界鉄道軌幅論」と題する論文中において取り上げ、旅客交通、貨物輸送、軍事、さらに将来における国力の発展の上から、当面の財政的困難に耐えてもなお現在軌幅の一・〇六七メートルを一・四三五メートルに改築すべきことを説いていた[16]。

チースのその後の経歴についてだが、満鉄及び満鉄調査部を扱った多くの文献によるとチースは後にワイマール共和国時代、社会民主党の外務大臣に就任したとある[17]。しかしこれは誤りであり、ワイマール共和国時代を含め歴代ドイツ外相の中にはチースの名前はない。恐らくこの誤伝の発生源は元満鉄社員伊藤武雄（一八九五～一九八四）が著わした『満鉄に生きて』（一九六四年刊）ではないかと推測され、その後事実関係が吟味されないまま踏襲されたものと思われる。従って現在調べた限りにおいてはケルン高等商業学校教授以降のチース博士の足跡は不明である。

さて本史料「日本ノ政治経済及社会的生活ニ就テノ所感」は、カール・チースが離日前もしくは帰国後間もなく東亜経済調査局の依頼に応じて作成した日本論である。本史料は元々東亜経済調査局員であった永雄策郎（一八八四～一九六〇）家に保管されていたもので[18]、原文はB５判縦書き謄写刷で一二〇頁にのぼるものである。

この「日本ノ政治経済及社会的生活ニ就テノ所感」においてチースが分析し主張している主要な点について簡単に触れておきたい。彼が主張している最大の論点は、統治という観点からの人材の養成ということにある。特に統治機構の整備という面から行政官吏の養成をきわめて緊要な課題として捉えていた。

チースは先ず、彼が東京に赴任した翌年に暗殺された伊藤博文（一八四一～一九〇九）を近代稀にみる大外交家として高く評価している。それは英仏露への対応や清韓両国の性情を通暁した上での両国への処置など巧妙な外交的手腕のみに止らず、人材の登用、適材適所等内政面においても伊藤が政治家として大きな足跡を残したことを指している。それ故に対照的にチースが不安を覚えるのは、その伊藤が死去し、伊藤の同輩であった多くの明治草創期の政治家も第一線を退く中にあって、伊藤らの偉業を継続すべき統治層において人材がかなり不足しているということに外ならなかった。

これまでも欧米に比して有能で指導的人材が少なかったとはいえ、統治層という狭隘な範囲にその限られた人材が集中し集権的政治を行うことによって上からの近代化を推進してきたという経移があり、それがチースによれば日本の成功を解明する鍵でもあったのであるが、明治草創期の行政家の世代交代の時期に直面する中、次代の統治機構を担う行政官吏の前途には先に挙げた人材不足をはじめとして官僚主義の蔓延、本国中央政府官吏と植民地官吏との軋轢など様々な難関が山積しているというのが彼の分析であった。

行政官吏の内でも特にチースが危惧しているのは「第二流の官吏」と彼が呼んでいる中央官庁の次官以下参事官、秘書官等についてであり、彼らの外国語の能力不足、国際事情に関する知識不足及び顕著な排外的傾向、改革に対する意欲及び溌剌とした自働的活動力の欠如、既得の成果に甘んじ唯長官の命に従属するだけのいわゆる官僚主義の弊を問題視していたのである。従ってこのような中央行政機構の現況では有能な人材は日本内地において以前のように重用されず、勢い植民地に流出しているというのである。しかもさらに問題となるのは、従来は植民地での行政経験を積んだ有能な官吏が本国中央政府に転ずることが可能であったのに、現在では有能とはいえずしかも官僚主義に陥っている中央官吏が地方官吏、殊に植民地官吏を蔑視しこれを排斥する傾向にあることであった。こうした植民地と本国における人材の隔差と外国事物に対する排斥的感情の強い本国行政官吏の存在について、チースは政治上有害にして危険であるとの認識を示している。

そこで人材殊に行政官吏の養成という課題が一層重みを増して来るのだが、それには教育制度、特に高等教育機関である大学の改良が必要であると彼は説く。具体的には学生の独創的思考を養成するための教授方法の改善、官費留学生の研究への従事と国費の有効利用をはかるための監督者の派遣、優秀な大学教授の兼職・転職を防止するための地位改良、すなわち俸給面での大幅な改善、大学の首都集中の回避と地方大学の発展振興等の策を挙げている。

また行政官吏養成のみならず民間の人材、殊に新聞人の養成も重要な課題であるとして大学が有能な新聞人養成のために果たすべき役割の大きいことを説いているのも注目される点である。特に大学における新聞科の設置と新聞科学士の外国留学奨励の主張は、国際情報を主として英国通信より受け、「英国の眼」を通して世界的事象を観察する傾向にあった当時の日本の新聞各紙に対するチースの危惧感を示すものであった。日本の新聞のこうした偏向を是正し均衡のとれた世論を形成する上からもチースは、大学で養成した新聞人を世界の重要都市に通信員として配置し、「独立した通信」を送信させるべきであると主張していたのである。

以上行政官吏を主とする人材の養成と高等教育の整備等、本史料におけるチースの分析及び主張の主要な点について若干触れたが、最後に全般的に、チースが「外人ノ招聘」、「日本社会管見」の項等における論述からも明らかなように外国事物の輸入の有益性を説く一方、世界的な国際化の進展の中で日本の自己同一性を保持しながら調和のとれた近代化（西欧化）の推進を示唆していることを付記しておく。

注

（1）梅渓昇『お雇い外国人——明治日本の脇役たち』日本経済新聞社、一九六五年、二三〇—二三一頁。
（2）同書、二三三頁。
（3）鶴見祐輔『後藤新平』第二巻、勁草書房、一九六五年、八五五頁。
（4）原覚天『現代アジア研究成立史論——満鉄調査部・東亜研究所・ＩＰＲの研究』勁草書房、一九八四年、四二九頁。
（5）山田豪一『満鉄調査部——栄光と挫折の四十年』日本経済新聞社、一九七七年、四四頁、草柳大蔵『実録満鉄調査部』上巻、朝日新聞社、一九七九年、七五—七六頁。
（6）草柳同書、七六頁。
（7）伊藤武雄『満鉄に生きて』勁草書房、一九六四年、二九頁。

（8）カール・チース「広軌問題」『経済資料』第二巻第二号（一九一六年四月）、一頁。
（9）北岡伸一『後藤新平——外交とヴィジョン』中央公論社、一九八八年、一三一—一三二頁、鶴見前掲書、八八五—九〇〇頁参照。
（10）カール・チース「満洲ニ於ケル金融機関ニ就テ」『後藤新平文書』R四〇—五八—四（水沢市立後藤新平記念館編『後藤新平文書目録』によるマイクロフィルム番号を示す。以下同文書によるものは同様）。
（11）「チース博士傭期限延期ニ関スル本人ノ希望」『後藤新平文書』R四〇—六〇。
（12）草柳前掲書、七七頁。
（13）「後藤逓相ト独乙大使会見記（明治四三年五月九日）『後藤新平文書』R四〇—六〇。
（14）「チース博士祖道ノ宴席上男爵ノ演述（明治四四年三月九日夜社宅ニ於テ）」『後藤新平文書』R四〇—六一。
（15）「清国視察旅行予定書」『後藤新平文書』R四〇—六〇。
（16）前掲「広軌問題」、一一—一四頁参照。
（17）伊藤前掲書、二九頁、松本健一「満鉄調査部論」『思想としての右翼』第三文明社、一九七六年、一四五頁、草柳前掲書、七七頁、原前掲書、四三〇頁参照。
（18）本史料は財団法人満鉄会において満鉄資料の所在調査に当たっておられた故有馬勝良氏（一九〇一〜一九八五）が永雄策郎家で発見したものである。

【史　料】カール・チース稿（東亜経済調査局訳）

日本ノ政治経済及社会的生活ニ就テノ所感

カール・チース博士　稿

〔凡例〕

一、漢字は原則として旧漢字を常用漢字に改めた。但し漢字の誤用及び不明の字は原文の通りとし、（ママ）を付記した。

一、仮名づかいは、旧仮名づかいが基本となっているが、その誤用については原文のままとした。

一、句読点、濁点、半濁点は原則として原文の通りとしたが、各段落の終わりには句点を統一的に付記した。

目　次

三　日本為政上緊要ナル問題

四　日本為政上進歩主義

五　日本為政上杓子定規

六　官吏ノ養成

七　外人ノ招聘

八　大学ノ改良

九　羅馬字問題

十　日本新聞紙

十一　産業状態

十二　日本交通問題

十三　日本民間経済

十四　日本社会管見

結尾

緒言

余ニ日本滞在中ノ所感ヲ述ヘヨトノ請求ハ余ニトリ誠ニ栄光ノ到リナレトモ又甚タ困難ナル問題ナリトス、何トナレハ余ノ日本ニ於ケル滞在時日ハ甚タ短少ナルノミナラス此ノ短少ノ時日サヘ職掌上ノ業務ニ忙カハシクシテ日本人生活ノ各方面ニ亘リ研究スルノ暇ナク、又日本語ノ研究サヘ為シ得サリシ状態ナレハナリ、故ニ余ノ経験ハ日本人ノ公共生活中ニ三ノ部分ニ限ラレタリ、尤モ此ノ狭少ナル部分ニ就テハ余ノ国際的智識ト、余ニ対スル日本人ノ懇篤ナル援助トニヨリ、能ク研究ヲ遂クルコトヲ得タリ。

而カモ此ノ懇篤ナル日本人トノ交際ハ又ヤカテ余ノ判断ヲシテ誤謬ニ導クノ原因ナラストセス、余ノ身辺ハ懇切ヲ以テ囲繞サラレ見ル物聞ク物悉ク快感ヲ与ヘサルハナキヲ以テ、日本滞在中ハ誠ニ愉快ニ日ヲ送リ又其ノ執務上満足ノ外ナク為メニ其ノ反対ノ方面即チ批評ヲ下スヘキ弱点ヲ経験スルノ機会ニ至テハ欠如タレハナリ、サレハ余ハ余ノ経験ノ不足ヲ補フニ参考書又ハ新聞雑誌ヲ以テシ、且ツ著名ナル日本人及外国人ニ就テ質シタル所ニ信頼サセルヘカラス。

殊ニ余ガ今批評ヲ試ミントスル部分ハ最モ困難ナル処ニシテ、其説悉ク正鵠ヲ得タリトイウヲ得サル可キモ、若シ其ノ二三ノ点ニ於テ読者之ヲ自己ノ観察ト比較シ以テ考査ノ一助トナスヲ得ハ誠ニ大幸ナリ、尚余ハ個人的批評ニ亘ラサランコトヲ努メタリト雖トモ偶々言穏カナラサルモノアラハ是レ余ノ善意ニ出テタルコトヲ諒セラレンコトヲ請フ、又種々ノ点ニ於テ一層精細ナル説明ヲ望マルヽコトアランカ余ハ喜ンデ之ニ応スヘシ。

一　日本ノ外交政策

日本ヲシテ強国ノ一タラシメタル理由ハ数多アル中ニモ一国ヲ指導スル数多ノ人物ノ為政的天稟殊ニ外交上ノ手腕ハ其主タルモノナルノ感ヲ深カラシムモノアリ、余ハ幸ニシテ彼ノ大政治家ナル故伊藤公爵ノ外交的手腕ヲ親シク嘆美スルヲ得ベキ好時期ニ於テ日本ニ来リシコトヲ喜コブモノナリ、故伊藤公ヲ有スル日本政府カ如何ニ近時ノ外交政略ノ困難ニ打勝チシカ如何ニ巧ニ彼ノ米国艦隊ノ示威的行動ニ対抗シ又移民問題ヲシテ無害ナル進行ヲ採ラシメタルカ、独逸皇帝会談ノ余波端無クモ日本ニ及ビ日本国民カ騒キ出タセルニ対シ如何ニ取締ヲ厳ナラシメタルカ、又如何ニ英国トノ親交ヲ維持シ且ツ同時ニ露仏ト接近スルコトヲ得シカ等数ヘ来レハ更ニ幾多ノ事件ニ就テ嘆称スヘキモノアリ、伊藤公ノ外交的才能ト清韓両国民ノ性情ニ通暁シ両国民ニ対スル処置宜シキヲ得タルトハ実ニ近代稀ニ見ル大外交家タルコトヲ証スルノミナラズ内政ニ於テモ常ニ私心ヲ去リテ事ニ当リ能ク人ヲ用ヒ自己及ヒ自党ニ偏スルコトナク其適材ヲ抜擢シタルハ亦其ノ大ナル所以ヲ為スモノト言フヘシ。

伊藤公薨去後ハ其ノ生存中ノ如ク日本ノ外交ハ一歩一歩成功ノ名誉ヲ負フ能ハサルハ是レ自然的反動ニシテ猶ホ英国ニ於ケル「エドワード」王ノ薨去及独逸ニ於ケル「ビスマルク」公ノ挂冠以後ノ状況ニ比スベキカ、凡ソ永ク卓越セル指導者ヲ有シ、俄ニ之ヲ失フヤ其国ノ蒙ル不利ハ尠少ニアラサルナリ、又与国ニヨリ承認セラレタル敏腕ナル外交家ノ存在ハ国際間ニ於ケル一国ノ信用ヲ高ムルモノナルガ此ノ如キ大手腕者ヲ失ヘハ一国ノ外国ヨリ受クル信頼ト尊敬ノ度ヲ減少シ再ビ之ヲ回復スルニハ後継者ノ非常ナル奮励ヲ要スルヤ明カナリ、殊ニ近時英国トノ関係紛糾ヲ見タル時ノ如キ日本人ハ余リ英国通信ヲ偏重スルノ結果自国ノ新聞及輿論ハ対英外交問題ニ対シテ其ノ信ヲ為サヽリシカ如キハ殊ニ遺憾トスル所ナリ。

サレト現時ト雖トモ敢テ日本国ニ敏腕ナル外交家欠乏セリト言フニアラズ否日本国民ハ天性外交ニ長セル国民ナルノ心地セスンハアラス。

二　日本ノ成功ノ不可思議

日本国民ノ将来如何、其ノ能力如何、又ハ其ノ急速ナ進歩、甚大ノ成功ノ原因如何ト言フカ如キ諸点ニ関シ、余ハ外国人ヨリ質問セラレタルコト幾百回ナルヲ知ラス又自ラモ之ニ関シテ疑ヲ懐キ此等ノ質問及自問ニ対シテ答弁セント試ミタルコトモ之ニ譲ラスト雖トモ甚説明ニ苦ムモノアリ、蓋シ日本国民ニハ矛盾ノ性質アリテ、此ノ矛盾性コソ即チ余ノミナラズ日本滞在ノ外国人ヲシテ国民性ノ研究ヲ思立タシムル原因ヲナスモノトス、然ラハ其矛盾トハ何ソヤ、日本国民ハ僅カ半世紀ノ短時日ヲ以テ自国ノ工業及経済ヲ根底ヨリ変更シ且ツ他文明国カ数百年ノ歳月ヲ費シテ為シ得タル事業ヲ成就シ此等諸文明国ト世界経済競争場裡ニ馳駆シツヽアリ而カモ日本ハ甚不便ナル国語ヲ有シ、且ツ其ノ観察及風習ハ軍国民的ニシテ経済的国民ナラザル等種々非文明的障害アリ、現ニ国民ノ大部ハ其ノ精神的産物ヲ万国ノ市場ニ呈出スヘキ程度ニ達セス又国民ヲ指導スヘキ人物モ之ヲ欧米ニ比スレバ僅少ナル範囲ニ属セリ、殊ニ中流社会ヲ形成スル学者、代議士、新聞記者、自治団体、官吏等モ大体ヨリ言ヘバ其ノ数量ニ於テモ又其ノ価値ニ於テモ到底外国ノ敵ニ非ルナリ。

然ルニ他ノ方面ヨリ見レハ日本ハ以上ノ短所アルニ拘ハラス、政治上経済上諸大強国民ト歩ヲ共ニス、否一層歩武ノ迅速ナルモノアルヲ見ルナリ、思フニ日本ハ僅少ノ精神的勤労ヲ以テ他国ヨリモ多大ノ功果ヲ収メ得ルモノヽ如シ、其ノ軍事上及政治上ノ或点ニ於テハ既ニ他国ニ追付カントシ経済上ニ於テモ亦全世界ノ工業家ハ少シク危惧ノ念ヲ以テ日本ヲ視ルノ状アリ、即チ彼等ハ日本ノ外国ト肩ヲ列ヘテ競争スルニ至ランコトヲ惧ルヽナリ、尤モ此ノ危惧ノ念ハ十分ノ根拠ヲ有スルモノニアラズ経済的進歩ハ数多ノ条件ノ進歩ニ伴フモノニシテ此ノ条件ノ進歩ハ外国ト雖トモ疑々乎タルモノアルガ故ニ、此ノ点ニ就テハ日本ト外国トノ間ノ間隔ハ軍事上、政治上ニ比シ一層大ナリ然シ其ノ間隔モ益狭少トナルベキハ明カナリ。

以上ノ如キ不思議ナル日本ノ状態ニ就テ説明ヲ試ミントセハ敢テ為シ得サルニアラス而シテ是レヤカテ日本ヲ称賛スヘキ点ニシテ、即チ戦争ニ巧ナルコト、国民ノ一致団結力、古来ノ文化、社会階級間闘争ノ尚小ナルコト、技術的応用ニ巧ナルコト、向上的名誉心等ナリ然レトモ吾人ハ以上ノ諸点ノミヲ以テ説明ヲ尽セリトスルコト能ハス、何トナレハ此等ノ優逸ナル諸性質ハ程度コソ異ナレ他国民中ニモ存在スレハナリ。

然ラハ如何ニ之ヲ説明スベキカト言フニ日本ニ取リテ一見短所ナルカ如キモノ尚現時及此ノ過度時代《ママ》ニ於テ長所タルニアラサルカ、戦争国民ノ常トシテ為政的手腕家自然ニ現出シ而シテ其ノ範囲ハ或階級ニ限ラルヽヲ普通トス日本ニ於テ殊ニ然ルヲ見ル、是レ日本ニ於テハ新旧文明ヲ調和スルコト国家的及興国的教育ヲ融合スルコト、及其他統治ニ関スル諸大問題ハ皆一国少数指揮者ノ方寸ニ委セラレ、而カモ此重任ヲ果スニ足ルモノハ極メテ僅少ノ人ナレバナリ、日本ニ於テハ吏員ノ上達ハ姻戚ノ関係及特別ノ庇護ニヨルコト大ナリトハ往々耳ニスル所ナルカ（偶々聞得タル苦情ヲ記スルノミ、固ヨリ真偽ハ保証シ難シ）而カモ実際上重要ナル地位ハ実ニ堪能ナル人士ノ占ムル所ニシテ此等ノ人ハ之ヲ他国人ニ比シテ恥ヂズ、若シ果シテ其人ノ能力ト其人ノ位置トノ差過大ナランカ、姻戚関係、特別ノ愛顧ノ如キモ亦何ノ益スル所無カルベキナリ。

故ニ一国真個ノ指導者ニハ其ノ創設的及改良的手腕ヲ振フノ余地甚タ大ナリ是レ其ノ天性カ自ラ其ノ上達ヲ促ス所トハ言ヘ又他人ヨリ見ルモ此等ノ人士ハ能ク指導者タルノ天命ヲ有スルモノト首肯セラルヽガ故ナリ、加フルニ日本ニ於テハ欧州各国ニ於ケルカ如ク有為ノ材幹及政治的手腕ヲ有スル人士ノ過剰ナシ、欧州各国ニ於テハ之ニ反シ如何ニ適材アルモ之ヲ置クノ地位ナシ、サレハ日本国ニ於ケル政治機関ハ事業ノ進捗遅緩ナルコトハアラン、然シ不断的ナリ議会提出案ハ往々浅薄ナルモ概ネ統一的ナリ、又日本ニテハ法律案、計画案、改良案等ノ提出セラルヽ数僅少ナルガ如キモ其ノ可決セラレ法律トナリテ実行セラルヽモノハ他国ヨリ多数ナリ。

欧州諸国ニ於テハ之ヲ日本ニ比スルニ一層多数ノ国民カ其ノ出生、富力、教育或ハ能力ニヨリテ上達スルヲ得、又中等ノ技量ヲ有スルモノモ比較的好地位ニ上ルコトヲ得ルガ故ニ此等ノ地位ニ対スル競争激甚ナリ、勿論中等官吏トシテ能ク適任ナルカ故之ヲ一層高等ナル地位ニ置クモ適当ナルヲ思ヒ之ニ任用シタルニ偶々其ノ不適当ヲ発見スルコトアルハ不都合ニハ相違ナケレト又抜群ノ技量ヲ有スル者カ其ノ技量ヲ発揮スル能ハサル場合多キコトハ尚一層遺憾ナリ、是レ外国ニ於テハ政府官吏ニ劣ラサルモノ民間ニモ多々アリテ反対スルカ故ナリ、即チ代議士、新聞記者、学者其他実業会議所及実業協会等ノ会長及書記長等ハ大臣及参事官等カ新法案及新規定ノ通過ヲ企画スルニ対シ一層優レル専門的智識及手腕ヲ以テ之ヲ論評批判シ、終ニ否決ニ至ラシムレハナリ、況ンヤ官庁内ニ於テモ官吏相互間ノ嫉妬及軋轢ノ益々大ナルモノアルニ於テヲヤ。

故ニ欧米諸国ニ於テハ公共的事業ノ大部分ハ現時其ノ企画スル所ニ達セスシテ破壊セラルヽヲ常トス、例ヘハ独逸ニ於ケル財政改革案及労働保険法案ノ如キ、仏国ニ於ケル所得税改良法案ノ如キ、米国ニ於ケル商業政策ニ於ケルカ如キ是ナリ、此等ノ場合ニ於テ其ノ通過ノ困難ナル所以ハ他ノ新進国及貧弱国ノ如ク課税物件ノ欠乏或ハ人物ノ不足ニ因ルニアラスシテ実ハ之ニ反シ建議ノ数甚多ク、何レモ深キ専門的理由ヲ附シ互ニ攻撃ヲ逞ウスルニヨルナリ、其ノ結果統一的性質ヲ有スル完全ナル産物ナク、只妥協的且ツ不具的法律ノ制定ヲ見ルノミ、蓋シ各党派、各経済的団体等ノ意ヲ嚮ハサルヘカラサレハナリ、若シ夫レ独逸国ニ於テ「ビスマルク」公ガ其ノ強硬ナル態度ヲ以テ独逸国労働保険法及鉄道国有案ヲ通過セシメサリシナランカ、後日ニ至リ各政党ノ反抗ノ為メ遂ニ能ク其ノ成功ヲ見ルヲ得サリシナラントハ同国人ノ屢々口ニスル所ナリ。

此ノ如キ理由アルヲ以テ、日本国ニ於テモ大改良ヲ施スニ最モ適当ナル現時ニ於テ全力ヲ尽シテ之カ遂行ヲ企画スヘキモノナルコトヲ察セサルヘカラス、実ニ日本ノ現時ハ議会ニ於テモ新聞社会ニ於テモ又各経済的団体ニ於テモ堪能ノ人少ク、従テ政府統一的計画案ヲ破壊スルニ足ラズ、勿論此等堪能ノ人士皆無ナリト言フニアラズ、只其ノ数甚少ク、此等少数ノ人士モ多クハ数多ノ事業ニ関係シ上述ノ職務ニ専心ナル能ハス其ノ結果日本ニ於テハ狭隘ナル範囲ニ限ラレタル統治者ノ階級ノ権威及材能ヲ以テ能ク平均程度ノ才能ヲ有スル者ヲ遙カニ凌駕スルヲ得、其ノ意思ノ貫徹モ亦比較的ニ容易ナリトス、是レ日本ノ国体ガ外国ト異ナルカ為ト云ハンヨリハ寧ロ其ノ運用ノ如何ニ存スルモノトス、サレハ議会起リ、言論ノ自由許サレ、内閣ノ更迭等行ハルルモ、社会ノ状態上陳ノ如ク変セサル間ハ、日本国ノ運命ハ只堪能ナル小範囲ノ人士ノ手ニ支配セラルヘク、日本国ノ長所其ノ幸福ナル事由、及従来迅速ナル進歩ヲナセル原因モ亦全ク此ニ存ス。

上官ノ命ヲ奉シテ施行ノ任ニ当ル官吏社会ニモ又納税者ナル国民一般ニモ「戦争国民」ノ遺風トシテ規律ヲ重ンスルノ精神及報国ノ念尚存シ只管治者階級ノ要求ニ応センコトヲ務メ、或ハ心服シ得サル時ニ於テモ反対ヲ断念シ服従スルノ風アリ。

三　日本為政上ノ緊要ナル問題

世界歴史ヲ通覧スルニ幾多ノ邦国ニ於テモ一度ハ、日本ノ如ク狭隘ナル範囲ニ限ラレタル堪能ノ指導者一国ヲ巧妙且ツ良好ニ支配セル例証少ナカラス、然レトモ此ノ如キ事情ハ将来ニ於テ危険ヲ其国ニ及ボスヲ明示ス、夫レ米国人ノ如キハ其統治ノ好悪ハ敢テ問フ所ニ非スシテ能ク自ラ処スルノ道ヲ知リ、統治機関ニ待ツ所少シ、英国民ハ又之ト異ナリ統治機関ノ良好ナラサル事アランカ、直ニ之ヲ更迭セシメ得ルノ思慮ト能力トヲ有セリ、独逸及其他ノ欧州諸国ニ於テハ社会及経済ノ諸生活ニ関シテ能ク自ラ処スルノ能力アリテ、今ヤ政府ニ待ツコト従来ノ如ク大ナラズ日本ハ之ニ反シ過去ニ於ケル諸国ノ寡頭政治ニ於テ経験セルガ如ク一朝治者階級ニシテ卓越ナル見識及統御ノ能力ヲ失ハンカ、近世的強国及経済的強国タル位置ヲ危殆ナラシメサルヲ得ス従テ日本ニ於テハ行政官吏ノ養成及其ノ選抜等ニ関スル諸問題ハ他国ニ比シ根本的ニシテ且ツ重要ナル意味ヲ有スルナリ。

日本政府ハ国民ノ教育ヲ始トシテ経済界ノ指揮ニ至ルマテ総テ一国ノ後見的職務ヲ有セリ、若シ夫レ経済界ニ於テ政府ノ指揮ヲ離レンカ、直ニ危険ノ現象ヲ呈スルニ至ルハ之ヲ日露戦争後ノ株式取引ノ急激ナル進歩ト共ニ生シタル現象ニ見ルモ、又満韓地方ヘ小商人及小役人ノ如キ者カ全ク監督不行届ノ状態ノ下ニ最初流入シタルトキノ現象ニ見ルモ明ナリ、独逸人ヨリ之ヲ見レハ日本ニ於テ警視総監及文部大臣カ二三犯罪人ノ行為ニ対シテマデモ責任ヲ明ニセサルヘカラサルノ理由ヲ発見スルニ苦ムナリ、英国人ノ如キハ此ノ状態ヲ以テ日本人ノ思想カ眩惑ニ陥レルモノナラントナシ其他外人ノ誹議止ム時無シ、然レトモ日本ニ於テハ政府ト国民トノ関係親密ニシテ治者ニ対シ一般国民ノ精神的ニ隷属スルコト他国ニ比シテ大ナルモノアルヨリ考フレバ以上ノ責任問題ノ如キモ全ク了解シ得サルニアラサルナリ。

此ノ如キ日本国状ハ早晩一大危険ニ到達セサルヲ得ス、日本ニ於テモ亦経済的思想及国民ノ精神的独立ノ度ハ近キ将来ニ於テ益々強大トナリ遂ニ政府治者ノ手ヲ離レントスルモノアレバナリ、欧州諸国ニ於テハ同様ノ困難既ニ百年前ニ起リ、経済界及社会問題ニ関スル大恐慌ヲ惹起セリ、サレハ日本ニ於テテモ経済及社会生活ニ於テ従来ノ如キ政府ノ後見的習慣ヲ脱シ独立的生活ニ移ル過度ノ時代ヲシテ欧州ニ於テ起リシヨリ一層平和的ニ簡易ニ且ツ徐々ニ通過セシムル様務ムルコトハ日本ノ統治上将来最モ困難ナル問題タラズンバアラズ。

日本政府ハ必ズヤ之ヲ自覚シ居ランサレハ政府ハ此過渡政策又ハ予防政策ノ一トシテ保護税法、工場法、鉄道ノ国有及改築等ニヨリテ秩序的ニ経済政策及経済教育ノ実施ヲ企画セサルヘカラス殊ニ此等ノ実施ハ其ノ好時期ニ於テスルコト肝要ニシテ然ラサレハ困難辛苦為スナキニ至リテ悔ユルノ外ナカラン、此ニ備ヘンガ為メニハ学校及教育制度ハ勿論外国ノ事情ニ関スル智識ノ普及ハ日本ニ取リテ如何ニ重要ナルカヲ知ルベシ。

以上陳述セル所ハ日本政府及官庁ヲシテ甚重大ナル責任及実行困難ナル義務ヲ負ハシムルニ似タレトモ日本人ハ亦統治上至幸ナル性質ヲ有シ自己ノ勢力ヲハ最モ急ヲ要スル事件ニ集注シ又ハ最モ重要ナル事件ヲ第一ニ選択シ、以テ一意之ニ当ルノ風アルハ余ノ信シテ疑ハサル所ナリ。

其他諸種ノ小事件ニ関シテハ日本ニ於テ尚未ダ思ハシカラサルモノアリ外国人間ノ談話中往々耳ニスル所ノモノハ旅行中ニモ鉄道ニ於テモ商店ニ於テモ官庁ニ於テモ到ル処不行届許ナリ商人ハ営業的手腕ヲ欠キ、新聞記者ハ智識ニ乏シク官吏ハ決断ニ乏シク、交際ニハ信義ナキ等数へ来レハ幾何ナルヲ知ラス而シテ此等無数ノ小事実ハ近世的日本国ニトリテ重大ナル欠点ニアラズヤト言フニアリ。

余ハ之ニ対シテ答ヘテ曰ク、日本ノ近世的発達ハ極メテ短時間ノコトニ属シ又其ノ範囲モ狭隘ノ部分ニ限ラレ居リテ局部ノ改良ニマテ行届カサルモノアラン、然レトモ此等小部分ノコトハ以テ日本ノ鼎ノ軽重ヲ問フニ足ラズ日本ガ真ニ重大且ツ緊急ナル諸問題ヲ解決スルノ力アリヤ否ヤヲ以テ日本国ノ眞目ヲ定ムヘシト、此ノ見地ヨリスレハ日本ハ絶対ニ必要ニシテ欠クベカラサル事ニ対シテハ能ク其ノ能力ヲ発揮シ其ノ諸機関モ亦此等事件ニ処スルノ道ヲ知リ、其ノ事件ニ処スルノ方法及其ノ時機ヲ誤ラサルヲ見ル其ノ証拠ニハ日本国ノ重要ナル機関及設備ノ如何ヲ見ヨ又戦時及平和ニ於ケル此等諸機関ノ能力ヲ見ヨ、翻テ外国ニ於ケル昔時ノ政治及諸機関ヲ見レハ日本ニ劣ルモノアリ、何トナレハ左程緊要ナラサル瑣細ノ事物ニ余リ精シク、却テ重大ナル事件ニ対シテ能ク為スナキヲ示セハナリ、日本人ノ精神ノ活動ハ一方ニ偏シ、最モ重要ナル物ノミニ傾クモ是レ其方面ニ猛進スルモノニシテ健全且ツ効果ヲ挙グルニ足リ其ノ効果ハ寧ロ将来日本ニ取リテ頗ル偉大ナルモノアラン。

四　日本為政上ノ進歩主義

日本ハ経済上及技術上共ニ欧米各国ノ経験及其ノ設備ヲ輸入シ、之ヲ自国ニ応用シ得ル好都合ノ位置ニアリ、此クシテ日本ハ外国ノ失敗及欠点ヲ避クルヲ得、又最モ進歩セル外国ノ状態ヲ移植スルコトヲ得、尤モ外国ヨリ輸入サレタル経済及行政組織ハ異分子的ノモノニシテ欧米諸国相互間ニ於ケルカ如ク容易ニ国民ノ自覚心及国民生活ト融合セズ、且ツ此等輸入ノ諸組織ハ日本ニ取リテ有益ナルモノニ相違ナキモ又極メテ不完全ナルモノニシテ改良ヲ要スルコトハ多数日本人ノ念頭ニ浮ブ所ナラン、又輸入セル技術上及経済上ノ諸組織モ進歩ニ遅ルゝトキハ直ニ之ヲ廃棄シテ一層進歩セル新組織ヲ以テ代ヘントスルノ傾向存在セリ、其ノ結果トシテ日本ノ国家行政及経済組織中ニ於テ国民ノ経済的理解力及技術上ノ識見ニ加フルニ熱心ナル改良心ヲ以テセルモノハ欧州ニ比シテ一層優ルモノアルヲ見ル是レ欧州ニ於テハ各官省、会社等ニ於テ執務スル者ハ、大半老年者ニシテ此等老年者ハ旧組織ニ執着シテ改良新式ヲ拒ミ従テ進歩ヲ阻害スルノ傾向アルニ因レリ。

五　日本為政上ノ杓子定規

日本為政ノ進歩的思想ニ富メルコト上述ノ如シト雖トモ、又他方ニ於テハ杓子定規ナル所アリ、元来一国制度ノ過激ナル変革ト旧慣墨守トノ間ニ於ケル中庸ヲ選フハ甚タ難事ニ属スレト、日本ニ於テハ外国ノ模倣多ク、中流官吏ハ其ノ模型ニ違ハサル様束縛セラルゝカ故ニ杓子定規トナルナリ是レ自然ノ勢ナリト雖トモ亦其ノ可ナル所以ヲ知ラズ、良好ナル行政ハ自由可動性及不断適応性ヲ必要トスレハナリ。

英国ニ於テハ赤絲《(ママ)》ト云ヒ、独逸ニ於テハ緑机ト云フモノアリ共ニ官吏風ヲ意味ス、吾人ノ観察スルトコロニヨレバ日本ニモ亦然ルモノアリテ、中ニハ普国人ヨリモ普国的、英人ヨリモ尚「アングロサキソン」的ナル点存スルガ如シ、先ツ普国的ナル点ヨリ述ヘンニ、文武両官ノ区別又ハ各官庁内ニ於ケル行政権限ノ区画ノ極メテ厳格ナル点ハ是レ普国的ナリ、文官ハ軍隊ヲ指揮スルヲ得ズ従テ重要ナル植民地ノ総督タルヲ得スト言フカ如キ日本人間ニ存スル見解ハ恐ラク以上ノ理由ニ淵源セン、然レトモ此ノ如ク厳格ニ区画スルコトハ独逸ニ於テサヘ之ヲ固守スル能ハズ、独逸植民地ニ於テハ暴徒ノ蜂起スル地方ニシテ文官総督ニ任ゼラレ植民軍ヲ指揮スルコトアリ、即チ彼ノ「デルンブルヒ」氏ノ如キ商人ニシテ植民大臣トナリ、全独逸植民地軍隊ヲ指揮スルノ権ヲ有セリ、又仏国ニ於テハ陸軍大臣カ文官ナル例珍シカラズ、英国ノ如キハ常ニ文官ヲ以テ之レニ任スルカ如シ。

「アングロサキソン」的ナリト言フハ日本人モ亦英国人ノ如ク自国伝来ノ制度ヲ世界中最良ナルモノ、又完全ナルモノト思惟スル大自負心ヲ有スルコトナリ、此ノ感ハ殊ニ日本ノ教育制度ニ於テ存スルカ如シ、日本ノ教育制度、教授法、校則等ハ主トシテ米国ヨリ輸入セラレタルモノニシテ其ノ米国崇拝者ハ直ニ之ヲ以テ最良ナルモノ或ハ唯一無二ナルモノト信スルカ如シ然ルニ豈ニ料ランヤ其ノ本家本元タル米国ニ於テハ従来ノ制度ヲ以テ近世ノ進歩ニ遅レタルモノトシ其ノ大学及諸学校ノ教育制度等ヲ独逸及欧州大陸ノ模範ニ倣ヒテ改善セント努メツヽアルナリ。

又外国人ヨリ見テ以テ杓子定規ノ骨頂トモ言フヘキハ数百年後ノ将来ニ関スル財政予算ヲ計上スルニ百万円位ノ大体ノ数ヲ以テ甘ンセス、分厘ニ至ルマテ前以テ確定セントスル統計上ノ風習是ナリ此ノ風習ハ其他諸種ノ事実ニ於テ見ルトコロナリ然ラハ此ノ風習ノ由テ来ル根源ハ何処ニアリヤトイフニ、多クノ中流官吏ハ其ノ外国制度ヲ研究シテ之ヲ自国ニ応用セントスルニ当リ只一回ヲ以テ充分ナリト信スルコトニ存セン、此ノ如ク一度学習シタル所ノモノヲ直チニ採用セントスルガ故ニ偶然其時研究シタル事物ニ永ク執着セサルヲ得ズ然レトモ外国ノ経験ヲ有効ニ利用セントセハ一回ニ止ラズ不断研究ヲ続ケ常ニ外国ノ進歩ニ注目スルノ必要アリ、此クシテ始メテ其ノ智識ハ常ニ生気ヲ帯ビ、其ノ模倣セントスル諸制度モ常ニ外国ノ進歩、変遷ニ随伴シテ日ニ新ナルヲ得ベシ、尤モ此ノ如キハ一国指導者ノ夙ニ熟知セル所ナルコト疑ナク、サレハ余ノ言フ所ハ斬新ノ説ニアラスシテ単ニ証券ノ裏書ヲ為スニ過キサルナリ。

六　官吏ノ養成

良好ナル行政ノ、日本ニ取リテ殊ニ必要ナルコト上来ノ如シトシテ次ニ起ルベキ緊要ナル問題ハ次期ノ時代ニ於テモ尚能ク一国ヲ指導シ其ノ世界的地位ヲ保持シテ自国進歩発達ヲ継続シ得ルニ足ル有為ノ人物ニ不足ヲ告グルコト無カルヘキカ如何ト言フコト是レナリ。

之ニ対スル外国人ノ答案ハ多ク悲観的ナリト雖モ余ハ之ニ反セリ、伊藤公薨去ノ際ノ如キハ是レ日本ニ取リテ一大転回期ナリト言フヘク、外人ハ此ノ際ニ於テ伊藤公ニ代ハルヘキ人物ハ最早日本ニ無カランコトヲ信セリト雖トモ、是レ日本青年者ニ対スル要求トシテハ無理ナル注文ナリ何トナレハ現時ノ日本青年ハ伊公及其ノ同僚者ノ如ク幾多ノ困難ナル時期ヲ経過セス従テ其ノ経験モ伊公ニ比シ大ナラサレハナリ、此ノ如キハ独リ日本ニ於テ之ヲ見ルノミナラズ、如何ナル国ニ於テモ同様ニシテ老年者ハ困難ナル変遷ヲ経過シタルニヨリ、豊富ニシテ且ツ多方面ニ亘レル経験ヲ有スレト青年者ハ然ラス又此等ノ事ハ之ヲ大学或ハ書籍ニ就テ学ブヲ得ス故ニ若シ老年ナル一国指導者欠クルアランカ、之ニ代ランタメニハ多数ノ青年者ノ協力ヲ要ス吾人ノ考フル所ニヨレハ従来或大人物カ一人ニテ総括シタル事業ヲ為サンタメニハ将来ニ於テハ多数ノ人士之ニ当ラサルヘカラスシテ而カモ此等人士ノ秩序的教育、良好ナル制度、職務ノ分業及協力等ニ依ラサルヘカラス只疑問トシテ存スルハ此等青年者ハ能ク共同以テ伊公及同時代ノ大人物ノ為シタル事業ヲ継続シ得テ恥チサルヲ得ルヤ否ヤト言フ点ニアリ、而カモ此レ現時ニ於テ之ニ答フルコト能ハスシテ之ニ答フルニハ後日ヲ待タサルヘカラス、左レト伊公自身ハ現時統治ノ任ニ当ル両三輩ヲ以テ日本ノ光栄及偉大ヲ托スルニ足レリト信シタルモノヽ如シ。

此ノ如ク現時ノ最高官吏ニハ抜群ナル者ナキニアラスト雖トモ第二流ノ官吏即チ中央官庁ノ次官以下及参事官タル者亦果シテ抜群ナリヤ否ヤハ外人ノ判断シ得ル限リニアラス、何トナレハ局外者ヨリシテ此等官吏ノ能力ヲ判断スルコトハ困難ナレハナリ勿論有為ノ専門家アルコトハ局外者ノ眼ニモ見エサルニアラスト雖トモ亦疑問タラスンハアラサルナリ。

此等第二流ノ官吏ニハ国際ノ事情ニ関スル智識カ第一流者ニ比シテ劣ルモノアルカ如シトハ経験アル外国人及日本人ノ共ニ称スル所ナルカ果シテ真ナリヤ否ヤ彼等ハ事物ヲ改良セントスル熱心ヲ欠キ既得ノ成果ニ甘ンスル自足心ヲ有シ、又変革改良ニ対シ嫌悪心ヲ有スルモノヽ如ク、而カモ溌剌タル自働的活動力ニ乏シク、其ノ大多数ハ単ニ長官ノ命ニ之レ従フノミ、又外国語ニ熟達スルコト稀ニ今日外国ノ文化ヲ親シク学ブコトハ益々必要ヲ加ヘツヽアルヘキニ却テ従前ニ比シ此点ニ於テ劣レルカ如シトハ果シテ真カ。

日本人カ独リ外国ニ於テ修学スルノミナラズ日本ハ又最近時ニ於テ数多ノ植民地ヲ獲得セル結果植民地モ亦行政官吏養成ノ為メニ有益ナル高等学校ナリト言フヲ得ヘシ、植民地ニ於ケル経験ハ英米独仏諸国ニ於テハ本国中央政府ノ高等ナル地位ヲ得ル最良ノ準備ト見倣サル、日本ニ於テモ亦然ルカ如シ何トナレハ最近二三十年間ニ於ケル各省及中央官衙ノ高位者ハ植民地ニ於テ修養ヲ積ミタルモノナレハナリ、然レトモ此状態ハ将来尚持続スヘキカ、即チ植民地行政ニ於ケル新鮮ナル経験ハ将来モ充分中央政府ニ流入スヘキカ、将タ植民地ト本国トノ行政上ニ甚大ノ隔離ヲ生シ有害ナル不和発生スルノ徴候ナキカ、世界経済ニ関スル智識ヲ有スル有為ノ青年官吏ハ其外国ニ於テ修得シタル語学及行政経済ノ智識ヲ応用セントスルモ日本内地ニ於テハ従前ノ如ク重用セラレサルカ故ニ官等ノ昇進ヲ望マハ、勢ヒ植民地ニ赴カサルヘカラストノ感ヲ有セサルカ従テ日本ノ植民地ニ於ケル行政ハ官吏ノ外国語及世界的智識ノ豊富ナルカ為メ外国マテモ知レ渡リ居ルニモ拘ラス日本内地ニ於テハ中央官衙ニ斯カル秀才欠乏セサルカ斯ノ如キ世界的智識ハ却テ中央官衙ニ於テコソ一層必要ナルモノニアラサルカ。

以上ノ如キ日本行政ノ状態ハ漸次二者ノ間ニ対抗的及不和的関係ヲ生スル原因トナラサルカ、即チ一方ニ於テハ東京ニ於ケル中央政府ノ参事官及秘書官等カ愛国心ニ富ムノ余リ（ソレ自身不当ニアラサレト）外国的智識ヲ以テ自国ノ夫レニ比シ価値少ナシト思惟スルノミナラズ（是レ有害ニ非ルベシ）終ニハ全ク之ヲ不必要ナリトシ、又自己ノ研究ヲ制限シ単ニ其ノ門閥及地位ノ故ヲ以テ自ラ高ク止マリ地方官吏、殊ニ植民官吏ヲ蔑視スルニ至ルヘシ是レ誤レルノ甚シキモノナリ、第一流ノ人士ハ国民的自負心ニ富ムト同時ニ、外国ノ事情ヲモ適当且ツ有益ニ使用セント努ムト雖トモ普通官吏ノ多数ハ従来外国的事物ヲ過度ニ評価シタリシガ現時ニ当リテハ外国事物ヲ排斥シ、而カモ実際外国ノ事情ニ通セス、単ニ盲目的ニ之ヲ軽侮スルカ如シ此ノ如キ排斥的感情ハ単ニ人間トシテ考フレハ同情スヘキモノナキニ非スト雖トモ政治上有害ニシテ且ツ危険ナルコトヲ忘ルヘカラズ。

又他ノ一方ニ於テハ天賦ノ才能ヲ有シ且ツ多方面ニ教育セラレタル官吏及外国ニ於テ根本的ノ教育ヲ受ケタル官吏ハ植民地ニ流入スルモ、亦本国行政官吏ノ不人望ニシテ且ツ無能ナル分子モ亦此処ニ移転セラルヽヲ以テ植民地官吏ノ統一ヲ欠クノミナラズ、又植民地ニ於ケル全官吏社会ノ評価ニ影響ヲ及スモノヽ如シ、又植民地ニ於ケル敏腕家モ往々下ノ如ク思惟スルモノヽ如シ、曰ク植民地ニ於ケル功績ハ時ニ外国人ヨリ非常ニ称賛セラルヽト雖トモ本国ヨリハ相当ナル賞詞ヲモ受ケサルヘシ、又東京勤務ノ中級官吏ハ世界的智識欠乏セルヲ以テ植民地ニ於ケル事業ヲ正当ニ評価スルヲ得サルノミナラス本国ノ地位カ植民地官吏ヲ以テ充タサルヽコトヲ成ルベク拒マントスルノ傾向存スルカ如シト、夫レ或ハ然ラン、然レトモ余ハ以上ノ如キ傾向ハ未タ危険ニ達セサル初期ニ於テ存スルコトヲ信ス、但シ蓄積スレハ其ノ害測ルヘカラサルモノアラン、元来如何ナル国、如何ナル行政ニ於テモ斯ノ如ク官吏間ノ不調和、即チ一方ニテハ地位・門閥及狭隘ナル階級的感情ト他方ニ於テハ飽クヲ知ラサル巧妙心及充分他ヨリ認知セラレサル深遠ナル智識ニ、官吏ノ分離セラルヽノ不利益ヤ蓋シ窮リナキモノアラン宜シク時ニ及ンデ之ガ矯正策ヲ講セサルヘカラス、彼ノ鉄道院ニ於ケル官吏淘汰ノ時ニ当リ一国ノ輿論ハ淘汰ニ反抗ノ態度ヲ取リ同院官吏ノ一度得タル地位及伝来的官吏制度ハ不可変的ナルカ如ク唱導シタルモ是レ近世的国家行政ノ原則ニ反スルモノニシテ官吏ノ慣習及希望ノ如キハ斯ル抵触ノ場合ニハ国家ノ幸福ノタメニ之ヲ犠牲ニ供セサルヘカラサルナリ。

韓国行政改革ノ際ニモ已ニ類似ノ手段講セラレ又韓国官吏ノ交代及植民地官吏ト内地官吏トノ交換計画ニ関シテモ屢々

聞知セリ、然レトモ果シテ如何ナル程度マテ実行セラレタルヤヲ知ラスサレト余ノ考フル所ニヨレハ官吏昇進ハ唯中央官衙ニ於テノミ之ヲ行フ可カラズシテ有為ナル官吏ノ高地位ニ達セント欲シ又ハ達セサルヘカラサル者アラハ之ヲ一応地方或ハ植民地ニ赴任セシメサルヘカラス、若シ真ニ名門及家族関係ニヨリ特ニ官吏トシテ特権アルカ如ク信スルモノアラハ此等ノ人士ニ対シ其ノ卓越セル特性ヲ応用スヘキ最良ナル機会ハ植民地ナルベシ、植民地及其ノ勢力圏内ニ於ケル支那人及韓人トノ交際ニ於テハ官吏ノ名門トカ、態度トカ言フ条件カ非常ニ有益ナルヘク又其官吏自身ニ取リテモ他日指導的高位置ニ昇ランカ為メニハ此処ニ於テ切磋琢磨ノ功ヲ積ムヲ便トスヘシ何トナレハ清韓国人トノ交際ニヨリ始メテ彼我ヲ対照スルヲ得亦能ク自国民ヲ根本的ニ知得スルコトヲ得レハナリ、英国植民地ニ於テハ同国名門ノ士ノ活動ヲ見、又此処ヨリシテ其ノ地位ノ昇進スルヲ見ルナリ、日本ニ於テモ亦然ルモノアラン只余ハ如何ナル程度マテ然ルヤヲ知ラサルナリ。

七　外人ノ招聘

日本為政ノ特殊問題ニシテ余ト関係浅カラサルモノハ外人雇聘問題ナリ、余ハ前章ニ於テ日本ハ行政及経済ニ於テ外国ノ既ニ嘗テ来レル幾多ノ困難ナル階段ヲ是ヨリ当ニ経過セサルヘカラサルコト日本ハ外国ノ覆轍ヲ踏ム可カラサルコト又外国ノ経験ヲ速ニ己ニ帰セサル可カラサルコトヲ既ニ述ヘタリ、以上ノ理由ニヨリ外人顧問及外国教師ニヨル外国経験ノ直接輸入ハ有益ニシテ従テ外国語ノ修得ニハ非常ナル注意ト有効ナル方法トヲ要スルコト明ラカナリ。

日本ハ四十年以上外国人ヲ実際ニ使用シ且ツ巧ニ之ヲ利用セリ、日本ハ比較的特殊ノ才能ヲ有スル人ヲ得、且ツ之ヲ全ク自己ノ目的ノ為ニ活動セシムルコトヲ得タリ、日本ハ雇外人ノ多数ヲ解雇後モ尚ホ引続キ日本国ノ良友トセリ、従テ日本ハ此慣習ヲ確守スヘキ理由ヲ有ス。

近時外人雇聘ヲ以テ自国ノ劣等ナルコトヲ示スモノナリトノ感情ヨリシテ外人ノ雇員ニ対シテ稍反抗的態度ヲ示スニ至

レルハ是レ過度ノ国家的感情ノ弊ニアラサルカ、尤モ支那ニ於テ諸強国カ外人顧問及役員ヲ強制的ニ雇傭セシメタル結果ハ支那ニ取リテ有害ナリキ然レトモ是レ単ニ支那ノ文明ノ退歩ヲ示スノミニテ支那ト日本トハ同日ニ論スベカラズ、支那ニ於テハ外来異分子ヲ融合シ得ル有力ナル中央政府ハ存セス、故ニ外国人ハ努メテ其ノ祖国ノ利益ヲ計リ自国ノ輸出ノ為ニノミ尽力スレトモ、之ニ反シ日本ニ於テハ外国人ハ日本ノ経済生活ヲ発達セシメ又之ヲ独立セシメントシテ尽力セリ、此ハ外国人ハ全ク日本政府ヨリ監督セラレ且ツ其ノ職務ハ日本カ外国人ニ嘱望セサルヲ得サル問題ニ制限セラル丶カ故ナリ。

外人招聘ニ関スル日本ノ措置ハ唯ニ過度的《（ママ）》現象又ハ陳腐ナル方法ニアラズ否各国ニ於テモ日本ニ倣フニ足ルヘキ良好ナル方法ナリ、世ノ注意ヲ惹キタル米国ト独逸間、又ハ英仏間、又ハ他ノ諸国間ニ於ケル学者交換ハ日本ガ数十年来外人教授雇聘ニヨリテ達シタル目的ヲ新ニ達セントスルモノニ外ナラス又外人ノ顧問及役員ノ任用ハ欧羅巴及米国ノ大ナル営利会社ニ於テモ頻々行ハル丶所ニシテ、雇聘外人ハ国際的営業及調査ヲ容易ナラシムルノ利益アルヲ以テ各国政府モ亦之ニ倣フニ至レリ、コノ措置ハ精神界ニ於ケル分業主義ニ諧フモノニシテ即チ事業ハ其教育及天性ニヨリ最良且最モ簡易ニ為シ得ル人ヲシテ為サシムヘシト言フ原則ニ適合セリ、而シテ此原則ハ之ヲ国際的ニ実行シ得ルナリ、然ラハ此ノ近世的ニシテ且ツ有益ナル制度ニ関シテハ日本ハ時間上、経験上、各国ノ先駆ヲナスモノニシテ尚将来ニ於テモ之ヲ継続スヘキモノトス。

之ニ加フルニ日本ニ対シテハ尚他ノ理由存ス、日本国ノ特性ハ外国人ノ大ニ理解ニ困ム所ニシテ相互熟識ノ後ニアラサレハ外国人ヲシテ尊敬ノ念ヲ起サシムルニ足ラサルコト屢ナリ、然リト雖トモ日本モ亦万国トノ交際上ヨリ言ヘバ世界ノ各国民ノ如ク外国ノ同情ヲ得又外国ヨリ了解セラル丶ノ必要アリ、余ノ経験ニヨレハ日本人ト密接ナル交際ヲ有セサル外国人、例ヘハ外国ヨリ来レル外交官及商人間ニハ多クノ場合ニ於テ（勿論著シキ例外アルコトモ亦余之ヲ知レリ）排斥的、敬遠的、不信的、或ハ蔑視的傾向存スルナリ。

其ノ理由蓋シ種々アリ或ハ外国商人ノ屢々日本人ノ劣等ナル階級ニ接触シ卑猥ノ慣習ヲ目撃スルコトモ一ナラン、又概シテ一定セル国際的交際法ニ慣レタル外国外交官ハ其レト相異ナレル日本国民ノ特性ヲ以テ神経的ニ不作法及侮辱ナリト見做ス為メナルコトモアラン、蓋シ欧羅巴ト日本トノ慣習、礼儀、作法ハ非常ニ異ナリ、両者ノ間ニ於テ一方カ特殊ノ良俗ナリト思惟シ又ハ感スル多クノ事柄モ他方ヨリ見レハ作法ニ背反スル行為ナリト感セラル、コトアルハ万人ノ等シク認知スルトコロナリ而シテ此ノ感情ヲ一層鋭敏ナラシムル理由ハ下ノ如クナルヘシ、東亜ニ於ケル外国人中「アングロサキソン」人ハ数ニ於テ多数ヲ占メ、従テ其ノ風俗、習慣他ヲ凌ギ而カモ「アングロサキソン」人ハ無頓着ニシテ以為ナク全社会ハ「アングロサキソン」国固有ノ組織及交際方法ニ適応セサルヘカラスト、而シテ他国民ノ風俗、慣習ニシテ是レト異ナルモノアルトキハ、仮令些細ナル点ト雖トモ之レヲ以テ其国民ノ劣等ナル表徴ナリトスルコト是ナリ、営業界ニ就テ之レヲ見ルモ亦然リ「アングロサキソン」人ハ恰モ商業上全世界ヲ自己ノ利益ノ為ニ利用スヘキ使命ヲ受ケタルカ如ク信スルニ至ルホド陳腐極マル見解ヲ有セリ、只日本ニ於テハ支那或ハ阿仏利加ニ於ケル如ク自己ノ欲スル所ヲ行ヒ得サルモノアルヲ以テ、「アングロサキソン」人ノ中ニハ之ヲ不興ニ感スルモノ少ナカラサルナリ。

一般外国人ニハ此排斥的傾向アルモ、日本ノ招聘ニ応シタル外国教授及顧問ハ之ニ反シ殆ント皆日本ニ対シ友誼的感情ヲ懐キ且ツ能ク日本ノ真相ヲ穿チ又真面目ニ日本ノ思想界ヲ熟知セント欲スル意思ヲ有セリ、而シテ其ノ多数ハ此ノ目的ノ為ニ非常ナル労力ヲ費シ又其ノ研究ニ基キ親ラ或ハ文書ニ依リ日本ノ為メニ有益ナル活動ヲ為セリ、此ハ独リ独逸人及仏人ノミニアラス、英国人及米国人モ又然リトス此ノ如クシテ此等人士ハ日本ノ国際的及形而上的関係ニ於テモ又日本人及在住ノ外国人間ノ個人的関係ニ於テモ有益ニシテ貴重スヘキ楔子ナリトス。

余ノ管見ニヨレハ日本ハ傭聘セラレタル外人ノ服務振ニ関シテ満足スヘキ理由ヲ有ス、余ハ善良ナル外人教授ハ日本ニ於テ其ノ任務ニ全力ヲ尽セルヲ見聞スルナリ而シテ其ノ努力タルヤ日本ノ文学、美術、歴史、経済組織ノ諸方面ニ亘リ、中ニハ熱心ノ結果、其ノ自己ノ将来ニ不利益ヲ醸スヲモ顧ミス、本国トノ連絡ヲ断チ全ク日本ニ於テ継続的ニ執務スルニ至レルモノアリ、又欧米ニ帰国シ顕要ノ地位ニ達シタル後機ニ臨ミ日本ニ関スル智識ヲ応用シテ友誼的ノ活動ヲ開始セルモノアリ、此ノ如ク日本人ハ傭聘外人ヲシテ自国ノ為メニ努力セシムルニ驚クヘキ能力ヲ有スルヲ以テ此能力ハ将来モ大ニ之ヲ発展セシメサルヘカラス。

八　大学ノ改良

教育制度テフ広汎ナル範囲内ニ於テ余ハ職務上ヨリ只一方面ノミニ接触スルコトヲ得タリ、而カモ此方面ハ最モ重要ナルモノニシテ、即チ法学研究及行政官吏養成是レナリ余ノ批評ハ善悪両面ニ亘レルカ先ツ外形上修学ノ秩序整然タルハ誠ニ一驚ヲ喫スヘシ即チ科目ノ選定、法科大学ヲ法律、政治、経済及商科ニ四分セルコト、語学ノ修養、該四分科卒業生ハ何レモ官吏ニ登用セラルヽ事等何レモ模範トスヘキ価値アリト信ス、余ハ屢々独逸ノ専門雑誌上ニ於テ普国行政等ニ関スル論文ヲ公ニセシガ、其ノ中ニ日本ノ此措置ヲ以テ模範トスルニ足レルモノトシテ之ヲ推選シ大ニ本国人ノ注意ヲ喚起セリ。

然リト雖トモ其ノ実行ニ関シテハ余ハ尚改良ノ余地アリト信スル者ナリ、日本人ハ最良ナル組織及外国教材ヲ輸入シタルモ猶未タ善良ナル教授方法ヲ輸入セサルモノヽ如シ、余ノ聞ク所ニヨレハ方今尚幾多ノ大学講義ニ於テハ口授筆記及教科書ニ依ルノ古風存ス、然レトモ此ノ如キ方法ハ外国ニ於テハ業ニ久シキ以前ニ廃棄セラレタルカ日本ニ於テモ亦速ニ筆記ニ依ラサル講義法ヲ用ヒサル可カラス、且ツ講義ノ時間モ之ヲ緊縮セサル可カラス自宅ニ於ケル自修ニハ大ニ余裕ヲ与ヘサル可カラス尚盛ニ学術的実習法ヲ用ヒ学生ヲ指導スルニ一層多ク独立的ニ思考シ且ツ独創的論説ヲ作ラシムルガ如クセサル可カラス然レトモ現時ノ日本教育法ハ歴史的ニ考究スレハ敢テ理解シ得サルニアラス即チ支那的学術ハ非常ナル記憶ヲ要スルモノニシテ之カ為メニ従来使用セル記憶法ニモ欠ク可カラサルモノアラント雖トモ泰西ノ学術ニ関シテハ該方法ハ大ニ之ヲ改良セサルヘカラサルナリ、之ヲ要スルニ日本学生ハ尚一層成熟シ独立シタル思想ヲ懐抱シテ大学ヲ卒業スルコトヲ要スルナリ。

内国ニ於テ研究法ノ改良必要ナルカ如ク外国留学ノ方法ニモ亦改良ノ余地アルモノヽ如シ、如何ナル国民タルヲ問ハズ其ノ青年カ外国ニ於テ研究ヲ遂ケ世間的及学術的経験ヲ最良ナル源泉ヨリ得ルハ最良ノ教育方法ナルガ日本ノ青年ニ対シテモ亦然ルナリ。

然リト雖トモ之ニ関スル前提ハ研究機会ヲ慎重ニ利用スルコトナリ、サテ独逸大学ニ於ケル絶対的受業(ママ)ノ自由ハ日本ニ於ケル拘束的方法ト全ク正反対ニ立テリ、勿論一ノ制度ヨリ他ニ推移スル場合ニハ困難及危険之ニ伴フモノニシテ外国ニ派遣セラルヽ日本人ノ一部殊ニ殆ント全ク監督スヘカラサル法学研究生カ真面目ニ其ノ研究ニ従事セサルハ何等ノ強制ヲモ感セサルカ為ナリ、此ノ危険ハ多数ノ学生カ豊富ナル資金ヲ以テ派遣セラルヽ現今ニ於テハ昔時最勤勉者カ困難及欠乏ト戦ヒテ始メテ研究ヲ遂ケ得タル時代ニ比シ一層大ナリ、之ニ反シテ独逸ノ学生ニ対シテハ勉学上間接ナル強制及刺撃(ママ)ハ常ニ存在セリ、何トナレハ大学ハ事実高等学校ト連絡シ而シテ学生ノ試験成績前途ノ成功、両親、親族、友人等及其ノ周囲ハ学生ニ勢力ヲ及ホス大ナルモノアルヲ以テナリ然レトモ此ノ親族的、及友人的監督ハ在外日本人ニハ存セサルナリ、但シ此ノ監督ハ留学生ノ修学ヲ監督スヘキ監督者派遣ニヨリ之ヲ補足スルヲ得ヘシ、該監督者ガ官費留学生ヲシテ必要ナル講義及実習ニ参加セシ人(ママ)、其ノ実習参加ニ関スル証書、実習ニヨリテ作リタル学術的論文ヲ提出セシメ、尚其ノ講義ニ関スル筆記及学期試験証書ヲ提出セシムルコトヲ実施セハ比較的容易ニ勉学ヲ強制スルヲ得、斯クシテ一般ニ外国ニ於ケル法人ノ研究ヲ有効ニ利用シ、且ツ之カ為メ支出セラルヽ多大ノ国費ヲ有効ニ使用セシムルコトヲ得ヘキナリ。

尚日本国ノ大学ヲ改良スヘキ点アリ他ナシ先ツ大学教授ノ地位ヲ改良シテ之ヲ独逸及独逸ヲ模範トセル諸国ニ於ケル如ク其ノ経済上及社会上ノ地位ヲ高メサル可カラス、最モ学識ニ富メル教授モ余リ秀才ナラサル平凡教師ト同シク一定ノ官等ヲ踏ミ、又ハ一定少額ノ俸給ヲ受クル官吏タル間ハ皆教授ヲ以テ単ニ良好ナル地位ヲ求ムル迄ノ腰掛的地位ト見做シ自己ノ卓越シタル能力ヲ他ノ職務ニ用ヒ、其ノ収入ヲ増殖セントスルノ傾向ヲ生スルハ亦怪ムニ足ラサルナリ。

之ニ反シテ独逸ノ制度ハ大学教授ニ与フルニ弾力性収入ヲ以テシ、此収入ハ聴講者ノ数及ヒ教授時間数ニ比例ス、サレハ最モ成功セル教授中ニハ其ノ収入、大臣ニ均シキ者アリ、従テ最良ナル教授ハ職務ヲ変更スルヨリハ其ノ職務ヲ守リテ最大ノ物質的安楽ヲ期待スルヲ得ヘシ、是ヲ以テ教授ハ大ニ其ノ講義及実習ニ奮励セリ、又大学教授ノ社会的地位ハ他ノ何レノ職務及地位ニモ劣ラサルヲ以テ益々此ノ刺戟ヲ有スルモノナルヘシ、大学教授ノ学説ハ其ノ学生ニ及ホス感化ニヨリ国家将来ノ運命ヲ定ムルコトアリ、例ヘハ現時独逸ニ於ケル凡テノ政治家ハ知ラン、現独逸帝国大宰相ノ行政方針ハ其ノ在学当時、経済学教師「フォン・シュモラー」氏カ同大宰相及其他ノ現独逸官吏ノ為ニ大学ニ於テ教授シタル原則ニ基ケルモノナルコトヲ。

勿論日本政府ハ此ノ方面ニ於テモ改良ノ必要ナルコトヲ熟知スルヤ疑ヲ容レス其ノ証拠ハ日本政府カ国立大学ニ基本財産ヲ附与シタルコトナリ、此ノ基本財産ニシテ充分ナル額ニ達センカ、大学ハ費用ヲ厭ハス優秀ナル大学教授ヲ任用スルコトヲ得ヘシ日本政府ハ一般俸給令ニ拘泥セスシテ独逸或ハ亜米利加ニ於ケルカ如ク教師トノ間ニ俸給ノ契約ヲ結ビ又其ノ額ニ関シテハ最高限度ヲ設ケサルコトヲ得ト規定セサル可カラス、然ルトキ始メテ世人ハ卓越シタル教授ノ兼職及転職ヲ予防スルコトヲ得ヘシ然ルニ現時ニ在リテハ兼職又ハ転職ハ非凡ナル教授ノ必然的自営法タルノ感アリ。

大学改良ニ関シ尚一ノ述フヘキコトアリ、他ナシ地方大学ノ発展及独立是ナリ即チ日本ニ於テモ仏蘭西、独逸及墺太利カ熱心ニ予防セントスル危険、即チ首都ハ専ラ凡テ一国ノ精神力ヲ集中シ其他ノ地方ニ於ケル文化ハ之カ為ニ衰頽ヲ来ス危険ノ現存スルヲ見ルナリ、是レ殊ニ大学教育ノ為ニ有害ナリ何トナレハ学生ノ良好ナル教育ニ関シテハ、地方都市ハ首府ニ勝ル点多シ、首府ノ大学ハ学生ヲシテ偏見的ナラシメ凡テノ事物ヲ大都市的見地ヨリ観察セシムルノ弊アリ故ニ大学ヲ発達セシムル資本及利子存スルニ於テハ政府ハ先ツ小都市ニ於ケル新大学ニ充分ナル資金ヲ給与シ優秀ナル教授ヲ任用シ、各種ノ点ニ於テ東京及ヒ最良ナル諸外国ノ教育機関ト競争セシメ且ツ之レト同等ナラシムベシ。

九　羅馬字問題

余ノ予テ研究シタル教育制度ノ特殊問題ハ日本語ノ羅馬字綴問題ナリ、此ノ問題ノ解決ハ甚タ困難ニシテ、一方ニ於テハ日本語ヲ欧語的ニ書スルコトハ学校及学生ノ負担軽減ノ為メ、他ノ学科目ノ研究ノ為メ及ヒ凡テノ国際関係ノ為メ非常ニ多幸ナルコトヲ認ムト雖トモ、他方ニ於テハ其道ノ外国人及日本人ノ明言セル如ク此ノ改良ハ現時ニ於テハ尚不可能ニシテ之レニ由リ日本語ノ困難ヲ減セスシテ却テ之レヲ増加セン、サレハ改良論者及反対論者ノ説共ニ一理アリ、従テ此ノ問題ノ解決ハ至難ナリ。

然ラハ日本人ハ尚多年ニ亘リ其ノ言語ヲ改良シテ漸次之ヲ近世化セサル可カラス言文一致ヲ計リ各階級間ノ用語ニ於ケル差異ヲ制限シ且ツ可成多ク外国語ノ分子ヲ採用シテ欧羅巴語ニ接近セシメ追テ羅馬字ノ使用ニ移ルノ準備ヲ歩一歩ナサヽル可カラストノ説ハ注意ニ値スルカ如シ、吾人欧州語ノ歴史ヲ見ルニ各国語共其ノ発達ノ始メニ於テハ大ナル適応ヲ有シ各其ノ欠ヲ補フ為ニ他ノ文明国語ヲ採用シ又之ヲ同化シ得タル事実アリ、然レトモ又年代ヲ経ルニ従ヒ此ノ適応ハ益々困難トナリ外国語ノ分子ハ益々国語ニ関スル感情及国民的感情ニ反スルニ至ルヘシ、日本国ハ久シク孤立ノ状態ニアリテ世界ト交通セシハ極メテ近時ナレハ日本語モ尚初期ノ発達状態ニアリト云フヘク、従テ適応力ヲ有シ、又適応ノ必要アルナリ、サレハ日本人ハ今ニ於テ外国語及其ノ観念ヲ研究シ未タ晩キニ失セサル時期ニ於テ可成早ク且ツ可成多ク之ヲ採用セサルヲ可ラス、今、日本ニ於テ既ニ独逸ニ則トリ、国語保存協会存セリトセハ是レ尚早キニ失シタルモノニシテ、又異ナレル事情ノ下ニアル外国ヲ不当ニ模倣シタルモノト言フヘキナリ。

日本語ノ使用ハ国際的使用又ハ学術上ノ目的ニ関シ多クノ困難ヲ有スルヲ以テ余ハ日本ニ於テハ外国語ノ習得ノ非常ニ必要ナルコトヲ認ムルナリ、尤モ日本ノ学者及行政官吏カ独逸或ハ英国ノ専門雑誌及言論界ニ参加シ得ハ幾分カ日本語及日本文問題ニ関スル不便ヲ補フコトヲ得ヘシ。

十　日本新聞紙

余ハ行政及教育問題ニ次テ尚公共生活ノ非常ニ重要ナル因子即チ新聞紙制度ニ関シテ一言ナキヲ得ス、日本ニハ批評界、殊ニ新聞界ニハ才能アル人士、根本的ノ教育アル人物、及大政論家ハ欧羅巴ニ比シ僅少ナルカ如シ勿論日本ニモ良好ナル新聞記者ハ二三存スレトモ、カゝル人士ノ多クハ短日月ヲ経過スレハ他ノ地位ニ転スルナリ、従テ日本ノ新聞紙ハ其ノ知識浅薄ニシテ責任ノ感念《（ママ）》ニ欠クル所アリ新聞紙上ニ不真面目ナル記事、人事ニ関スル無責任ナル論評、公共計画ニ対スル偏見的且ツ短見的批評ヲ載セ、而カモ重要問題殊ニ経済政策ヲ等閑ニ附スルコトハ我等外国人ノ眼ニハ異常ニ映スルナリ。

他方ニ於テハ適当ナル職業ナキニ苦メル現時ノ多数青年者中ニハ其ノ天性新聞事業ニ適スルモノアリト雖トモ此等ノ人士ニ適当ナル修養方法ハ未タ存セス、不完全ナル日本新聞紙ノ組織ハ決シテ其ノ修養場ニアラズ、従テ其ノ矯正方法ハ別ニ之ヲ設ケサル可ラサルナリ、ソハ日本ニ於ケル法科大学ハ現時已ニ多方面ニシテ政治記者ニ必要ナル各種ノ教科ヲ有スルヲ幸トシ瑞西、英国及ヒ米国ニ於ケルガ如ク大学ニ新聞科（歴史、新聞法、及ヒ新聞術）ヲ設ケ、適当ナル補助科目ヲ加へ、新聞記者ノ為ニ特ニ教育設備ヲ設クルノ要アリヤ否ヤハ熟慮スルノ価値アル問題ナルヘシ。

尚外国留学費給与ノ場合ニハ新聞科ノ有為ナル学士ハ第一ニ之ヲ選抜セサルヘカラス何トナレハ此等ノ人士ニ取リテハ外国ノ事情ニ通暁スルコト根本的ニ必要ナレハナリ、又新聞科学士ノ海外留学ハ日本ノ為メニ他ノ方面ニ於テモ有益ナルヘシ、何トナレハ此ノ如キ方法ニヨリテ始メテ巴里、維納、「ペータースブルグ」伯林、及亜米利加ノ重要ナル都市ヨリ他国ノ通信ニ依ラス全ク独立的ニ通信ヲ発セシムルコトヲ得テ、此等ノ良好ナル通信ハ一国輿論ノ上ニ好結果ヲ及ボスヘキヲ以テナリ。

余以為ラク日本新聞紙ハ政治上ノ外国通信ヲ主トシテ英国電報及ヒ英国新聞紙、並ニ英国ニ住スル通信員ヨリ受ケ、即チ其ノ凡テノ世界的現象ヲ英国眼ヲ通シテ観察スルコトハ日本ノ為ニ甚タ危険ナリト、編集局ハ全ク英国通信ヨリ支配セラレ恰モ五十年前ニ欧羅巴大陸ノ新聞紙及ヒ経済政策家カ経験シタルト同一ノ覆轍ヲ踏ミ諸般ノ場合ニ於テ英国ノ正当ナルヲ信シ、唯ニ他国民ニ対シ英国ノ権利ヲ主張スルノミナラズ甚タシキニ至リテハ外交上自国ノ不利ヲ招クヲ顧ミサルニ至ル、例ヘハ斯ル事実ハ日本最近ノ外交及商業問題ニ関シテモ生シタリ此問題ニ関シテハ不偏不党ナル第三者ハ日本ノ権利アルコトヲ確信スト雖トモ惜ムラクハ内国新聞紙カ英国眼鏡ヲ通シテ見ルヲ以テ自国ノ権利ヲ看破スル能ハサルナリ、又新聞記者ノ自国ノ政策ヲ弁護セサルヘカラスト信スヘキ場合ニ於テスラ、日本ノ新聞紙ハ吾人ヲシテ自国ノ為メ不利ナル記事ヲ掲載セルモノニ非サルカノ感アラシム、是レ新聞記者ハ独立セル通信ニ欠乏セルヲ以テ社説ノ外、英国電報及通信ヲ載スルヲ例トスレト此ノ通信ハ巧妙ナル論法ニヨリ英国ノ立脚点ヲ弁護スルニ止マレハ其新聞紙ノ社説及日本政府ノ宣言モ亦此通信ノタメニ誤ラレ、却テ不当ナルカ如キ感ヲ読者ニ与フルナリ、英国外ノ諸国ニ関スル問題ニ就テモ亦然リ、日本国民カ公平ナル判断ヲナシ自国ニ有利ナル態度ニ出テントスルモ如何セン英国通信カ国民ノ判断ヲ誤ラシムルヲ以テ、国家ノ不利莫大ナルモノアルナリ。

日本新聞紙カ世界政策上重要ナル都市ニ其ノ通信員ヲ設ケ独立セル通信ヲ受クヘキコトハ近キ将来ニ於ケル主要ナル問題ナルヘシト思惟ス、諸新聞紙ハ米国連合通信ノ範ニ則リ、相連絡シテ其ノ外国通信ヲ共同的ニ組織スルモ可ナリ此ノ場合ニ於テハ政府ハ之レヲ補助スルヲ可トス、何トナレハ対外政策上ノ事件ニ関シテハ政府ト愛国的新聞紙（凡テノ日本新聞紙愛国心ナキハ無カルヘシ、是レ日本ノ美事ナリ）トハ共ニ同一ノ目的ニ向フモノナレバナリ。

十一　産業状態

次ニ少シク日本ノ産業生活ニ就テ論セントス茲ニモ亦吾人ハ政府ノ干渉ヲ認ム、而シテ外国観察者ノ目ニ先ツ映スルモノハ日本ニ於テ政府ニヨリテ設立、維持セラレ或ハ補助セラル丶大企業ナリトス、夫レ企業ノ政府吏員ニヨリテ指揮セラレ又ハ後見セラル丶コトハ昔時欧州諸国ニ於テ盛ニ行ハレタル所ナルカ現時ハ全ク僅数ノ営業、例ヘハ銀行、陶器製造所等ニ限ラル丶ニ至レリ此ノ如キ半官的経営方法ハ唯過度（ママ）時代ニ於テ一般企業ノ模範タルノ功アリタルガ日本ニ於テハ現今尚此経営方法行ハレ且ツ益々盛ナラントスルノ風アリ。

日本政府ハ種々ノ方法ヲ以テ世界経済的効果ヲ挙グルニ足ルベキ大企業ヲ起サシムルニ努メ而シテ大体ヨリ言ヘハ成功シタルナリ、此等ノ企業ハ一方ニ於テハ産業上ノ原則ニ従ヒ会社ノ形式ヲ以テ有益ニ活動シ、他方ニ於テハ有力ナル政府ノ監督ノ下ニ国家経済政策ノ機関トシテ作用スルモノナリ而シテ其ノ種々ナル方法ヲ挙クレハ中央銀行ニ於ケルカ如ク政府ハ多数ノ株式ヲ所有シ又ハ会社ノ理事ヲ任命スルモノアリ、或ハ航海会社ニ於ケルカ如ク補助金下付及ヒ取締役選任ニ関スル認可権ヲ有スルモノアリ、或ハ南満鉄道ニ於ケルガ如ク政府ノ確実ナル保障ノ下ニ株式会社ヲ組織スルモノアリ、或ハ又之レト反対ニ日本国有鉄道ニ於ケルカ如ク純然タル官営事業トシテ而カモ其ノ会計ヲ独立セシメ、且ツ全ク商業的ニ活動セシムルモノアルナリ。

官営事業中模範トスヘキハ国有鉄道行政トス、此ノ方法ハ官営事業ハ如何ニ確実ナルモノナルカ、又如何ナル能力ヲ有スルモノナルカヲ知ラシメ、同時ニ商業的原則ニモ協フモノナリサレハ此ノ方法ハ大ニ官吏ノ行政的及営業的名誉心ヲ鼓舞スルニ足ラン、又政府ノ保障ヲ受クル株式会社ノ方法ヲ取ルトキハ、政府ハヨロシク其ノ行政権及監督権ヲ厳重ニ行使（ママ）スベシ茲ニ注意スヘキハ、日本ニ於テハ官吏ハ現時尚私立会社重役ニ比シ社会上高地位ニアリ従テ一層大ナル責任ノ感念及信用ヲ有スルモノト思惟セラル丶コトナリ、此ノ如キ事情アルカ故ニ日本ニテハ官吏ヲシテ企業経営セシムルコトハ其ノ事業ヲ高尚ナラシムルノ利アリ。

私立営利会社ニ於テ漸次確然タル慣例生シ且ツ自己ノ会社ニ於テ教育セラレタル商業的機智ヲ有スル役員備ハリ、其ノ信用及名望ニ於テモ官吏ニ劣ラサルノミナラズ、営業上ノ智識及熟練ノ点ニ於テハ一層勝ルモノアルニ至ラハ、則チ例ヘハ英国及独国ニ於ケル大ナル航海会社、銀行、及工業会社ニ於ケルカ如キ状態到来スレハ茲ニ始メテ営利会社ニ大ナル活動ノ自由ヲ与フルコトヲ得ヘシ、而カモ、ソハ遠キ未来ノ問題ニ属スルコト丶知ルヘシ。

十二　日本ノ交通問題

経済事業官営ノ利益ハ交通業ニ於テ最モ明カニシテ、殊ニ官設鉄道ト私設ノ市街鉄道等ノ営業方法ヲ比較セハ亦思半ハニ過クルモノアラン、即チ私設ノ市街鉄道ハ只利益ノ獲得ノミヲ眼中ニ置キテ、其ノ改良及拡張ノ如キハ之ヲ必要已ムヘカラサル範囲ニ止メ、以テ此機関ヲ頗ル幼稚ナル状態ニ放任スルノ弊アリ加之ナラズ社会ノ攻撃モナク且ツ利益モ相応ニアル時ハ到底改良ヲ望ミ難ク、其ノ取扱ヲ敏活ニシ、秩序ヲ厳正ニシ、車両ヲ改良シ、過載ノ危険ヲ予防スルカ如キハ全然期待シ能ハサル所ナリ、之ニ反シテ官設鉄道ハ仮令未タ社会ノ要求ナシト雖トモ模範的設備ヲナシ、以テ安全、愉快、速力等ノ増進ヲ計リ、又線路ノ延長ヲ行フヤ必セリ、尤モ官私孰レノ経営ヲ可トスヘキヤハ頗ル大問題ニシテ外国人間ニモ尚ホ大ニ議論ノ存スル所ナリ。

然レトモ余ハ鉄道ノ官設ニ賛成スルモノニシテ只其ノ方ガ外国人ニ便利ナリトカ或ハ官設ニアラサレハ来遊外人ニ満足ヲ与ヘ、且ツ海外各国ニ対シテ其ノ整頓ヲ傲リ得ルカ如キ改良ヲ加フル事能ハスナト丶言フカ如キ、外国人本位ノ見解ヨリ之ヲ主張スルニアラズ、否日本国民自身ノ利益テフ点ヨリ見ルモ、外国ハ既ニ此方面ニ於テ大改良ヲ行ヒツ丶アルニ、日本ノミ独リ超然トシテ我不関焉的ノ態度ヲ採ルハ不可能ノ事ニシテ、今日ノ如ク海外トノ交通頻繁ナル時代ニ於テハ、外国ノ進歩ハ忽チニ内国ニ知レ渡リ、若シ経営当局者カ之ト並行スルコトニ勉メサランカ、国民ハ必ス大声疾呼シテ之ヲ責ムルニ至ルヘシ、即チ日本人カ欧米ニ旅行スレハ勿論ノ事、又、支那朝鮮ノ内地ヲ旅行スルモ其ノ鉄道ハ本国ノ設備ニ比シテ遙カニ進歩セルコトヲ目撃セハ、決シテ沈黙シテ止ム能ハサルヘク、必スヤ国民挙ツテ此ノ如キ改良ヲ請求スルニ至ルヘキナリ、然ルニ形勢此ノ如クナランカ改設ヲ行ハサルヲ得サルハ当然ナルカ故ニ、将来改設ヲ行ハザルベカラザルコト明ラカナラバ、寧ロ新規ニ而カモ安価ニ行ヒ得ル現在ニ於テ之ヲ断行スルニ若カザルニアラズヤ。

説ヲ為ス者曰ク、交通機関ナルモノハ経済ノ発達ヲ助ケ且ツ各種事業ノ模範トナリ延ヒテハ国民ノ欲望ヲ増加シ、其ノ当然ノ結果トシテ、又国民ノ生産力ヲ増進スルノ効アリト、是レ実ニ至当ノ言ナレトモ此等ノ目的ヲ達セントセハ鉄道ヲ国有ニシ、彼ノ低給ニシテ無能ナル従業者ヲ去リテ只敏腕ナル者ノミヲ使用シ仮令一時経費ハ増加スルモ之ニヨリテ将来営業費ヲ減シ、運輸力ヲ増加シ結局収入ヲ増加シテ以テ真ノ経済ヲ行ハサル可カラサルナリ。

十三　日本ノ民間経済

余ハ日本ノ民間経済ヨリ得タル印象ヲ述フルニ当リ先ツ称賛スヘキ方面ヨリ始メンニ其ノ農夫ト漁夫トハ身体健康ニシテ欲望少ナク且ツ勉励ニシテ国民経済ノ健全ナル要素ヲナスカ如キハ最モ採ルヘキ点ニシテ又工業ノ方面ニ於テモ古代ヨリ伝来セル美術工芸趣味ハ実ニ日本人ノ特色ニシテ此ノ如キハ勉メテ之ヲ保存セサルベカラズ加之ナラス商品ノ見本ニ違ハサル様ニシ且ツ約束ノ期限ヲ過タサル様ニスルトキハ日本ノ工芸品ハ世界市場ニ於テ大成功ヲ齎ラスコト疑アル可カラス、然ルニ此ノ如キ工芸品ハ製作ノ費用多キ割合ニ内地ノ価格安キカ為メニ次第ニ退歩スルノミナレトモ外国ニテハ之ト全ク正反対ノ傾向ヲ有シ近来益々斯ル日本ノ工芸品ヲ歓迎シ且ツ高価ヲ払フヲ辞セサルニ至レリ。

商取引ニ於テ盆暮ヲ決算期トスルハ頗ル宜シキ習慣ニシテ此ノ如キハ欧羅巴ニ於テモ之ヲ模倣シテ可ナリ且ツ又近来郵便貯金ノ増加セルコト等ハ日本国民貯蓄心ノ増加ヲ証明スルモノニシテ頗ル喜フヘキ現象ナリト云フヘシ。

日本ノ工場労働者又ハ之ト余リ異ナラサル小商工業業者ノ働キ振ヲ見ルニ、頗ル呑気ニシテ且ツ念ノ入ラサルカ如キ感アリ而シテ彼等ハ欧米人ノ如ク熱心ニ就業セサルモ又其ノ上流社会ニ対シテ悪感情ヲ懐キテ労働スルカ如キ弊ナキハ誠ニ喜フ可キ点ナル可シ、然ルニ外国人ニシテ日本ノ労働問題ヲ評スル者ノ如キハ彼此ノ状態以上ノ如キ差異アルヲ知ラズ、欧米ニ於ケル労働問題ヲ論スルト同一筆法ニテ幼者・婦人ノ労働スル弊ヲ指摘シ或ハ夜業ノ害ヲ説キ或ハ労働時間ヲ余リニ長シトナシ、賃金ヲ余リニ安シト称シ狭隘ナル場所ニ多人数密集シテ健康ヲ害スルノ恐アリナト丶言ヒ居レトモ其実日本労働者ハ欲望少ナク且ツ呑気ナルカ故ニ右ノ如キ状態ヲ余リ辛クハ感セサルナリ、尚之ヲ詳述スレハ労働カ余リ困難ナランカ彼等ハ其ノ速力ヲ弛メ或ハ肆ニ中休ミヲナシ又甚タシキニ至リテハ全然労働ヲ休止スルカ如キ方法ヲ採リテ、之ニ応スルカ故ニ仮令名ハ労働ト称スルモ又半バハ談話会様ノモノナリ、尚又狭隘ナル所ニ多数ノ労働者カ集合シタリトテ、日本ノ習慣トシテ彼等ハ敢テ窮屈ニ感スルニアラズ、且ツ其ノ家屋ノ建築ハ欧米ノ夫レトハ大ニ趣ヲ異ニスルカ故ニ、光線ノ注入ヲ妨クルトカ空気ノ流通ヲ害スルトカ言フカ如キ弊害ハ絶エテ之ヲ見ス、此外日本ニ於テハ家族的結合頗ル密ナルカ故ニ労働者ハ社会上ノ困難ニ対シテ余程心強キ地位ニアリ、随テ此家族制度ハ労働保険、労働救済政策等ト同様ノ効能ヲ有スルナリ。

サレハ余ハ前既ニ述ヘタルカ如ク敢テ民間経済悲観論者ノ説ニ左袒スルモノニアラスト雖トモ亦此家族的関係ハ近来益々消滅スルノ傾向ヲ示シ、且ツ大都会ニ於テ其ノ最モ甚タシキヲ認ムルナリ、然ラハ茲ニ愈々工業時代ヲ現出シテ雇主ト労働者トノ関係ハ益々円満ヲ欠クニ至ルヘキカ故ニ外国ノ例ニ則リテ労働者保護法ヲ制定スルハ目下ノ急務ナル可シ。

殊ニ欧羅巴ニテ教育サレタル官吏、公吏学者ノ輩カ学校又ハ役所ニテ西洋風ニ執務シ熱心ニ而カモ間断ナク働クトキハ是レ従来ノ習慣ニ反スルモノニシテ、身体上及ヒ精神上ノ過労ヲ生ス可キナリ、而シテ学生間ニハ特ニ此弊アリトノ噂ハ数々耳ニスル所ナリ、故ニ此ノ如キ場合ニハ亦外国ノ模範ニ則リテ永キ休暇好良ナル栄養、娯楽ノ機会等ヲ与フルニ勉メサル可カラズ。

扨テ之ヨリ翻テ日本経済ノ短所ヲ述ヘンニ、此点ニ関スル外国人ノ不平ハ最早何人モ承知セル所ニシテ、又近来農商務大臣大浦男爵カ英国旅行ノ土産話トシテ齎シタル所ハ、全ク外国人ノ予テ言ハント欲シタル所ナリ、即チ日本商人ハ信用スルニ足ラストカ、見本ニ劣ル品物ヲ送リ来ルトカ、安キ粗製品ヲ売付クルトカ、引渡シノ期日ヲ守ラサルトカ言フカ如キ事実ハ農商務大臣モ屢々商人、殊ニ輸出商等ニ警告シ、又外国ノ新聞紙ニモ頻リニ現ハレタル所ニシテ、官庁モ亦近来頗ル此点ニ注目スルニ至リタレハ此ノ如キ弊害ハ益々改良サルヽニ至ルヘキナリ。

之ヨリ日本ノ輸入商人及ヒ外国ヘ仕入ニ赴ク人々ニ対スル不平ヲ紹介センニ彼等ハ只直《(ママ)》〔値〕段ノ安キ点ノミニ注意シテ、品質ノ如何ノ如キハ殆ント眼中ニ置カサルカ如シ、サレハ彼等ハ高価ヲ払フモ之ニヨリテ上等ノ品物ヲ買入ルレハ結局利益多シトノ理ヲ充分ニ理解セサルニ似タリ、之レカ為メニ日本ノ会社中、以上ノ如キ愚策ヲ行ハス、真ニ品質ノ優良ナル物品ヲ買入ルヽハ只南満洲鉄道株式会社アルノミナリトハ、外国専門家ノ屢々口ニスル所ニシテ又此外ノ買手ニ対シテハ直《(ママ)》段ヲ一割安クセハ品質ノ二割悪シキ品物ヲ与フルモ唯々トシテ満足スト言ヒ居レリ。

加之ナラズ日本ノ購買者ハ専門ノ判断力無キカ為メニ、徒ラニ見本品又ハ設計図ヲ過信シ之ト異ナル物品ハ如何ナル場合ニモ引取ヲ肯ンゼサルヲ常トスレトモ併シ其ノ物品ノ相違ハ必スシモ劣等ト言フ義ニハアラズ、否時トシテ改良発明ノ結果ニシテ、却テ顧客ノ欲スルヨリハ上等ナルコトモアルナリ、然ルニ日本ノ購買者ハ此ノ如キ場合ニモ引取ヲ肯ンセサルカ如キ失態ヲ演スルコト多シ。

日本ニテハ此ノ如キ品質ノ相違アレバ之ヲ機トシテ直《(ママ)》〔値〕引ノ要求ヲナスカ如シ而シテ日本人ハ此方法ヲ外国人ニ対シテモ行フカ故ニ彼等ハ切リニ不平ヲ鳴ラシ居レリ、夫レ日本人ハ注文ノ際ニ一度直《(ママ)》切リテ又引取ノ際ニ何トカ口実ヲ設ケテ尚一度直《(ママ)》〔値〕切リ、甚タシキニ至リテハ何ノ欠点モナキニ、尚ホ直《(ママ)》切ラントシ、而カモ極メテ僅カ許リノ金高ヲ直《(ママ)》

切リ却テ取引関係ヲ損スルヲモ顧ミサルカ如キハ遺憾トスル所ナリ。

然レトモ元来日本人ハ高尚ナル性質ヲ有シ金銭ニ対シテ頗ル冷淡ナリト言フニ此ノ如ク執念深ク直切《ママ》ルトハ誠ニ腑ニ落チサルコトナレハ余ハ此点ニ就テ何トカ解釈ヲ与ヘント屢々思ヲ凝ラシタルコトアリ、而シテ此ノ如キ悪習慣ハ決シテ日本人ノ本性ニアラズ否日本ノ購買者ハ西洋人コソ此ノ如キ行為ヲ敢テスルモノナルカ故ニ日本人モ西洋商人ニ対シテハ亦西洋風ニナサヽル可カラスト誤信シ、且ツ引取リノ際ニ何カ欠点ヲ指摘シ、之ヲ直切《ママ》リテ自己カ専門的知識ヲ有スルコトヲ衒ハント欲スルモノナルカ如シ、昨年「デルンブルヒ」前植民大臣カ日本ニ来遊セラレタル際日本商人ニ対シテ言ヘル所ハ味フベシ、曰ク『夫レ大取引ヲ円満ニ行ハントセハ、相互ニ信用セサルヘカラズ又互ニ争論スルトモ結局円満ニ之ヲ解決シ一点ノ悪感情ヲ残サヽル様ニナサヽレハ到底取引ノ永続ハ期ス可カラス云々』又曰ク『日本人如上ノ如キ商業、取引法ヲナスハ只外国貿易ニハ未タ経験少ナキコトヲ示スノミ』、然レトモ此ノ如キ日本商人ノ悪風ハ近来多少改良ノ傾向ヲ呈シツヽアリテ余モ先頃外国ノ商人又ハ技師等ヨリ此ノ改良ノ形跡アリトノ話ヲ聞キタルコトアリタリ。

十四　日本社会管見

余ハ滞留未タ多年ナラス随テ日本ノ社会ニ対シテ一般的ノ判断ヲ与フルカ如キハ到底能クシ得サル所ナリト雖トモ、茲ニ余ノ自ラ見聞セル数点ニ付テ卑見ヲ開陳セン。

回顧スレハ十八年前、余ハ東京帝国大学ノ経済学教授トシテ招聘ノ相談ヲ受ケタル際、伯林ニテ在留日本人又ハ日本ヨリ帰来セル独逸人トノ間ニ往来シタルカ、教育アル日本人ハ西洋ノ事物ナラハ敢テ其便否、善悪ヲ問ハス只西洋的ナリトノ理由ヲ以テ之ヲ採用セントスル傾向ヲ有スルコトヲ感シタリ、然レトモ此ハ既往ノ事ニシテ現今ノ状態ハ全ク之ト異ナリ、事務上又ハ営業上ニ於テハ欧風ノ模倣頗ル盛ナルモ一般社会ニ於テハ成ル可ク伝来ノ日本風ヲ保存セントスルノ傾向、中年者中ニ存スルコトヲ認ムルナリ。

此ノ如キ国粋保存ハ誠ニ結構ナル事ナレトモ其ノ実施ハ不可能ナルヘシ、若シ日本カ世界各国ト伍シテ人後ニ落チサラント欲セハ勢ヒ西洋ノ風習ヲ咀嚼シテ之ヲ採用スルヲ要シ只外面丈ヲ模倣シタリトテ、何ノ効能モアルヘキニアラズ、而シテ現今日本ノ上流社会ハ無意識ニ西洋風ヲ喜ブニモアラズ、サリトテ又無意識ニ之ヲ嫌フニモアラス、只便益テフ標準ニヨリテ之ヲ採用シツヽアルガ是レ大ニ当ヲ得タル次第ナリト言フヘシ特ニ外国トノ交際其他ノ公生活ニ於テハ勿論ナルカ、植民地等ニ於テハ西洋風ノ加味最モ甚タシク官吏ハ全然西洋風ノ建物内ニ執務シ、洋服ヲ着シ、西洋ノ堅作（ママ）ヲナシツヽアルナリ、然レトモ是レ便益ノ見解ヨリ来レルモノニシテ、以前ノ如ク濫リニ西洋崇拝ノ為メニ之ヲナスニアラサルナリ、翻テ私生活ニ於ケル欧化ノ勢ハ如何ト言フニ是レ家族ノ関係、収入ノ多寡、起居ノ便否其他種々ノ点ニ大関係アルカ故ニ、直チニ西洋風ヲ採用シ難ク、先ツ漸ヲ以テ此クナスベシトノ意見行ハレ近来欧化ノ速力ハ漸々遅クナリ甚タシキニ至リテハ復古ノ模様サヘ見ユルニ至レリ、而シテ是レ余ノミナラス日本ヲ能ク知レル外国人ノ皆賛成スル所ナリ。

近来日本人ハ其ノ固有ノ風俗ヲ維持シ外国人トノ交際ニ於テモ遠慮ナク日本人同様ニ接待シ呉ルヽハ誠ニ喜ハシキコトニシテ以前ノ如ク内国人トノ交際ニ於テノミ日本風ニナシ、外国人ニ対シテハ故ラニ外国風ノ作法ヲ用ヒ、洋服ヲ着シ、西洋間ヲ設ケテ所謂外国人扱ヲナスハ、我輩ノ寧ロ採ラサル所ナリ、而シテ外国人ニ於テモ内地人同様ニ取扱ハルヽハ大ニ愉快ニ感スル所ニシテ之レカ為メ近来ハ日本人カ西洋風ヲ為スモ、是レ只外客ニ対スル礼儀上為スニ過キスシテ実ハ甚タ窮屈ニ感シ居ルコトナリナド言フカ如キ思想ハ最早外国人間ニ跡ヲ断チ、日本人ガ日本風ニ為スモ、西洋風ニナスモ是レ唯自己ニ便利ナル様ニナスモノニシテ更ニ窮屈ナト感スルナク、却テ愉快ニ感シツヽアルモノナリトノ思想ヲ懐クニ至レリ。

抑モ世界各国何レノ国ニテモ風俗ノ変化ハ将来益々甚タシカル可キハ余ノ確信スル所ニシテ、世界各国生活ノ状態カ相近似セントスルハ実ニ国際経済上ノ必要ヨリ来ルモノニシテ物価ノ関係モ亦タ重大ナル原因ノ中ニ之ヲ数フ可キナリ即チ衣類ノ材料ノ如キ家具ノ如キ又甚タシキニ至リテハ食料品ノ如キモ皆近世的大規模ノ工業ニヨリ廉価ニ多数ヲ生産シ得ルニ至レルカ故ニ各国民否少ナクトモ温帯地方ニ住スル文明国民ハ自国古来ノ衣裳又ハ習慣等ヲ固守スルコト能ハス、茲ニ此等国民ノ風俗習慣ハ相類似スルノ傾向ヲ生スヘク、日本人モ亦将来此大勢ニ襲ハルヽニ至ルヤ必セリ。

西洋風ノ家屋ヲ一般ニ使用スルニ至ラシムルハ頗ル難事ニ属スルナル可シ、サレハ満洲ニ於テハ初メ西洋家屋ヲ建築シタルモ近来又日本的家屋ニ逆戻リシツヽアリト言フ、然レトモ将来必ス洋風トナルハ疑ナキ所ニシテ是レ一ハ西洋家屋カ土地ノ気候ニ最モ適スルコト、二ニハ此ノ如クセサレハ大都会ヲ作リテ集約的ナル経済生活ヲナスコト能ハサルトニ因ルナリ、即チ多数ノ人民ヲ比較的小ナル面積ノ上ニ集メ、以テ経済的ニ生活セシメ且ツ大資本ヲ下シテ造リタル家屋ヲ永ク而カモ安全ニ保存セント欲スレハ、西洋家屋ヲ建築スルヨリノ外ニ途ナシ、又此ノ如クセハ現在ノ如ク濫リニ木材ヲ消費スルノ弊ヲモ防クコトヲ得ヘシ、而シテ愈々家屋カ西洋風ニ改造サルレバ、之ト共ニ当然習慣ノ変更ヲ生ス可シ、然シ乍ラ此改造ヲ行フニ当リテハ日本家屋ノ良趣味ヲ維持スルト共ニ又半熱帯的ナル日本ノ気候ニ適スル様衛生ニ注意セサル可カラス、此ノ如クニシテ徐々ニ家屋ノ改造ヲ行ハヾ、終ニ西洋ノ長所ヲ結合シタル良住宅ヲ現出スルヤ必セリ。

之ヨリ翻リテ食物ニ就テ一言センニ精神的労働ニ従事スルモノハ是非和洋折衷ノ食事ヲ為サヽル可カラス、サレハ日本ニ永ク住スル外国人又ハ欧化シタル日本人ハ皆必要ヲ感シツヽアルナリ、特ニ産業進歩ノ結果トシテ呑気ナル働振ヲ廃スルニ至レハ労働者モ亦折衷食ノ必要ヲ感スルニ至ルヘキナリ、而シテ此ノ如キ食事ハ日本国ニ頗ル適当ナリト言フハ日本ノ中ニハ豊饒ナレトモ、米ノ耕作ニ適セス、却テ牧畜又ハ米以外ノ穀類或ハ野菜等ノ耕作ニ適スル地方モ少カラサル故ニ、此地方ヲ充分ニ利用セントセハ、勢ヒ折衷食ヲ用ヒサルヲ得サルナリ。

日本ノ衣食住ハ最モ南部ノ気候ニ適シ現今ノ風習ハ南部ノ習慣ヲ其儘北部ニ移シタルモノナルガ如シ、サレバ日本ノ北部及ヒ植民地ニ於テ此習慣ニ従フハ頗ル不便ニシテ特ニ植民地ニ於テ之ヲ固持セハ政治経済上ノ発達ヲ阻害スルノ虞レアルナリ。

故ニ将来之ヲ改良セサル可カラサルハ勿論ナレトモ、左レハトテ強テ取急キ之ヲ行フトキハ却テ古来ノ美風マデモ犠牲ニスルガ如キ虞レアルカ故ニ序々ニ運ヒテ而モ国民ヲシテ不安全ノ念ヲ懐カシメサル様ニナスヘキハ勿論ニシテ而カモ現今ノ風潮ハ此方面ニ向ヒツヽアルナリ。

日本ノ衣食住ノ如キ有形的風俗ニ対スル余ノ見解ハ右ニ述ヘタル如クナレトモ亦古ヨリ伝ハレル無形ノ習慣又ハ思想ノ方面ニ於テモ同様ノ説ヲナシ得ヘシト信ス、尤モ此点ニ関シテハ各国民共ニ数百千年間独立シテ発達シタル結果トシテ大ナル相違ヲ生スルニ至リタレハ異国民カ其ノ無形ノ風習ヲ理解セント欲セハ互ニ善意ヲ以テ真面目ニ研究シ、相互ニ誤解ナキ様勉メサル可カラス、然レトモ維新ノ当時ニ於テハ日本人ハ西洋人ニ対シ全ク西洋風ニナシ、其ノ日本風ナルモノハ之ヲ示サス、否甚シキニ至リテハ故ラニ之ヲ隠スカ如キ態度ヲ採レリ、而シテ有識者間ニ於テハ又古来ノ日本風ヲ廃シテ日本ヲ全然欧化スヘシト言フガ如キ謬見行ハレ、英語ヲ以テ国語トナス可シトカ、離婚ヲ行フヘシナトヽ熱心ニ主張スル者出スニ至レリ。

然レトモ此ハ只過去ノ事実ニシテ、現今ニテハ国民皆自覚心ヲ生シテ頗ル穏当ナル見解ヲ懐クニ至リ、此ノ如キ根本的ノ欧化ハ不可能ニシテ且ツ体面ヲ損スルモノナリト考フル様ニナリ随テ強テ欧化セントトシテ、却テ失態ヲ演ズルガ如キ弊ヲ脱却シタルカ故ニ西洋人ノ誤解モ全ク消滅スルニ至レリ、サレハ以前ハ日本人、殊ニ外国人ト交際スル日本人ハ切リニ欧米人ヲ気取リタルモノニテ恰モ教育アル露西亜人ガ仏蘭西人ヲ気取リ有福ナル米国人カ英国人ヲ気取ルト同様ナリキ、サレハ外国人ハ此ノ如キ日本人ト交際スレハ其当初ハ兎モ角モ、親密トナルヤ、遂ニ彼等ハ只外面上欧米人ヲ気取ルノミニテ到底之ニ及フヘキモノニアラスト誤信スルニ至ルハ当然ノ事ニシテ、欧米人ノ日本ニ関スル著述ヲ見、其ノ日本人ニ不利益ナル説ノ根拠ヲ検スルトキハ是レ皆彼等カ日本人ニ接スルヤ、日本人ハ欧米風ヲナスカ故ニ総テノ点ニ於テ亦欧米人ト同一ナルヘシト信シタルニ能ク之ヲ識ルニ於テハ只表面ダケ欧米風ニテ其ノ内実ハ甚タ異ナレリトテ大ニ失望セルヨリ来レルモノニシテ又甚タシキニ至リテハ此ノ如キ日本人カ実際ニ於テ英仏人ノ如クニアラストテ、日本人ハ偽リノ人民ナリナト誤信スル者サヘ生スルニ至レリ。

然リト雖トモ此誤解ニ付テハ日本人モ亦責任ナシト言フ可カラズ夫レ日本人ハ元来西洋人ト異リタル性質ヲ有スルニモ拘ラス之ヲ表ハサス或ハ故ラニ之ヲ隠シ西洋人ニ対シ、故意ニ西洋風ニ模スルカ故ニ其ノ何時シカ暴露スルハ当然ノコトニシテ其時ニ至リ不正直ト誹ラレ不信用ヲ買フハ実ニ止ムヲ得サルトコロナリトス。

然ルニ近来国民的自覚ノ発生ト共ニ此ノ如キ模倣病ノ癒エタルハ甚タ喜フヘキ事実ニシテ日本人ハ古来ノ風習ヲ捨テ輸入シタル欧風ヲ見習ヒタリトテ何ノ利益モアラズ、又之ヲ以テ第二流ノ西洋人ト見做サレタリトテ余リ自慢ニモナラサルコトヲ覚リ現今ニテハ寧ロ古来ノ思想ヲ歓迎シテ西洋ト異ル風習ヲ維持セントシ、実ニ其ノ根源ヲ訂シ、又其ノ筆ニ口ニ、之レカ説明ヲ試ミントスルニ至レルハ大ニ慶賀ス可キコトナリ、故ニ今日ノ日本人ハ勿論純粋ノ旧日本人ニアラサルト共ニ亦模倣シタル西洋人ニモアラス、即チ新日本人ニシテ古来ノ倭民族的性質ニ西洋文明ノ影響ヲ加味シタル性質ヲ有スルモノナリ而シテ又此ノ如クアリテコソ円満ニ西洋人ト交際ヲ為シ、且ツ其ノ友誼ヲ永ク継続スルコトヲ得ヘキナリ。

嘗テ日本人カ欧化シタリト考ヘラレタル時代ニ於テハ西洋人中ニハ日本人ハ全然西洋人トナリタレトモ只心身ノ働キノ遅緩ナルコト明瞭及精密ト言フ性質ニ欠点アルコト、或ハ濫リニ隠シ立テシテ遁辞ノミヲ弄シ甚タ不正直ナルコト等ノ欠点ヲ有スルコトノミガ之ト異ナレリナドヽ言フ者モアリタレトモ是レ不完全極マル文明ノミナラズ古来ノ尊フベキ文明ノ存スルコトヲ知ラサルヨリ来レルモノナリ。

西洋人カ嘗テ日本人ヲ目シテ不正直ナリナトヽ言ヒタルハ是レ日本古来ノ作法ト西洋ノ夫レト異ナリ、其ノ敬礼ノ形式ノ如キ西洋人ニハ全ク珍ラシキコトナルカ為メニ生シタル誤解ニ過キスシテ礼儀ヲ正シクスレバスル程此誤解ヲ大ナラシムルノ傾向アリタルナリ、又日本人ハ決心ノ遅キカ如ク見ユレトモ是レ一ハ其ノ国語ノ然ラシムル所ニシテ又他ニハ新ナル事物ヲ始ムルト共ニ旧来ノ事物ヲ捨ツルカ如キハ頗ル大問題ニシテ此時ニ当リテ決心ノ遅々タルハ当然ノコトナリ、而シテ決心ノ遅緩ハ欠点タルニ相違ナシト雖トモ亦他方ニ於テハ政治ニ関シテ既ニ述ヘタルカ如ク一旦決定スルヤ、其ノ実行ハ頗ル迅速ニシテ且ツ之ニ反対シ、又ハ妨害ヲ加フル者等ナキカ故ニ前記決心遅緩ノ欠点ハ之ヲ償フテ余アリト言フヘシ、現ニ余ノ如キモ種々ノ重要ナル計画ニ参与スルノ機会ヲ有シタルガ此ノ如キ事ハ初期ニ於テコソ独逸ニ於ケルカ如ク速カニ運ハサリシト雖トモ愈々実行ノ段ニ至レハ其ノ速カナルコト到底独逸等ノ及フ可キニアラサルナリ。

結尾

之ヲ要スルニ日本国ハ最近半世紀ニ於テ欧州各国ノ企及スル能ハサル急速ノ進歩ヲナシタルハ敢テ言ヲ俟タサレトモ尚此文明的施設ヲ維持拡張セハ近キ将来ニ於ケル進歩ハ亦必ス大ナルモノアル可キナリ而シテ余ハ日本ノ卓見ナル当局者カ遠キ将来ニ生スヘキ困難ヲモ予想シテ之ニ備ヘ以テ此国ヲシテ平和ヲ享有シ而カモ円満ナル発達ヲ遂ケシメラレンコトヲ希望スル者ナリ、余カ来朝以来、朝野諸賢ノ厚遇ヲ辱ウシ、且ツ此国ニ於テ重要ナル専門上ノ経験ヲ得タルハ実ニ感謝ニ堪ヘサル次第ニシテ特ニ大和民族将来ノ大発展ヲ希望スル点ニ於テハ必ス人後ニ落チサル可キヲ確信スルモノナリ。

あとがき

本書は著者がこれまで発表した論文の中から近代日本の対外認識に関するものを中心に編んだものである。ところで著者の当初の研究上の関心は日本の対外移民、特に満蒙移民を推進した日本国民高等学校長加藤完治の農本主義思想とその移民送出の実践活動にあった。しかし次第になぜ経済的合理性の少ない満蒙移民が実施されるに至ったのかという観点から、明治期より移民の流れとしては主流であった北米移民が排斥されていく過程と日本側の新たな移民先の模索について関心が移って行くようになった。さらに日本人移民が米国において排斥されるひとつの要因としての日本の東アジアにおける台頭や膨張主義的傾向の推移に対しても興味をそそられることになったのである。また明治期以来在野において常に存在した反欧米思想としてのアジア主義が、日本の満洲事変に至る大陸への膨張過程で果たした役割についても研究を進めることになった。そのような時にアジア主義者で大正期の革新派として北一輝や大川周明と共に猶存社を拠点に活動した満川亀太郎の未公開史料に出会うことになったのである。だが満川研究に必要な史料の内、大正中期から没する昭和一一年までの日記と北や大川を始めとする多くの関係者からの手紙を集めた書簡集など史料のごく一部は刊行出来たものの、満川についての本格的な研究はまだ緒に就いたばかりである。

本書は満川についての研究を若干含むものの、これまで手掛けた近代日本の対外移民、とりわけ移民論に関するものや、移民問題で軋轢を生じた米国に対する知識人の認識と「アジア」（特に中国）に関心を抱いた人物のアジア認識についての論文を中心に収録したものである。なお収録にあたっては論文における記述の重複する箇所がいくつかあるが、特に書き改めることをせずそのままにしてあることをお許し戴きたい。

本書に収録した各論文を作成する上で様々な方にお世話になった。中でも研究者としてまだ若かりし頃、諸々の貴重な示唆を与えて頂いた上智大学名誉教授の三輪公忠先生には厚く御礼申し上げたい。三輪先生の歴史認識における斬新な知見には大変啓発されたものである。また大学院の先輩で政治外交史における手堅い実証主義的手法を長い交誼の中で教示して戴いた筑波大学名誉教授の波多野澄雄氏には感謝の言葉もない。

大学院における恩師故多田真鋤先生、八千代国際大学勤務当時学長でおられた故板垣與一先生には大変お世話になると共にいつも温かい励ましを戴いた。改めて感謝申し上げたい。また満川亀太郎の史料編纂のパートナーであるクリストファー・スピルマン氏からも多くの示唆を戴いた。ここに謝意を表したい。

最後に出版事情厳しき折、本書のような研究書の刊行をお引き受け戴いた芦書房の中山元春社長と編集作業において大変ご苦労をおかけした佐藤隆光編集長に心から感謝申し上げる次第である。

二〇一五年一二月

長谷川雄一

●初出一覧

序　論　近代日本の国際環境と国際認識（＊書き下し）

第一章　日米関係における「ペリー」の記憶
「日米関係におけるペリーの記憶」長谷川雄一編『日本外交のアイデンティティ』南窓社、二〇〇四年

第二章　大正中期大陸国家へのイメージ
「大正中期大陸国家へのイメージ――「大高麗国」構想とその周辺」『国際政治』第71号（日本国際政治学会）一九八二年

第三章　満川亀太郎の対米認識
「満川亀太郎の対米認識」長谷川雄一編『大正中期日本のアメリカ認識』慶應義塾大学出版会、二〇〇一年

第四章　北一輝と満川亀太郎
「北一輝と満川亀太郎――「満川亀太郎関係文書」にみる交友の軌跡」長谷川雄一、クリストファー・W・A・スピルマン、萩原稔編『北一輝自筆修正版　国体論及び純正社会主義』ミネルヴァ書房、二〇〇七年

第五章　排日移民法と満洲・ブラジル
「排日移民法と満州・ブラジル――千葉豊治と永田稠の移民論を中心に」三輪公忠編『日米危機の起源と排日移民法』論創社、一九九一年

第六章　コロンビア移民の父・竹島雄三の移民論
「日本人コロンビア移民の父・竹島雄三の移民論」『政経研究』第50巻3号（日本大学法学部紀要）二〇一四年（「一九二〇

年代・日本の移民論（一）」『外交時報』一九九〇年二月号の第二章［一九二〇年代前半の「理想主義」的移民論］を全面的に加筆修正したもの）

第七章　「満洲国」建国前後の関東軍移民計画
「昭和七年前後の関東軍移民計画」『軍事史学』第16巻1号（軍事史学会）一九八〇年

第八章　駒井徳三の中国認識
「駒井徳三と中国——実践的アジア主義の解明に向けて」三輪公忠編『日本の一九三〇年代——国の内と外から』彩流社、一九八〇年

第九章　中里介山の中国認識
「一九三〇年代の国際認識の一断面——中里介山のにおける危機意識との関連で」『国際研究論集』第1巻1・2号合併号（八千代国際大学紀要）一九八八年

付録史料　カール・チースの近代日本論
「解題　カール・チース稿（東亜経済調査局訳）「日本ノ政治経済乃社会的生活ニ就テノ所感」『国際研究論集』第3巻4号（八千代国際大学紀要）一九九一年

ら行

わ行

な行

は行

ま行

や行

さ行

た行

主要人名索引

あ行

か行

●著者略歴

長谷川雄一（はせがわ・ゆういち）

東北福祉大学教育学部教授。
一九四八年仙台市生まれ。慶應義塾大学大学院法学研究科博士課程単位取得退学。専門は日本政治外交史、国際関係論。主著に『日米危機の起源と排日移民法』（共著）論創社、『大正期日本のアメリカ認識』（編著）慶應義塾大学出版会、『満川亀太郎日記——大正八年→昭和十一年』（共編著）論創社、『北一輝自筆修正版　国体及び純正社会主義』（共編著）ミネルヴァ書房、『アジア主義思想と現代』（編著）慶應義塾大学出版会など多数。

近代日本の国際認識

■発　行——2016年1月15日　初版第1刷

■著　者——長谷川雄一

■発行者——中山元春

■発行所——株式会社 芦書房　〒101-0048 東京都千代田区神田司町2-5
TEL 03-3293-0556／FAX 03-3293-0557
http://www.ashi.co.jp

■印　刷——シナノパブリッシングプレス

■製　本——シナノパブリッシングプレス

ISBN978-4-7556-1276-3　C3021